Mythos Pilot

Allen wichtigen Piloten
in meinem Leben T, D, K und H

Dagmar Grossmann

Allen Piloten, die ich im Rahmen
meiner Arbeit an diesem Buch kennen lernen durfte,
besonders Robert Schornsteiner.

Judith Grohmann

Judith Grohmann
Dagmar Grossmann

Mythos Pilot

Von Abenteurern und coolen Typen

Faszination und Alltag im Cockpit

molden verlag

Inhalt

Vorwort von Franz Viehböck

Liebe Leserin, lieber Leser!

„Ich dürfte mich wohl kaum als ernstzunehmenden Wissenschaftler bezeichnen, würde ich an Zufälle glauben“ – mit diesen Worten begann ich vor rund 20 Jahren mein eigenes Buch über meine Erlebnisse als Österreichs erster Astronaut. Der Zufall spielt in meinem Leben dennoch eine große Rolle. Ich bin gelernter Techniker und arbeite heute als Manager in einem österreichischen Konzern der metallverarbeitenden Industrie. Als mich Judith Grohmann anrief, um mich über die Faszination des Fliegens zu interviewen und unser Gespräch in diesem Buch zu publizieren, erschien mir die Idee reizvoll, durch ein derartiges Werk den Menschen mehr Lust aufs Fliegen zu machen. Auch den Blick durchs Schlüsselloch dieser Branche mithilfe von Interviews mit Luftfahrern aus der ganzen Welt und aus den verschiedenen Bereichen finde ich spannend. Ich war auch sehr interessiert daran, einen Aspekt zu diesem Thema beitragen zu können, nämlich den des Astronauten, der ja auch in gewisser Weise fliegt, nur halt viel höher, viel weiter weg und viel schneller. Doch eins nach dem anderen.
Bevor ich Astronaut wurde, musste ich etliche Tests und Übungen absolvieren. Unter anderem flog ich mit Bundesheer-Soldaten in einer Saab 105, also einem strahlgetriebenen Schulterdecker: Sturzflug, Looping, Steilflug nach oben und schnelles, seitliches Drehen inklusive. Während des Fliegens, das mich die bisherigen Strapazen meiner Astronautenausbildung mit einem Schlag vergessen ließ, entwickelte ich großen Respekt vor dem Piloten. Von der ersten bis zur letzten Minute galt ihm mein vollstes Vertrauen. Es ist faszinierend, wie diese Männer die unzähligen Hals-über-Kopf-Manöver jederzeit voll im Griff haben. Mag sein, dass ich mir einige von ihnen im weiteren Verlauf meiner Ausbildung ihres professionellen Umgangs mit der Maschine wegen zum Vorbild genommen habe.
Dieses Buch bietet einen sehr persönlichen Blick hinter die Kulissen der Luftfahrt, erzählen doch Linien-, Militär-, Test- und Privatpiloten von ihrem Zugang zum Beruf und der Faszination des Fliegens frei von der Leber weg, ohne komische wie dramatische Begegnungen auszulassen. Ich konnte mich als Astronaut und als Passagier sehr rasch in die Geschichten

der Piloten in diesem Buch hineinversetzen. Man spürt, dass hier Menschen zu Wort kommen, die ihren Beruf mit Leib und Seele ausführen und ihre Aufgabe, von A nach B zu fliegen, optimal und fehlerlos erfüllen. Außerdem sind sie sich ihrer Verantwortung für die Passagiere, den Kopiloten, die Crew und letztendlich für sich selbst sehr bewusst, sodass man sich auch als Gast in ihren Maschinen sicher fühlen kann.
Ich empfinde das Fliegen als ultimatives Erlebnis besonders seit dem Zeitpunkt, als ich die Möglichkeit hatte, um die Erde in einem Raumschiff zu kreisen – mit einer 30-mal höheren Geschwindigkeit als in einem Flugzeug. Die unendlichen Weitendes Weltalls, wie es Kapitän Kirk in der Serie *Raumschiff Enterprise* immer nannte, sind eine Erfahrung, bei der man noch viel bewusster erlebt, wie begrenzt die eigene Existenz ist.
Für die jungen Leser unter Ihnen, die nach der Lektüre dieses Buches überlegen, Pilot zu werden, habe ich noch einen guten Rat: Piloten sind trainierte, sportliche Menschen, die geistig und körperlich fit sind und die fliegen, um in Übung zu bleiben. Die Stärke eines guten Piloten ist es nun, zu entscheiden, wann er fit genug für einen Flug ist und wann nicht. Risikofreude ist in diesem Beruf fehl am Platz. Menschen, die sich überschätzen, sollten sich von einem Cockpit fernhalten. Und so bin ich wieder beim Thema Vertrauen. Piloten sind Menschen, denen man ohne Wenn und Aber vertrauen kann. Präzision und Perfektion sind ihr Mantra, und selbst wenn sie die Luftlinie wählen, um von einem Punkt der Erde zum nächsten zu gelangen, bleiben sie mental am Boden.
Ich wünsche Ihnen, liebe Leserin, lieber Leser, nun viel Spaß an den Geschichten, die das Fliegen schreibt.

Ihr

Making of „Mythos Pilot"

Was passiert, wenn zwei Frauen ein Buch über das Berufsbild „Pilot" schreiben? Eine international tätige Airlinerin auf der einen Seite und eine wirtschaftspolitische Journalistin und Buchautorin auf der anderen Seite durchleuchten den Mythos der „tollkühnen Männer (und Frauen) in ihren fliegenden Kisten". Man mag sich die Treffen mit den Piloten vermutlich so vorstellen: mit der Cessna zum Frühstück nach Rom, dann weiter zum Mittagessen nach Capri, anschließend für einen Espresso nach New York oder nach Paris und zum Abendessen mit dem Hubschrauber nach Saint Tropez. Weit gefehlt, es war noch viel besser! Für dieses Buch ging es mit einem Learjet nach Genf und dann nach Prag, mit einer zweimotorigen Diamond Aircraft DA40 – Christian Dries sei Dank – über Österreich sowie mit mehreren Linienmaschinen quer durch Europa und schließlich mit dem Hubschrauber vom Drehort der „Bergwacht" in der Ramsau quer über die Steiermark – so lauten nur einige Flug-Erlebnisse, die wir für dieses Buch genießen durften. Natürlich nur um unseren geschätzten Leserinnen und Lesern ein wenig vom Genuss des Fliegens hier schreiberisch näher zu bringen. Aber auch um tolle Pilotinnen und Piloten für unser Buch zu treffen.
Die Idee zu diesem Buch stammt übrigens von der Airlinerin: Dagmar Grossmann wurde immer wieder gefragt, wie es wohl dazu kommen konnte, dass sie sich ihr Leben lang den Piloten, den Menschen im Cockpit, gewidmet hat. Nun, sie hatte begonnen, mit ihnen zu arbeiten, als sie Stewardess bei den Austrian Airlines war. Danach heiratete sie und baute gemeinsam mit ihrem damaligen Mann in Österreich eine Firma in der Privatfliegerei auf. Jahre später gründete sie allein ihr eigenes Bedarfsflugunternehmen in Prag, das sie bis heute selbständig führt.
Warum wird man eigentlich Pilot? Gibt es etwas, was alle Piloten gemeinsam haben? Was treibt einen jungen Menschen dazu, sich mit dem Abenteuer Luftfahrt einzulassen? Und: Wer sind all diese Piloten, die sich mit dem alten Traum der Menschheit von Berufs wegen befassen? Dagmar Grossmann hat im Lauf ihrer Tätigkeit mehr als 5000 Interviews mit Job-Bewerbern geführt und Piloten als kluge, mutige Menschen kennen

gelernt, die mit viel Engagement ihren Beruf ausüben. Dass sie Piloten aus den unterschiedlichsten Berufszweigen einmal zwischen zwei Buchdeckeln über ihre Perspektive auf diesen risikoreichen Beruf zu Wort kommen lassen wollte, war daher naheliegend. Naheliegend war es aber auch, die erfahrene Wirtschaftsjournalistin Judith Grohmann als Kopilotin an Bord zu holen. So trafen einander die beiden Damen an einem schönen Sommerabend in einem asiatischen Lokal im Zentrum Wiens, und die Airlinerin konnte die Journalistin sehr schnell von ihrer Buchidee begeistern.

Wir dürfen Ihnen nun die Gedanken, Sehnsüchte, Ängste, Freuden und Visionen jener Damen und Herren präsentieren, die wir für unsere Interviews gewinnen konnten. Wir haben versucht, anhand der Lebensgeschichten von Privat-, Business-, Jet-, Linien-, Test-, Hubschrauber-, Rettungs- und Militärpiloten, aber auch von Gleitschirm- und Segelfliegern sowie von einem Astronauten und einem NASA-Piloten für unbemannte Flugzeuge dem *Mythos Pilot* auf den Grund zu gehen. Die Pilotinnen und Piloten in diesem Buch stammen aus aller Herren Länder, unter anderem aus den USA, aus Kanada, aus Neuseeland, aber auch aus vielen Teilen Europas. Der internationale Aspekt war sehr wichtig für dieses gemeinsame Projekt, er hat unserem Buch, wie wir meinen, die nötige Dynamik verliehen.

Zur Textgestaltung möchten wir noch anmerken, dass selbstverständlich sowohl weibliche als auch männliche Piloten angesprochen werden, auch wenn wir aus Gründen der besseren Lesbarkeit nur dort die weibliche Nominalform verwendet haben, wo es um reine Frauensachen geht.

Wir hoffen, mit den nun folgenden Berichten einen Blick durchs Schlüsselloch einer Branche geben zu können, die die meisten von uns auf unseren Reisen begleitet, und wünschen Ihnen spannende Lesemomente.

Judith Grohmann und Dagmar Grossmann *Wien im September 2011*

1
Traumberuf Pilot

Piloten ist nichts verboten,
drum gib Vollgas und flieg um die Welt.

Fliegerlied, Hans Albers

„Nicht einmal in tausend Jahren wird es der Menschheit gelingen, zu fliegen", notierte der US-Flugzeugbauer und Luftfahrtpionier Wilbur Wright im Jahr 1901 in seiner Autobiografie, die er gemeinsam mit seinem Bruder Orville verfasste. Diese Prophezeiung sollte sich zwar nie erfüllen, doch es mussten 110 Jahre vergehen, bis das Pilotieren von Flugzeugen zu einem Beruf werden sollte, der aus unserem Alltag nicht mehr wegzudenken ist. Mutig, unabhängig und freiheitsliebend, so charakterisieren wir heute die Piloten des vergangenen Jahrhunderts. Sie galten gemeinhin als unkonventionell und wurden einst von ihren Zeitgenossen als Helden verehrt. Sie waren Sinnbild für den technischen Fortschritt, und ihre Leistung wurde als äußerst gefährlich eingestuft. Einsatz war für sie alles, Mut das Zauberwort dieser Generation. Gerechtigkeit, Energie, eine positive Ausstrahlung, ein Quäntchen Aggression und Macher-Fähigkeiten zeichneten Piloten in der Pionierzeit aus. Sie waren Legenden der Fliegerleidenschaft und sie kämpften auf ihre ganz besondere Art für eine bessere Welt. Ab der Mitte des 20. Jahrhunderts entstand mit dem Beginn der kommerziellen Luftfahrt der Pilotenberuf. Etliche Jahrzehnte später ist Pilot zu werden immer noch Wunschtraum vieler junger Menschen.

Den Traumjob Pilot stellen sich die meisten unter uns heutzutage so vor: Man bereist viele exotische Länder, trägt tolle Uniformen und hat möglichst viele schicke Freunde – und vor allem Freundinnen. Solche Klischees werden in Film und Fernsehen gern bedient und schaden nicht nur dem Berufsbild, sondern oftmals auch der psychischen Befindlichkeit jener, die diesen Beruf ergriffen haben. Trotzdem hat Pilot zu sein heute immer noch einen hohen Stellenwert in der Gesellschaft, denn der Beruf hat immer noch Prestige, sind doch auch die Fluggesellschaften stets daran interessiert, das Transportmittel Flugzeug als etwas Exklusives gelten zu lassen.

Doch die Anforderungen an Piloten sind heute wesentlich höher als in der Pionierzeit vor hundert Jahren, müssen doch Berufspiloten bestimmte Voraussetzungen erfüllen, die man in der übrigen Berufswelt nicht so oft

antrifft. Das Beherrschen der Technik ist ein Aspekt, der zweite ist das Managen des Fluges vor dem Start, während des Fliegens und nach der Landung. Multitasking-Fähigkeiten und soziale Kompetenz sind gefragt, denn es müssen viele Entscheidungen gleichzeitig getroffen werden. Piloten müssen aus diesem Grund Prioritäten setzen können, um Unregelmäßigkeiten auszugleichen und rascher ans Ziel zu kommen.
Um zu sehen, ob Jobbewerber diese Kriterien erfüllen, werden sie im wahrsten Sinn des Wortes auf Herz und Nieren geprüft: Es gibt eine ganze Reihe von psychologischen Tests, die bei der Bewerbung durchlaufen werden müssen. Dabei wird die medizinische Tauglichkeit getestet, zahlreiche Stressmomente werden überprüft, und dann folgen persönliche Gespräche mit künftigen Vorgesetzten. Bei der Airline-Bewerbung durchläuft der Pilotenanwärter ein Assessment Center, in dem Merkfähigkeit, Mathematik, Technik und Wahrnehmung getestet werden, die von den Airline-Verantwortlichen überprüft werden.
Beim Privatjetunternehmen geht der Geschäftsführer meist einen anderen, viel persönlicheren Weg: Er muss in kürzester Zeit den Background ebenso wie die Lebens- und Job-Geschichte des fertig ausgebildeten Piloten erfassen. Verantwortlichkeit und Kompetenz sind die Grundvoraussetzungen. Perfektion im Cockpit gibt es nicht, aber es gibt Attribute wie Wachsamkeit und Erfahrung, rasche Durchsetzungskraft und Leadereigenschaften. Ein Berufspilot darf vor seinen Passagieren, also den Kunden der Airline, keine Schwächen zeigen und schon gar keine Hysterien auslösen. Als Kapitän im Cockpit steuert er nicht nur das Flugzeug, sondern führt gleichzeitig eine Besatzung und ist für das Wohlbefinden der Passagiere verantwortlich. Gleichzeitig kommuniziert er mit den Kollegen am Boden. Er ist mit einem Wort der Manager der Lüfte.
Der ideale Pilot ist also ein Leader in der Luft, der sein Handwerk beherrscht, der allumfassend und mental alles rund um das Fliegen weiß, ein selbstbewusster, ausgewogener Charakter. Ein positiver Mensch, der moralisch stark gefestigt ist, gut kombinieren und logisch denken kann, eine schnelle Auffassungsgabe besitzt und der rasch und richtig in Krisensituationen handelt. Piloten lernen Prioritäten zu setzen. Zweifelsohne gehören sie zum gehobenen Einkommensberufsstand. Privat frönen sie meist mehreren Hobbys. Doch der Gedanke, ständig in der Luft zu sein, lässt sie auch zu ungebundenen, freigeistigen Menschen werden.

Hartes Anforderungsprofil

Fliegen ist für den Menschen immer noch etwas Besonderes, bedeutet es doch die Freiheit, sich in der dritten Dimension bewegen zu können. Und auch für Piloten bleibt es trotz gegebener Routine faszinierend. Dennoch gehört der Pilot zu jenen Risikoberufsgruppen, die sich vom Alltag der meisten anderen stark unterscheiden. So gilt Sicherheit als oberste Priorität im Anforderungsprofil eines jeden Flugunternehmens. Zwei oder mehr Simulatortests pro Jahr werden sowohl von den Flugzeug- als auch von den Hubschrauberpiloten abverlangt, um den neuesten Standards und Sicherheitsvorschriften zu entsprechen und zu lernen, mit Situationen oder Notfällen professionell umzugehen. Berufspiloten bereiten heute ihre Flüge täglich genauestens vor. Anders gesprochen: Piloten lernen täglich dazu. Voraussetzung für einen guten Piloten ist neben Talent eine ordentliche Portion Ehrgeiz und die Fähigkeit, das Gelernte der jeweiligen Situation anzupassen. Je perfekter ein Pilot im Cockpit handelt, desto effizienter macht er seinen Job als Luftfahrzeugführer. Doch während zu Beginn des 20. Jahrhunderts noch mit Kompass, mit Barografen – für die Bestimmung der Flughöhe – und mit einer Landkarte geflogen wurde, so überließ man ab den 1970er Jahren vieles an Bord den Computern. Heute fliegt in einer Linienmaschine meist der Autopilot. Der Kapitän sitzt zwar mit dem Kopiloten im Cockpit, beide wurden aber mittlerweile zu Supervisoren der Technik. Erfreulicherweise gibt es zunehmend mehr Frauen unter den Piloten. Manch einer ist sogar davon überzeugt, dass sie geeigneter seien als Männer, denn Frauen arbeiten im Cockpit lösungsorientiert und sind oftmals moralisch gefestigter als ihre männlichen Kollegen.
Was nun die Ausbildung der Piloten betrifft, so werden natürlich immer komplexere Aufgabenbewältigungen verlangt, zumal wohl auch die Zunahme des Luftverkehrs in den letzten Dekaden dafür sorgt, dass der Bedarf an gut ausgebildeten Männern und Frauen gestiegen ist. Neben ausgezeichnetem Gesundheitszustand und bestem Leumundszeugnis ist in allen Ländern der Welt eine abgeschlossene Allgemeinbildung Grundvoraussetzung für die Bewerbung. Bei Fluglinien erstreckt sich das Auswahlverfahren über mehrere Tage und Stufen. Neben der medizinischen Untersuchung des Bewerbers und einem Test in englischer Sprache, die zur gemeinsamen Kommunikation in der Luftfahrt verwendet wird, wer-

den auch verschiedene psychologische Tests durchgeführt, die auch die psychische Eignung als Pilot abfragen. Ebenso werden mehrere Tests durchgeführt, die das räumliche Vorstellungsvermögen, die Mehrfachbelastbarkeit und kognitive Fähigkeiten austesten. Durchschnittlich werden dabei bis zu 95 Prozent der Bewerber ausgeschieden.

Die Lehrjahre

Die Ausbildung zum Linienpiloten ist das erste Risiko, das zu diesem Beruf führt. Denn auch wenn die meisten Fluglinien ihre Piloten mittlerweile aus Kostengründen nicht selbst ausbilden, bietet eine selbst finanzierte Ausbildung trotz der hohen Kosten keine Arbeitsplatzgarantie in einem Cockpit, weil bei genereller Nichteignung aus psychologischen Gründen auch der sogenannte Ready-Entry keine Anstellung angeboten bekommt. Der selbstfinanzierte Ausbildungsweg für Linienpiloten umfasst zunächst den Privatpilotenschein, dann den Erwerb der Instrumentenflugberechtigung und des Berufspilotenscheines für mehrmotorige Flugzeuge und abschließend den Besuch des Linienpilotenkurses. Insgesamt dauert die Ausbildung etwa 18 bis 24 Monate und kostet zwischen 60.000 und 100.000 Euro, wobei die Anzahl der Flugschulen auf dem europäischen Markt beinahe unüberschaubar ist. Es wird aber prinzipiell empfohlen, solche Schulen in die nähere Wahl zu ziehen, die eine professionelle Ausbildung in einem Stück anbieten.

Die Zukunftsaussichten

In den USA ist eine fliegerische Ausbildung um bis zu 40 Prozent billiger, allerdings ist das Umschreiben auf europäische Lizenzen mit Lern-, Prüfungs- und hohem finanziellem Aufwand verbunden. Sollten die Eigenmittel für die Ausbildung nicht vorhanden sein, bleibt im Regelfall nur der Weg zur Hausbank. Es ist aber mitunter schwierig, ohne entsprechende Jobgarantie von seiner Bank einen Kredit über die gesamte Ausbildungssumme zu erhalten, und es bleibt hoch riskant, sich für eine Ausbildung in Schulden zu stürzen, wenn man weiß, dass lediglich zehn Prozent der

Bewerber oder noch weniger auch einen Arbeitsplatz im Cockpit erlangen. Allerdings sehen die Verdienstmöglichkeiten naturgemäß nicht schlecht aus, denn das Anfangsjahresgehalt eines Kopiloten bei einem Linienunternehmen beträgt rund 40.000 Euro und steigert sich rasch. Das Anfangsjahresgehalt eines Kapitäns kann je nach Unternehmen bei rund 80.000 Euro liegen. Allerdings steigt und fällt der Bedarf an Piloten mit dem wirtschaftlichen Erfolg der Luftfahrtindustrie. So ist die Airline-Industrie nach den Anschlägen des 11. September in die größte Krise ihres Bestehens gerutscht, und beinahe keine Airline in Europa hat in den letzten Jahren Piloten in nennenswerten Zahlen angestellt. Seither sind mit den Fusionen der Airlines immer wieder Verschiebungen festzustellen, ein sicherer Sektor auf dem Arbeitsmarkt ist die Luftfahrt jedenfalls nicht.
Neben den Fluglinien gibt es auch eine große Anzahl von Bedarfsflugunternehmen, die mit Business Jets Charterflüge anbieten. Diese Unternehmen bedienen sich ausschließlich der Ready-Entry-Piloten, die oftmals zu Nomaden auf dem Arbeitsmarkt werden.
Eine der Möglichkeiten, sich den Traum vom Fliegen zu erfüllen, ist die Ausbildung beim Militär. Dort gilt im Prinzip dasselbe Auswahlverfahren wie für Linienpiloten, wobei aber hier die Grundvoraussetzung die Mindestverpflichtungszeit ist, die in jedem Land freilich unterschiedlich lang ist. Die Einsatzmöglichkeiten nach bestandener Ausbildung sind vielfältig. Die Heeresflieger unterstützen mit Hubschraubern alle Truppengattungen mit Transport-, Verbindungs- oder Aufklärungsflügen. Am Ende der Dienstzeit stehen Piloten freilich einige berufliche Möglichkeiten zur Verfügung, sodass hier eine nahtlose Karriere in der freien Wirtschaft gestartet werden kann, wobei auch hier in allen Ländern unterschiedliche Möglichkeiten geboten werden. So unterstützt beispielsweise die deutsche Bundeswehr die berufliche Integration oder eine Existenzgründung .

2
Der Kopilot

Eine Landung soll ja kein Geheimnis sein.
Die Passagiere sollen ruhig wissen, wann sie unten sind.

Tower zu einem Piloten, der besonders hart aufsetzte

Welch wichtige Rolle Kopiloten vor allem im Linienflugverkehr spielen, bleibt den meisten Passagieren verschlossen. Jeder Reisende identifiziert gleich zu Beginn den Hauptverantwortlichen für den Flug, denn schließlich begrüßt der Kapitän seine Fluggäste und informiert sie über die Flugdauer, die Strecke und das Wetter am Ankunftsort.

In Wahrheit aber steuert der Kopilot das Flugzeug ebenso häufig wie der Kapitän. Die Aufgabe der Kopiloten ist es, den Kapitän zu unterstützen und zu vertreten. Hinzu kommen noch zahlreiche andere Aufgaben wie die Überwachung der Flugsicherheit, das Durchführen des Funkverkehrs oder das Betreuen der Checklisten, die unter anderen Kraftstoffberechnungen und Beladungspläne enthalten. Weiters kontrollieren Kopiloten gemeinsam mit dem Kapitän die Einstellungen der Instrumente im Cockpit und sind zugleich Erster Offizier an Bord, der im Auftrag des Kapitäns auch die Rolle des *pilot flying* übernehmen kann. Dann wird der Kapitän zum *pilot non flying* und übernimmt stattdessen den Funkverkehr mit den Bodenstellen. Der Flugkapitän wacht seinerseits über die sichere Durchführung des Fluges und trägt auch die rechtliche Verantwortung. Um die Arbeitsbelastung gleichmäßig zu verteilen und die notwendigen Flugstunden zu absolvieren, wechseln der Kapitän und der Kopilot einander an einem Einsatztag als *pilot flying* ab.

In Krisensituationen wiederum ist die Kommunikation mit dem Kopiloten das Um und Auf, um den sicheren Ablauf der zu setzenden Aktionen zu gewährleisten. Es sei hier nur an das „Wunder von New York“ erinnert. Denn als sich Chesley Sullenberger mit seiner spektakulären Notwasserung am Hudson River im Januar 2009 an die Spitze der Pilotenriege katapultierte, war er zwar längst in der Branche als kompetenter Sicherheitsbeauftragter, Ausbildner und Flugunfallsachverständiger bekannt, doch ohne seinen Kopiloten Jeffrey Skiles hätte „Sully“ die Notlandung auf dem Wasser nicht in dieser Perfektion durchführen können. Skiles hatte gerade erst seine Schulung auf dem Airbus erhalten, und daher waren ihm die

Notfallrichtlinien noch frisch im Gedächtnis. Er fand unter den immerhin 150 Checklisten viel schneller die auf den Fall zutreffende und half daher bei dieser Rettungsaktion entscheidend mit. Die Notwasserung war folglich arbeitsteilig zu sehen, denn während „Sully" navigierte, kümmerte sich Skiles um die Technik. Die Checklist gibt für Notfälle eine Schritt-für-Schritt-Anordnung, um – wie in diesem Fall – die ausgefallenen Triebwerke möglichst wieder in Gang zu bringen, was Skiles leider nicht gelang, weil die Triebwerke durch einen Vogelschwarm beschädigt wurden. Deshalb konzentrierte er sich darauf, die Geschwindigkeit zu erhalten, um den notwendigen Auftrieb für den Gleitflug nicht abreißen zu lassen und dem Navigator die Möglichkeit zu geben, den richtigen Aufprallwinkel – in diesem Fall genau 9,8 Grad – herzustellen und beizubehalten.

Bei der Notwasserung am Hudson River ist die Kooperation zwischen dem Kapitän und seinem Ersten Offizier so vorbildlich verlaufen, dass sie 155 Menschen das Leben rettete. Übrigens nur einer von drei Fällen in der Geschichte der Luftfahrt, der ohne Verlust von Menschenleben endete.

Wie schnell die beiden Piloten ihre Entscheidungen trafen und die richtigen Handlungen setzten, lässt sich auch daran erkennen, dass die betreffende Checklist, die immerhin drei Seiten lang ist, für Notfälle in 10.000 Meter Höhe vorgesehen ist. Der US-Airways-Flug 1549 war aber gerade erst gestartet und befand sich bloß in 1000 Meter Höhe. Der Stellenwert des Kopiloten sei hiermit ausreichend dokumentiert.

Die Laufbahn

Bei einigen Fluggesellschaften beginnt der Kopilot seine Laufbahn als Zweiter Offizier. Je nach Ausbildungsmodell der Fluggesellschaft unterscheidet sich die Tätigkeit nicht von der eines Ersten Offiziers. Der Zweite Offizier arbeitet anfangs auf Langstreckenflügen als sogenannter *cruise relief pilot,* der nur während des Reiseflugs am Steuer sitzt und bei gewissen Fluggesellschaften nicht nur rechts, sondern auch links sitzen darf. Dazu ist ein eigenes Simulatortraining inklusive Landungen „von links" zu absolvieren.

Bei Flügen zu dritt mit einem Flugingenieur wird schon vor dem Flug genau geregelt, wer wann fliegt und wann ruht. Der *senior first officer* (SFO) stellt eine besondere Form des Ersten Offiziers dar und ist berechtigt, den Kapitän während des Reisefluges abzulösen. Ab einer Streckenlänge von ungefähr 7500 Kilometern ist der Einsatz eines SFO bei den meisten Airlines die Regel.

Das Ziel des Kopiloten ist von Anfang an der linke Sitz, also der des Kapitäns, wobei sich hier die Geschlechtsunterschiede bemerkbar machen, denn Fliegen steht bei den Frauen an erster, die Karriere an zweiter Stelle. Für beide allerdings gleich wichtig ist es, die Sicherheit an Bord und im Cockpit zu gewährleisten.

Kapitän und Kopilot sind freilich gleichermaßen für die Flugdurchführung in jeder Situation qualifiziert, doch der Bordkommandant ist und bleibt das erfahrenste Crewmitglied, während dem Kopiloten oftmals die Rolle des Troubleshooters zukommt, der dem Kapitän die Vorlage für dessen Entscheidungen erstellt. Das Führen eines Flugzeuges ist – insgesamt gesehen – eine komplexe Leistung, bei der beide Piloten professionell vorzugehen haben. Fliegen ist dem Schachspielen oftmals ähnlicher, als einem lieb wäre, das weiß auch so mancher Kapitän, denn man muss die Situation im Vorhinein abschätzen können und auch im Vorhinein wissen, wie sie ausgeht.

3
Emanzipation im Cockpit

Eher wird eine Frau Boxweltmeister im Schwergewicht als Kapitän bei der Deutschen Lufthansa

Flugkapitän Alfred Vermaaten, ehemaliger Leiter der Lufthansa-Verkehrsfliegerschule

Abheben nach Paris oder nach Hongkong? Das tun immer mehr Pilotinnen eines Flugzeuges. Denn das Cockpit ist schon seit längerem keine reine Männerdomäne mehr. Der Frauenanteil beträgt in Europa derzeit durchschnittlich nicht ganz vier Prozent – mehr als je zuvor in der Geschichte der Luftfahrt. Dennoch stellen Berufspilotinnen in der internationalen Verkehrsluftfahrt immer noch eine Minderheit dar. Andererseits werben immer mehr Airlines heute schon explizit mit weiblichen Pilotinnen und sprechen sich offen dafür aus, mehr Frauen in diesem Beruf auszubilden. In Europa nehmen British Airways mit einem Frauenanteil von fünf Prozent im Cockpit und Air France mit etwas mehr als vier Prozent unter den großen Airlines eine Spitzenposition ein. Die französische Fluglinie stellte im Jahr 1974 die erste Pilotin ein und beschäftigt heute von 4200 Piloten bereits über 294 Flugzeugführerinnen, darunter befinden sich rund 150 weibliche Flugkapitäne. Ein besonderes Statement setzt die französische Fluglinie alljährlich am 8. März: Am Tag der Frau organisiert Air France bei Ferndestinationen immer Flüge mit weiblicher Besatzung und Crew.

Dennoch kann man noch nicht von einem Trend sprechen, der annähernd eine Angleichung der Frauenquote an die Männerquote im Cockpit bedeuten würde. Pilotinnen stellen seit jeher eine marginalisierte Gruppe in der zivilen Luftfahrt dar, behauptet Alexandra Härtner, die 2009 in ihrer Lizenziatsarbeit an der Fakultät für Völkerkunde der Universität Zürich über „Frauen im Cockpit. Eine ethnographische Untersuchung über weibliche Berufsbilder und Berufspraxis" sogar festgestellt hat, dass die Frage, ob sich Frauen genauso gut wie Männer für den Piloten-Beruf eignen, heute müßig erscheint. Es dränge sich laut Härtner vielmehr die Frage auf, warum das Berufsbild derart wenige Frauen anspreche.

Die Frage, ob der kleine Unterschied auf das Verhalten in einem typisch männlich geprägten Berufsbild – wie jenes der Piloten – grundlegende Auswirkungen hat, ist freilich komplex. Karoline Barthel, Hochschullehrerin für Personalmanagement an der Beuth Hochschule für Technik Berlin, analysierte im Jahr 2009 im Rahmen der Studie „Geschlechtsspezifische Unterschiede im Entscheidungsverhalten unter Risiko" das Thema Entscheidungsfindung bei Männern und Frauen. Ihr Ausgangspunkt lautete, dass Frauen weniger riskante Entscheidungen treffen als Männer – dies sei ein in der Sozialpsychologie häufig experimentell bestätigter Befund.

Der kleine Unterschied

Die Psychologin Janet Hyde von der University of Wisconsin hingegen analysierte zahlreiche verfügbare Daten zu Geschlechtsunterschieden in einer Metaanalyse und erstellte eine Liste von 124 untersuchten Eigenschaften. Angefangen vom Ins-Wort-Fallen über die sexuelle Erregbarkeit bis hin zum abstrakten Denken scheinen sich Männer und Frauen tatsächlich signifikant zu unterscheiden. Für die Bewertung mindestens ebenso wichtig ist aber die Feststellung der Differenz, die zwischen den zwei Mittelwerten mit der Variabilität innerhalb der beiden Gruppen berücksichtigt werden muss. Dabei erwiesen sich etwa 80 Prozent der gefundenen Geschlechtsunterschiede als so klein, dass ihnen kaum praktische Relevanz zukommt, denn die Ähnlichkeiten zwischen den Geschlechtern sind in fast allen Bereichen sehr viel größer als die Unterschiede.
Rein physisch gibt es freilich einige Merkmale, die auf psychologische Werte einwirken können. So ist das männliche Gehirn selbst dann um neun Prozent größer, wenn man es in Relation zur Körpergröße setzt, doch die Gehirnzentren für Sprache und Hören weisen bei Frauen neun Prozent mehr Neuronen auf als bei Männern. Daraus folgt, dass Frauen zwar nicht unbedingt mehr reden als Männer, sie nutzen aber viel mehr Formen der Kommunikation als Männer. Auch der Hippocampus, die Schaltstelle für Gefühle und Emotionen und damit für das Training der neuronalen Netzwerke, ist bei Frauen deutlich größer. Ebenso die Schaltkreise, die der Sprache und der Beobachtung von Emotionen bei anderen dienen. Andererseits haben Männer wiederum eine größere Verarbeitungskapazität in der Amygdala, dem urtümlichen Gehirnareal, das Angst wahrnimmt und Aggressionen, also Verteidigung, auslöst. Sollte das die wichtigste Voraussetzung für männliche Piloten sein?

„Joviale Schmissigkeit kennzeichnet das landläufige Bild von Flugkapitänen“, schreibt zu diesem Thema Lars-Martin Dudde in *Zeit-online* und meint weiter: „Attribute wie verantwortungsbewusst, flug- und lebenserfahren, führungs- und strapazierfähig gelten als Markenzeichen der Männer, welche die vier Streifen auf der Schulter tragen. Kaum ein Berufsbild ist derart vom Mythos des abgeklärten Super-Mannes umgeben.“ Und dass sich so mancher Fluggast mit Beschwerde-Mails an die Fluggesellschaften wendet, wenn er schon wieder eine Frau als Kapitän an Bord erleben musste, komme nicht nur einmal vor. „Durchgängig ist erst ab Jahrgang sechzig und nachfolgend eine andere Einstellung auszumachen", zitiert Dudde in seinem Artikel den Cockpit-Psychologen Reiner Kemmler.

Frau am Steuer? – Ungeheuer!

Jörg Bergemann vom Institut für Soziologie an der Universität Bielefeld wiederum hat in seiner Studie zur „Entscheidungskommunikation im Cockpit“ mit dem Untertitel „Zur Interaktionsdynamik von Hierarchie, Arbeitsteilung und Geschlecht in einem technisch komplexen Arbeitsfeld“ herausgefunden, dass sich Frauen und Männer im Cockpit, anders als erwartet, hinsichtlich ihres Entscheidungsstils nicht unterscheiden würden. Kommunikative Störungen und Konkurrenzphänomene waren nur dann zu beobachten, wenn der Kopilot männlich und der Kapitän weiblich war. Dann nämlich kam es in erhöhtem Ausmaß zur Missachtung der Hierarchie und zu Führungskonkurrenz. Während bei männlichen Crew-Mitgliedern Kompetenzthematisierungen fachlich und sachlich begründet werden, werden Kompetenzen bei weiblichen Crew-Mitgliedern implizit oder explizit mit der Kategorie Geschlecht in Verbindung gebracht.
Ein Posting auf der Internetplattform *www.pilots.de* soll eine solche Situation veranschaulichen. Zu finden ist nämlich dort die Meldung eines Cargo-Piloten, der sich von seiner Co einiges anhören konnte, als er so ganz nebenbei die Bemerkung fallen ließ, dass sie für eine Frau am Steuer ganz gut fährt. Er hätte so seine Schwierigkeiten mit einem weiblichen Co, sagt er, und: „Kann nicht sagen, warum. Vielleicht liegt es daran, dass es noch so ein ungewohntes Bild ist (okay, bin bei Cargo noch bei einer Bastion der Männer). Abgesehen davon: Über was reden Jungs im Cockpit? Na bitte,

mit 'ner Frau dabei verkleinert sich die Gesprächspalette ernsthaft, oder?" Der Held der Cargo-Lüfte fragt abschließend: „Wie ist hier das Meinungsbild über die Gleichberechtigung um jeden Preis?" Eine der originelleren Antworten darauf, die wohl jede politische Korrektheit vermissen lässt: „Mit einer Frau in der Kanzel da vorn isses gesprächstechnisch so, als datest du deine Traumfrau im Gottesdienst am Volkstrauertag." Worauf ein nettes Flygirl postet: „Na, schon mal dran gedacht, dass sich auch für Frauen die interessanten Gesprächsthemen drastisch reduzieren können im Cockpit? Aber Frauen sind da halt weitaus flexibler ..."
Aber abgesehen von all den Zynismen auf Internetforen sind Piloten und Pilotinnen dazu angehalten, sich im Cockpit zu vertragen. Und wie in anderen Berufssparten auch, die zunächst männlich dominiert waren, gilt hier ein Umdenken, das so manchem Herrn einfach schwer fällt. Im Cockpit wie anderswo.

Ein richtiger Mann

Erlebnisse als Frau in einer Führungsrolle im Cockpit schildert auch eine bekannte deutsche Pilotin des 20. Jahrhunderts, die legendäre Elly Beinhorn: „Ich wäre manchmal gerne mit jemandem gemeinsam geflogen", schrieb sie, die 2007 hundertjährig starb, einmal. „Aber es gab nur wenige Frauen mit einem Flugschein – und was sollte ich mit einem Mann? Ein richtiger Mann würde sich nicht monatelang dem Kommando eines weiblichen Kapitäns fügen. Und einen nicht ganz richtigen Mann wollte ich schon gar nicht neben mir haben."
Frauen mussten zur Jahrhundertwende hart um ihre Fluglizenzen kämpfen. Davon ein Lied singen konnte Amelie Hedwig Boutard-Beese, die unter dem Namen Melli Beese bekannt wurde und die sich im Jahr 1910 dazu entschloss, eine Ausbildung als Pilotin zu absolvieren. Zu dieser Zeit aber flogen nur Männer in Deutschland, und Melli Beese wurde von einer Flugschule zur anderen gereicht, denn keiner wollte ihr Flugstunden geben. Bei der Ad Astra Flugschule in der Schweiz hatte sie schließlich Glück: Ihr neuer Fluglehrer, Robert Thelen, schulte sie – widerwillig – ein. 1911 kam sie nach Deutschland zurück, um hier ihren Pilotenschein zu erwerben. Gegen hohe Gebühren legte sie im September desselben Jahres

als erste Frau Deutschlands ihre Prüfung als Pilotin ab und hielt die „Flugzeugführerlizenz Nummer 115“ in Händen. Glücklich wurde sie nicht: Sie erschoss sich nach der Trennung von ihrem Mann und einer Bruchlandung, die sie während einer Prüfung zur Erneuerung ihres Pilotenschein unverletzt überstanden hatte. In ihrem Abschiedsbrief stand: „Fliegen ist notwendig. Leben nicht.“

Warum sich noch immer sehr wenige Frauen den Traum vom Fliegen erfüllen, hat die verschiedensten Gründe, und dazu gehören mangelnder Mut, zu wenig Interesse an der Technik oder der Irrglaube, der Job sei mit einer Familie nicht vereinbar. Dabei gibt es bei vielen Fluggesellschaften heute die Möglichkeit, Familie und Fliegerei zu kombinieren oder die Aufgabe in Teilzeit zu erfüllen. Subjektiv aber empfindet die Mehrheit der Pilotinnen ihre Integration in die Männerdomäne Pilot trotz ihres Sonderstatus als geglückt, fand Alexandra Härtner in ihrer Studie heraus. Einmal im Berufsalltag etabliert, scheint das Geschlecht im Cockpit auf professioneller Ebene keine Rolle mehr zu spielen.

4
Luft & Liebe

Wenn Männer von ihrem geraden Weg abweichen,
sind meistens weibliche Kurven die Ursache.

Unbekannter Autor

Manche Berufe sind einfach sexy. Denken wir doch an Frauen, die von starken Feuerwehrmännern und coolen Piloten schwärmen, während Männer von schnuckeligen Stewardessen und Krankenschwestern träumen, die sie umsorgen. Meist haben derlei Träumereien nicht viel mit dem realen Berufsbild zu tun. Doch was steckt tatsächlich hinter dem Klischee?

Piloten und ihre Liebesabenteuer sind immer wieder Gegenstand von wilden Spekulationen, märchenhaften Geschichten und legendären Verfilmungen gewesen. Allen voran die Komödie *Boeing Boeing,* in der Verfilmung aus dem Jahr 1965, in der Tony Curtis den US-Journalisten Bernard verkörpert, der sich in Paris ein Liebesnest aufbaut und mit drei Stewardessen aus Frankreich, Deutschland und Großbritannien gleichzeitig verlobt ist, ohne dass die Damen voneinander wissen. Bernard plant und organisiert sein Leben nach den Flugplänen der drei Fluggesellschaften – Air France, Lufthansa und British United –, was eines ungeheuren logistischen Aufwands bedarf. Sein Leben und seine Zeitplanung geraten jedoch eines Tages heillos durcheinander, als er erfährt, dass alle drei Fluggesellschaften die neueste Boeing einführen, die schneller fliegt als alle bisherigen Flugzeuge. Damit bricht der Terminplan des cleveren Bernard mit einem Schlag zusammen.

In *Catch Me If You Can* spielt Leonardo di Caprio den Hochstapler Frank William Abagnale junior, der mit 16 Jahren von zu Hause auszieht und nach New York geht, um dort wegen der hübschen Stewardessen Pilot zu werden. Frank Abagnale darf als Pilot seine Stewardessen wie Models bei einem Modelcontest auswählen und nebenbei ein Flugzeug steuern, obwohl er nie zu fliegen gelernt hat.

Was lässt sich aus dem Inhalt dieser beiden Filme nun schließen? Frauen finden Pilotenuniformen unheimlich sexy – das ergab aber auch eine Umfrage der deutschen Frauenzeitschrift *Lisa* im März 2011. Demnach stehen 33 Prozent der Befragten auf die Montur der Flugkapitäne. Aber auch die Dienstkleidung von Militär-Offizieren und Schifffahrtskapitänen sorgen

bei den Damen für Herzklopfen. Und das nicht erst seit heute, man denke beispielsweise an Arthur Schnitzlers Gesamtwerk, das ohne die Attraktivität der Uniform gar nicht auskommt.
„Was macht Männer in Uniformen zu solchen Leckerbissen?“, fragt sich auch Bettina Schipper auf ihrer Internet-Plattform *amenita.de* zum Thema „Reine Frauensache“, die zur Illustration dieses Artikels übrigens einen Piloten mit Stewardess gewählt hat, und gibt sich auch gleich selbst die Antwort: „Sie sind stark, autoritär und erfolgreich im Beruf. Kurz, Männer in Uniformen sind echte Kerle. Und die braucht Frau auch ab und zu. Frau kann sich ja nicht dauernd von romantischen Schlaftabletten und Gitarre spielenden Schmusesängern verführen lassen. Dann wäre das Leben ja langweilig.“

Tausend und eine Nacht?

Im Zuge der Recherchen zu diesem Buch kamen freilich etliche Hintergrundgeschichten zum Thema Sex-Appeal der Uniformen zur Sprache, doch man sollte bei der Analyse dieser Gespräche und den anvertrauten Geschichten realistisch bleiben. Genauso wie das Jägerlatein von Weidmännern wird in der Luftfahrtbranche gern ein Fliegerlatein zum Besten gegeben: Sein und Schein, Traum und Wirklichkeit sind auch hier die elementaren Teile eines großen Märchengebildes. Oder wie ein Interviewpartner trocken bemerkte: „Bellende Hunde beißen nicht.“
Die Realität sieht oftmals ganz anders aus. So gibt eine deutsche Pilotenfrau, die anonym bleiben will, folgenden Erfahrungsbericht: „Ich bin mit einem Flugkapitän verheiratet, der seit über 20 Jahren fliegt. Abenteuer und Freiheit-Romantik ist ein Mythos. Von den Städten und Ländern, die du anfliegst, siehst du in den knappen Turnaround-Zeiten nichts außer den Flughafen, und wenn du mal overnights hast, musst du zusehen, dass du zügig schlafen gehst. Denn die gesetzlich vorgeschriebenen Ruhezeiten der Piloten werden gern mal auf ein Minimum zusammengestrichen. Und Beziehungen sind auch schwierig. Die allermeisten haben Fernbeziehungen. Da sieht man sich manchmal wochenlang nicht – so wie bei uns. Regelmäßige Wochenenden gibt es nicht, denn auch da wird geflogen. Bei uns sieht das so aus, dass mein Mann zirka alle zehn bis 20 Tage für zwei,

drei Tage zu Hause ist. Und das ist noch richtig gut, denn wir hatten auch schon Zeiten mit zehn Wochen getrennt und zwei Wochen zusammen. In den typischen Ferienzeiten ist Hochsaison in der Fliegerei, deshalb findet Urlaub in den Schulferien für uns also zwangsläufig immer in der Stadt oder dem Land statt, in denen mein Mann seine Base hat. Und dann haben nur wir Urlaub, und er muss fliegen. Ostern, Weihnachten, Silvester daheim sind reine Glückssache. Mit jahrelanger Flugerfahrung und vielen Flugstunden on type kannst du viel Geld verdienen. Allerdings auch eher im Ausland, nicht in Deutschland. Und das bedeutet wiederum, selten zu Hause sein, Leben in Hotels, keine Zeit für Familie, Freunde und Hobbys. Also vergiss das mit dem Traumjob – aber natürlich ist das meine subjektiv gefärbte Meinung, wenn auch aus jahrelanger Erfahrung." Nachsatz: „Mein Mann ist bisher nicht impotent, aber dass die Strahlenbelastung immens ist, steht außer Frage."

Tatsächlich steht laut einer Studie des deutschen Bundesamts für Strahlenschutz (BfS), die von 2004 bis 2009 durchgeführt wurde, außer Frage, dass die Strahlenbelastung in diesem Zeitraum stark zugenommen hat, konkret um 20 Prozent. „Männliche Flugbegleiter hatten dabei mit durchschnittlich 2,9 Millisievert effektive Dosis pro Jahr die höchste Strahlenbelastung", berichtet Peter-Philipp Schmitt in der *FAZ* vom 20. August 2011. Zum Vergleich: Zusätzlich zur natürlichen, ionisierenden Strahlung, der ein Mensch ständig ausgesetzt ist, gilt ein Millisievert im Jahr als unbedenklich. „Die höhere Strahlenbelastung der männlichen Flugbegleiter", so Schmitt weiter, „könnte nach Angaben des BfS darauf hinweisen, dass die Beschäftigten familiär ungebundener sind als ihre Kolleginnen und deshalb mehr zeitaufwendige Langstreckenflüge absolvieren können. Darum sind nach Meinung der Strahlenexperten auch jüngere Flugbegleiterinnen stärker betroffen als ihre älteren Kolleginnen. Bei den Piloten ist es umgekehrt: Da jüngere Piloten zunächst vorwiegend auf Kurz- und Mittelstrecken eingesetzt werden, sind sie weniger belastet als die erfahrenen Kapitäne auf ihren Langstreckenflügen."

Doch bisher würden nur einzelne epidemiologische Studien Hinweise darauf geben, dass das fliegende Personal einem leicht erhöhten Gesundheitsrisiko ausgesetzt sei, so der Bericht der *FAZ*.

Ob damit auch ein erhöhtes Risiko der Manneschwäche mit eingeschlossen ist, war leider nicht Gegenstand der Studie.

5
9/11 und die Folgen

Die Krise ist eine einmalige Gelegenheit, Dinge zu verändern.

Muhammad Yunus,
Wirtschaftswissenschaftler und Friedensnobelpreisträger 2006

Am Beginn des neuen Jahrtausends schien die Welt noch in bester Ordnung zu sein. Die New-Economy-Blase war noch nicht geplatzt, die Twintowers des World-Trade-Centers prägten noch die Skyline von New York, und von einer Finanzkrise war weit und breit keine Spur. Doch 9/11 sollte alles ändern. Es begann mit der plötzlichen kollektiven Flugangst, die durch die restriktiven Kontrollen am Boden noch verstärkt wurde, und endete mit zahlreichen Einschränkungen bei der Neuaufnahme von Fluglinienpersonal. Als im Jahr 2009 die Wirtschaftskrise ihren Höhepunkt erreichte, sah es zunächst so aus, als ob die Berufsgruppe der Linienpiloten davon nicht betroffen wäre. Doch der Schein trog. Denn während Fluggesellschaften aus Kostengründen Flugzeuge einsparen mussten, wollten Banken verhindern, dass ganze Flotten plötzlich zum Verkauf standen, um den Markt vor dem vollständigen Kollaps zu bewahren. Die Pilotengewerkschaften waren zuversichtlich, dass sich die Situation nach kurzer Zeit wieder einrenken würde. Konkret ging es um kolportierte Tagesgagen in Höhe von mehr als tausend Euro, die selbstverständlich zusätzlich zu Tagesgeld, Diäten und Übernachtungskosten, sowie extra bezahlte Anreisetage besoldet wurden. Diese Konditionen galten allerdings nur für 14 Tage pro Monat, die vom jeweiligen Piloten selbst bestimmt werden konnten. In keiner Unternehmensbranche dieser Welt haben Mitarbeiter übrigens derartige Bedingungen ausgehandelt.
Fakt ist, dass die Luftfahrtbranche durch die Wirtschaftskrise in heftige Turbulenzen geriet. Auch der Arbeitsmarkt für Piloten ist seither gebeutelt. Die Zahl der arbeitsuchenden Linienpiloten hat sich im Jahr 2009 allein in der Bundesrepublik Deutschland im Vergleich zum Vorjahr verdoppelt. Doch arbeitslose Piloten haben es nicht leicht. Anders als andere Arbeitslose müssen sie nicht nur auf ihr Gehalt verzichten, sondern auch noch selbst investieren, wenn sie auf dem Arbeitsmarkt weiter eine Chance haben möchten: Um ihre Fluglizenz nicht zu verlieren, müssen sie diese regelmäßig mit Übungen am Simulator erneuern, wobei ein Training, um

in einer bestimmten Maschine das Steuer übernehmen zu dürfen, bis zu 40.000 Euro kosten kann.
Laut einer Studie der Embry-Ridden Aeronautical University in Florida aus dem Jahr 2003 über „Motivation und Performance von Piloten: theoretische und empirische Zusammenhänge" bringt höhere Bezahlung bei Piloten auch keine größere Motivation im Berufsleben hervor. Dazu kommt, dass viele Airlines angesichts von Einbrüchen bei Passagier- und Luftfrachtzahlen Stellen im Cockpit abbauen, und damit bis auf die Gesundheit in diesem Beruf alles instabil wird. Konflikte zwischen Airlines und Piloten scheinen somit vorprogrammiert, wobei auch die Argumente der Fluggesellschaften scheitern, dass strengere Sicherheitsvorschriften, hohe Kerosinkosten und der tägliche Kampf um Ticket-Dumpingpreise eine unternehmerische Maßnahme notwendig machen. Ein Beispiel ist etwa die British Airways, die im März 2010 mehrere Tage lang von den Piloten und deren Gewerkschaften bestreikt wurde und nur schwer verständlich machen konnte, dass mit einer höheren Besoldung der Piloten innerhalb der Branche eine Revolution in Gang gebracht worden wäre. Der Streik kostete British Airways schließlich 23 Millionen Euro.

Sicherheit wird groß geschrieben

Seit 9/11 sind die Zeiten vorbei, als sich die Herrscher der Lüfte noch von neugierigen Besuchern im Cockpit bewundern lassen konnten. Heute teilen sich im Cockpit zwei Menschen drei Quadratmeter Platz und müssen darin oft 14 Stunden verbringen – mit kleinen Unterbrechungen –, denn heute dürfen Passagiere nur nach Freigabe eines Digitalcodes die Flugzeugkanzel betreten. Piloten müssen oftmals ihre Zelte in der Heimat abbrechen, um einen Job in einem anderen Land anzunehmen. Zurück bleiben Freunde, oft auch die Familie. Sie wohnen in Hotels und leben im wahrsten Sinne des Wortes aus dem Koffer. Sie müssen aber dennoch eine Aufgabe erledigen, die Perfektion, Gespür, Ausgeglichenheit und Teamgeist erfordert. Je älter Piloten werden, umso mehr vermissen sie ihre Heimat, ihre Familie und ihre Freunde. Selbst Chesley Sullenberger hat früh erlebt, was viele Piloten erst seit 2009 erleben, denn in der für Fluggesellschaften wirtschaftlich angespannten Zeit nach den Terroranschlägen vom 11. September 2001 wurde Sullys Gehalt um 40 Prozent herabgesetzt, seine Pensionsansprüche beendet und durch, wie er sagt, „wertlose Versprechungen" ersetzt.

Wirtschaftlich harte Zeiten implizieren auch für Fluggesellschaften einen harten Konkurrenzkampf, doch gerade hier ist der Personalkostenfaktor sehr hoch. Schließlich wird jeder Pilot alle sechs Monate mit hohem Kostenaufwand zu Sicherheits- und Flugschulungen sowie Tests im Simulator verpflichtet. All das investiert eine Airline in einen Piloten, der mit knallharten Verträgen und technischen Kenntnissen zum wertvollen Asset seiner Airline wird.

Langfristig kann man davon ausgehen, dass weltweit eher wieder mehr Piloten nachgefragt werden. Laut einer Studie des Flugzeugbauers Boeing aus dem Jahr 2006 wird sich die Zahl der Verkehrsflugzeuge bis ins Jahr 2026 weltweit verdoppeln, und zwar von 18.230 auf 36.420 Flugzeuge. In diesem Zeitraum müssten mehr als 363.000 Piloten ausgebildet werden. Auch wenn Boeing inzwischen die Zahl der benötigten Passagierflugzeuge in den nächsten 20 Jahren auf 29.000 heruntergeschraubt hat, so ist der Bedarf an Piloten weltweit immer noch enorm. Der globale Trend geht nach oben, auch wenn es jetzt eine kleine Delle gibt. Wer sich jetzt als Pilot ausbilden lässt, kann genau dann fertig sein, wenn wieder Piloten gesucht werden.

6
Krisen bewältigen

Das kann doch gar nicht sein.
So etwas kann doch mir nicht passieren!

Chesley B. Sullenberger

Kollisionen, Terrorismus, technisches Versagen oder Pilotenfehler – kein Flugunfall geschieht aufgrund einer einzigen Ursache. Viele der schwersten Luftfahrtkatastrophen sind auf menschliche Fehler zurückzuführen. Doch sehen wir uns drei spektakuläre Fälle aus der Nähe an.

Die Tragödie von Lockerbie

Der Pan-Am-Flug 103 von London nach New York am 21. Dezember 1988 dauerte gerade einmal 37 Minuten, als im vorderen Frachtraum eine Bombe explodierte, die das Flugzeug in zehn Kilometer Höhe auseinander riss. Die Boeing 747 stürzte wie ein Komet über der schottischen Kleinstadt Lockerbie ab und richtete furchtbare Verwüstungen an. Mehrere Wohnhäuser wurden dem Erdboden gleichgemacht, die Stadt glich einem Inferno. Neben den 270 Insassen des Jumbo-Jets starben weitere zwölf Menschen am Boden. Es war das bislang schlimmste Flugzeugunglück in der Geschichte Großbritanniens. Wie konnte das geschehen?
Am Tag des Anschlags begann die Flugverbindung am Flughafen Frankfurt am Main mit einer Boeing 727 nach London-Heathrow. Dort wechselten schließlich einige der Passagiere in die Boeing 747, die den Flug nach New York fortsetzen sollte. Dieses Flugzeug kam tags zuvor aus San Francisco, wo es in der Stehzeit von einer Sicherheitsfirma bewacht wurde. Als aber die Urheber dieses Terroraktes ermittelt werden konnten, führten die Spuren nach Libyen, wo die Bombe in einen Koffer platziert wurde. Die Ermittler fanden später heraus, dass das unbegleitete Gepäckstück, das später während des Prozesses als Bombenkoffer gezeigt wurde, über ein Gepäcktransportsystem vom Flughafen Luqa auf Malta nach Frankfurt gelangt war und dort in die Zubringer-727 verladen wurde. Daraus lässt sich nur schließen , dass in diesem Fall sämtliche Sicherheitschecks der mitgeführten Gepäckstücke auf mehreren Flughäfen versagt haben.

Rakete oder Pilotenfehler

IY 626 lautete die Flugnummer eines Linienfluges der Yemenia von Sanaa im Jemen nach Moroni auf den Komoren, der am 30. Juni 2009 mit 142 Passagieren und elf Besatzungsmitgliedern rund 15 Kilometer vor der Hauptinsel Grande Comore in den Indischen Ozean stürzte. Der Absturz erfolgte um 1:50 Uhr Ortszeit beim Landeanflug. Die meisten Passagiere hatten ihre Flugreise in Paris begonnen, die mit einem Airbus A330-200 durchgeführt wurde. In Sanaa stiegen die Passagiere für den Weiterflug nach Moroni in den Airbus A310 um, welcher dann im Landeanflug, wie bereits erwähnt, auf die Landebahn 20 des Flughafens Moroni abstürzte. Laut Angaben der regionalen Luftfahrt-Aufsicht ASECNA verschwand die Maschine während des Landeanflugs zwischen fünf und zehn Kilometer vor der Hauptinsel der Komoren von den Radarschirmen. Nur das 14-jährige Mädchen Bakari Bahia überlebte den Absturz. Der Grund für den Absturz konnte eigentlich nie so richtig ermittelt werden, doch tauchten immer wieder Gerüchte, insbesondere in der jemenitischen Presseagentur *Saba*, über eine Rakete auf, die die Maschine irrtümlich getroffen haben könnte, da die französische Marine zu diesem Zeitpunkt Militärübungen im Unfallbereich durchführte. In einem derartigen Fall würde den Piloten freilich keine Schuld treffen. Die französische Regierung ließ kürzlich allerdings verlautbaren, dass es sich um einen Pilotenfehler gehandelt hätte, der auf einer zu hohen Geschwindigkeit und der falschen Positionierung der Spoiler beruhte.

Der Held vom Hudson River

Piloten, die ein schweres Unglück überleben, sind rar. Darum ist es umso erfreulicher, wenn ein Pilot mit Hilfe seiner Crew ein „Wunder" an Bord vollbringt. US-Airways-Pilot Chesley B. Sullenberger ist ein solcher Pilot. Er rettete im Januar 2009 mit einer spektakulären Notlandung auf dem Hudson River alle 155 Passagiere seiner Maschine. Für diese Meisterleistung erhielt er die Ehrenbürgerschaft der Stadt New York und wurde mit seiner Familie zur Amtseinführung von US-Präsident Barack Obama eingeladen. Er wird seither der „Held vom Hudson" genannt. Doch was war

genau an diesem Tag geschehen? Und wie hat der erfahrene Pilot Sullenberger eigentlich reagiert?
Am 15. Januar 2009, dem Tag von Flug 1549, hatte das Schneetreiben in New York rings um den Flughafen La Guardia früh am Morgen aufgehört. Es war kalt und klar mit ein paar vereinzelten Wolken, schildert Kapitän Sullenberger in seinem Buch „Man muss kein Held sein – Auf welche Werte es im Leben ankommt". Die Startphase war abgeschlossen, und nun ging der Flieger, ein Airbus A320-214 mit 16.298 Flugstunden am Buckel, in die Steigphase über. Sullenberger und sein Erster Offizier Jeff Skiles begannen mit der Beschleunigung auf 250 Knoten, das sind 460 Stundenkilometer. „Wir stiegen und beschleunigten weiter. Die atemberaubend schöne Skyline von New York kam ins Blickfeld. Bis hierher war alles reine Routine gewesen." Der Airbus war etwa 49 Sekunden in der Luft, als sich plötzlich ein Schwarm Kanadagänse in einer V-Formation dem Flugzeug näherte und schließlich auf das Flugzeug aufschlug. Doch es handelte sich in diesem Fall, so erzählt Sullenberger weiter, nicht nur um einen bloßen Vogelschlag, sondern um eine besonders kritische Lage, da die Vögel durch die Wucht des Aufpralls auch gleich die Triebwerke zerstört hatten, was einen Schubverlust zur Folge hatte. Der fast 70 Tonnen schwere Airbus wurde mit einem Schub von 180 Stundenkilometern in einem steilen Winkel nach oben gedrückt, doch plötzlich wurde das Flugzeug immer langsamer, beide Triebwerke stellten allmählich ihren Dienst ein.
Kapitän Sullenberger übernahm das Steuer, während sein Erster Offizier und Kopilot Jeff Skiles die Notfall-Checklisten durchging. Die beiden Männer wussten, dass rasch gehandelt werden musste. „In Anbetracht der brisanten Lage war mir klar, dass ich nur wenige Sekunden hatte, um einen Plan zu entwickeln, und nur ein paar Minuten, um ihn auszuführen", schildert Kapitän Sullenberger die kritischen Augenblicke an Bord. Und nun folgt ein Einblick in die Denkweise eines Piloten in einer Krisensituation. Chesley Sullenberger sagt nämlich, dass ein Pilot in einer Notsituation drei Generalregeln befolgen sollte, die er bereits in seinen ersten Flugstunden lernt:
„Fliege, navigiere und kommuniziere." Mit *fliege* meint Kapitän Sullenberger, immer am Steuerknüppel zu bleiben und das Flugzeug unter Kontrolle zu halten. *Navigiere* bedeutet, dass der Pilot sich vergewissern sollte, dass seine Flugroute stimmt und er nicht vom Kurs abkommt. *Kommuniziere*

heißt, dass man sich von der Bodenkontrolle helfen lassen sollte und allen Passagieren mitteilen sollte, was zu ihrem Überleben wichtig sein kann. Kapitän Sullenberger erzählt, dass er sich in einem Augenblick dazu entschied, einen Prioritätenwechsel zu vollziehen. Sullenberger empfiehlt Piloten in einer Krisensituation: „Wenn es nicht mehr möglich ist, sämtliche Ziele zu erreichen, dann gibt man die Ziele mit der geringsten Priorität auf. Auf diese Weise kann man die höheren Ziele anstreben und erfüllen."
Der Rest des Fluges ist mittlerweile Geschichte: Ohne Schubkraft setzten Kapitän Sullenberger und Kopilot Skiles zur Landung im Hudson River an. Der Airbus kam in einem Winkel von 9,8 Grad über dem Horizont zuerst mit dem Heck auf die Wasserfläche auf, die Tragflächen waren exakt waagrecht und die Geschwindigkeit lag bei 125,2 Knoten. Innerhalb von ein, höchstens zwei Sekunden kehrte das Flugzeug in die leicht aufgerichtete Stellung zurück und trieb nun auf dem Wasser. Erste Reaktion der beiden Piloten: „Das war gar nicht so schlimm, wie wir dachten." Wäre der Aufschlagwinkel ein anderer gewesen, hätte es schlimmer kommen können.
Dann wurden die Passagiere evakuiert. Die Stewardessen taten wie gelernt und wiesen die Passagiere an, ihre Rettungswesten anzuziehen und zu den Notausgängen zu gehen. Zu den zentralen Übungen von Flugbegleitern gehört es, eine volle Passagiermaschine in neunzig Sekunden evakuieren zu können. Das ist der von der FAA vorgegebene Standard. Trotz der klirrenden Kälte an diesem Tag gelang es der Crew, das Flugzeug binnen dreieinhalb Minuten zu räumen, ohne dass auch nur ein Passagier verletzt wurde. Die Fluggäste wurden sogar in Rettungsfloße evakuiert und schließlich von mehreren kleinen Schiffen und Booten an Land gebracht.
Chesley Sullenberger sieht sich nach dieser Erfahrung nach wie vor als Pilot, aber nicht als Held. „Der Mantel des Helden behagt mir immer noch nicht. Ein Held ist jemand, der sein Leben riskiert, wenn er ein brennendes Gebäude stürmt. Flug 1549 war anders, weil der Notfall über mich und meine Besatzung urplötzlich hereinbrach. Wir taten schließlich unser Bestes, wir setzten das um, was wir in der Ausbildung gelernt hatten, wir trafen richtige Entscheidungen, wir gaben nicht auf – und wir erzielten ein gutes Resultat. Ich bin mir nicht sicher, ob heldenhaft genau das bezeichnet. Es ist eher so, dass wir eine Lebensphilosophie hatten, und wir wandten sie auf das an, was wir an jenem Tag unternahmen, genau wie auf das, was wir an vielen Tagen davor getan hatten."

Als Pilot, als Kapitän, als Kopilot, als Crewmitglied, so meint Chesley Sullenberger, sollte man moralisch korrekt, verantwortungsvoll und gewissenhaft handeln. Und er hat mit seiner geglückten Notwasserung das Vertrauen der Menschen in Piloten enorm gestärkt.

Notfall im Cockpit

Doch auch weniger spektakuläre Fälle lassen darauf schließen, dass die Besatzung von Linienmaschinen optimal und ständig neu geschult wird. Denn wo immer viele Menschen unterwegs sind, kann es auch zu solchen Notfällen kommen, die auf gesundheitliche Probleme zurückzuführen sind. Jeder von uns hat die Fürsorge der Stewardessen erlebt, wenn ein Passagier das Notfallsäckchen benutzen musste oder andere Defizite zu beklagen hatte.

Ein größeres Problem freilich bietet der Ausfall des Kapitäns während des Fluges. So starb am 19. Juni 2009 ein Continental-Pilot während eines Atlantikfluges von Brüssel nach New York an Herzversagen. Zunächst nahm der Kopilot an, sein Kapitän sei eingeschlafen, und versuchte, ihn zu wecken. Erst als dieser nicht reagierte, alarmierte er die Flugbegleiter. Er und ein dritter Pilot, der auf längeren Flügen von Europa nach Nordamerika vorschriftsmäßig mitfliegen muss, übernahmen schnell die Kontrolle über die Maschine, eine Boeing 777, und landeten sicher auf dem Newark Liberty International Flughafen.

Die Besatzung ist in einem solchen Fall dazu angehalten, Stillschweigen über die Lage an Bord zu bewahren, um mögliche Panik zu unterbinden. So bekamen die Passagiere von dem Todesfall im Cockpit nichts mit, die Flugsicherung allerdings wurde über die dramatische Lage an Bord aufgeklärt.

7
Die Angst fliegt nicht mit

Es gibt alte Piloten und es gibt kühne Piloten,
aber es gibt keine alten, kühnen Piloten

André Kostolany,
ungarischer Börsenexperte

10.000 Meter Flughöhe, 200 Passagiere, zwei schlafende Piloten. Diese Horrorvision war kürzlich durch die Medien gegangen. Bekannt gemacht wurde dieses Ereignis in einer Studie der britischen Pilotengewerkschaft British Airline Pilot's Association (Balpa). Demnach würden sich solche Situationen häufen, weil die durchschnittlichen Aktivstunden pro Pilot in den letzten Jahren erheblich mehr geworden sind.

Im Auftrag der Balpa befragte das University College London 492 Piloten der Fluggesellschaft Easyjet, darunter befanden sich zwei Drittel Kapitäne. Laut Balpa sind die Ergebnisse bezeichnend für die gesamte Luftfahrtbranche. In der Studie gab ein nicht namentlich erwähnter Flugkapitän einer großen europäischen Airline an, dass anlässlich eines Langzeitdienstes weder er noch sein Kopilot in der vorgesehenen Ruhepause schlafen konnten. Der Kopilot fragte daher seinen Kapitän während des darauffolgenden Fluges, ob er ein Nickerchen halten dürfe, was ihm sein Chef genehmigte. Kurze Zeit später übermannte ihn selbst jedoch der Schlaf, das Flugzeug war etwa zehn Minuten führerlos. In einem Beitrag des britischen Senders BBC schilderte der Pilot sein Erlebnis so:

„Zehn Minuten nach Beginn seines Nickerchens konnte ich meine Augen nicht mehr offen halten. Ich redete mir ein, es sei in Ordnung, die Augen kurz zu schließen." Zehn Minuten später sei er zu Tode erschrocken aufgewacht und habe sofort die Instrumente überprüft. Glücklicherweise sei alles normal verlaufen, der Auto-Pilot habe das Flugzeug auf Kurs gehalten. „Im schlimmsten Fall könnte sich der Auto-Pilot abschalten und das Flugzeug würde steigen oder sinken. Das wäre extrem gefährlich, weil man in den Kurs eines anderen Flugzeuges geraten könnte", ergänzte der betroffene Kapitän. Es gäbe zwar Warnsignale, doch diese würde man ebenfalls leicht verschlafen können.

Auch wenn dieser Fall eine Ausnahmesituation darstellt, sind die Ergebnisse der Studie beunruhigend. Knapp 45 Prozent der befragten Piloten fühlen „deutliche Ermüdungserscheinungen" – im Fachjargon Fatigue-Syndrom – während ihrer Flüge. 40 Prozent gaben sogar an, sie müssten zumindest zweimal im Monat mehr Stunden fliegen, als eigentlich vorgesehen sind, um das Flugvolumen zu bewältigen. Doch die Europäische Union kündigte bereits an, die zulässigen Flugstunden für Piloten von 900 auf 1000 pro Jahr zu erhöhen, und gab an, dass die Änderung nicht zu weniger Sicherheit im Flugverkehr führe.

Der Coach der Herren der Lüfte

Übermüdung, Nervosität, Stress, Burnout sind Begriffe, die man auch in der Luftfahrt kennt und mittlerweile sehr ernst nimmt. Immer mehr Airlines und private Flugunternehmen engagieren Luftfahrtpsychologen, um ihren Piloten bei auftretenden Symptomen vollste Unterstützung zu bieten. Denn sobald der Pilot das Flugzeug oder den Hubschrauber besteigt, weiß er, dass er nun all seine Sinne fürs Fliegen einsetzen muss. Das klingt zwar recht banal, stellt aber in der Realität bereits den ersten Stressmoment für ihn dar. Um die Kontrolle über das Flugzeug zu haben und auch zu behalten, muss der Pilot seine gesamte Energie diesem einen Flug – besonders dem Start und der Landung – widmen und zusätzlich die Passagiere an Bord sowie die Crew im Auge behalten.
Seit den Anfängen des Fliegens gab es in der Luftfahrt rasante Entwicklungen. Damit ging auch der Fortschritt bei der Flugsicherheit einher: Bessere Materialien, erprobte Prozeduren, zuverlässige Technik sind nur einige Punkte. Immerhin zählt das Flugzeug heute zu den sichersten Verkehrsmitteln der Welt, doch der Faktor Mensch zählt immer noch zu den Hauptfehlerquellen des Systems Luftfahrt. Er ist – laut Untersuchungen der NASA – immerhin für mehr als 80 Prozent der Flugunfälle verantwortlich. Dass Fehler im Cockpit passieren, ist unvermeidlich. So beträgt etwa die allgemeine Fehlerrate bei einer banalen Tätigkeit, wie etwa beim Ablesen von Instrumenten, bereits drei Promille. Komplexer wird die Situation beispielsweise bei Interaktionen von Personengruppen verschiedener Qualifikation, die entsprechende Geräteüberprüfungen vornehmen sollen. Hier beträgt die Fehlerquote, wenn keine schriftlichen Anweisungen Entsprechendes festlegen, bis zu zehn Prozent. Die allgemeine Fehlerrate bei

Aktivitäten mit hohem Stresslevel, wenn gefährliche Ereignisse schnell aufeinander folgen, beträgt sogar bis zu 25 Prozent.
In bestimmten Situationen und unter gewissen gegebenen Bedingungen kann ein Mensch gar nicht anders handeln, als eine Wahlreaktion zu vollziehen. Die Fehlleistungen psychischer Art wie falsche Einschätzungen und eben Wahlreaktionen, die zu Unfällen führen, werden in der Regel als *human factor* bezeichnet. So sind 70 Prozent der Unfälle in der Luftfahrt auf Denkfehler zurückzuführen, und Aufmerksamkeitsmangel ist die häufigste Ursache von Flugzeugkatastrophen. Aus rein medizinischer Sicht allerdings sollte jeder Pilot selbst die Grenzen seines eigenen Leistungsvermögens kennen und wissen, wie sein Körper auf Sauerstoffmangel reagiert, sein Gleichgewichtssinn in der Luft stabil und ob er immun gegen die Luftkrankheit ist. Wer schon am Boden Übelkeit als Mitfahrer im Auto verspürt, sollte sich vielleicht überlegen, ob er wirklich als Pilot taugt.

Der „gute" Pilot

„Ein guter Pilot", sagt der deutsche Luftfahrtpsychologe Reiner Kemmler, „ist ein Mensch, der in dem Mensch-Maschine-System Flugzeug eine den Anforderungen entsprechende optimale Informationsverarbeitung leistet. Dazu gehört Fliegen, Navigieren, Kommunizieren und die Bedienung weiterer technischer, nicht-fliegerischer Systeme wie zum Beispiel der Klimaanlage an Bord. Fliegen nennt man die Kontrolle des Flugzeuges, Navigieren bedeutet die genaue Planung und Umsetzung räumlicher und zeitlicher Vorgaben und Kommunizieren heißt im Team eine sowohl sachbezogene, als auch zwischenmenschlich konstruktive Verständigung herzustellen." Für den britischen Luftfahrtpsychologen Robert Bor ist der gute Pilot eine Person, die „mit einem offenen Auge Details und seinen eigenen Perfektionismus pflegt, ohne Zwangsstörungen aufzuweisen. Weiters muss diese Person ein guter Manager von Zeit- und Ressourcen sein, er sollte delegieren können und weder aggressiv noch wetteifernd gegenüber anderen sein, sich dafür aber in einer guten physischen und psychischen Kondition befinden."
Für den österreichischen Militärpsychologen Christian Czihak ist ein guter Pilot ein „Mensch der seinen Auftrag richtig erfüllt, eine Risikobeurteilung

macht und eine sichere Landung hinlegt. Ein guter Militärpilot muss zur Erfüllung eines Auftrags auch Risiken einkalkulieren, die in der zivilen Fliegerei sicherlich nicht möglich wären. Er geht an Grenzen und wiegt immer das Risiko zwischen Kosten und Nutzen ab. Militärpiloten sind Risiko- und Systemmanager. Die Technik und die Technologie im Flieger unterstützen den Piloten dabei."

Gerade in kritischen Momenten lastet viel Verantwortung auf dem Piloten, denn er ist das letzte Glied in der Kette und daher auch der Einzige, der die Katastrophe im letzten Moment verhindern könnte. Genau in diesen besonderen Momenten einer Krisensituation an Bord heißt es für die Piloten Nerven bewahren.

Das Auswahlverfahren

Für den Dienstgeber kommt es darauf an, Piloten auszuwählen, die vor allen Dingen Verantwortungsbewusstsein an den Tag legen. Beim Militär ist die Selektion nicht einfach, meint Czihak: „Ungefähr drei Prozent der Bevölkerung erfüllen die von uns geforderten Normen. Wir suchen Menschen mit Eigenverantwortung. Das ist natürlich anders als bei der Airline, wo zwei Piloten im Cockpit sitzen. Wir wählen anhand von Gruppentests aus und suchen bei unseren Kandidaten dieselben Fertigkeiten wie in der Zivilluftfahrt: räumliches Vorstellungsvermögen, Sensorik und vieles mehr. Diejenigen, die sich entscheiden, bei uns eine Ausbildung als Militärpilot zu beginnen, sind von der Persönlichkeitsstruktur her eher Menschen, die einerseits gern Risiken auf sich nehmen und die andererseits ihre Grenzen kennen und sich sagen, dass Bungeejumpen sein muss, aber Bungeejumpen ohne Seil nicht möglich ist. Von unseren Piloten erwarte ich mir, dass sie das Bungeejumping-Seil vorher kontrollieren und keine Angst vor dem Springen haben. Denn in diesem Job ist Angst fehl am Platz. Eine militärische Motivation sollte ein Militärpilot natürlich auch noch mitbringen."

Pilotenpsychologe Bor bestätigt, dass Linien- und Bedarfsflugpiloten aufgrund ihres soliden Charakters ausgewählt werden: „Als Pilot darf man weder krank noch kränkelnd ins Büro kommen oder psychologisch gesehen so down sein, dass man nicht fliegen kann, denn dann gefährdet man die Passagiere, die Crew und den Flug. Es ist für mich interessant, dass die

Menschen glauben, dass Linienpiloten einen attraktiven Job machen. In der Realität tauchen bei Linienpiloten größere emotionale Hindernisse auf als bei anderen Piloten, denn ihr Job besteht aus wesentlich mehr Faktoren als nur dem bloßen Fliegen eines Flugzeugs. Schließlich müssen sie auch noch ein gerütteltes Maß an Organisationstalent mitbringen und die Sicherheit an Bord, in der Luft und am Boden, gewährleisten."

Der Faktor Stress ist für den Piloten ein ganz besonders heikles Thema, sagt auch Reiner Kemmler: „Am meisten sind Rettungs- und Ambulanzpiloten belastet. Bei ihnen geht es immer um den Ernstfall. Auch Militärpiloten haben außer der hochanspruchsvollen mentalen Belastung, vor allem in den Kampfflugzeugen, immer wieder extreme körperliche Belastungen auszuhalten. Für Linienpiloten geht es primär vor allem um Sicherheit und Komfort für die Fluggäste. Das heißt allerdings nicht, dass die Arbeit deswegen auch stressfrei ist, im Gegenteil. Zeitdruck ist beispielsweise ein permanenter Begleiter. Piloten können nicht einfach wie Autofahrer mal rechts ran fahren und eine Erholungspause einlegen. Sie müssen sich zu jedem Zeitpunkt an einen genau geplanten und von vielen Regeln und Vorschriften festgelegten Ablauf halten. Ein operationeller Flugbetrieb ist heutzutage vergleichbar mit einem komplexen Räderwerk, bei dem eine geringfügige Abweichung vom Plan, wie sie eine wetterbedingte Verspätung bedeutet, einen ganzen Rattenschwanz von unliebsamen Konsequenzen für den gesamten Betrieb nach sich ziehen kann."

Ein guter Indikator für einen hohen Sicherheitsstandard sind immer betriebseigene Zusatzleistungen, die über das gesetzlich vorgeschriebene Maß hinausgehen. So gibt es in vielen Ländern eine Verordnung, wonach Verkehrspiloten zweimal im Jahr ein Flugsimulator-Training absolvieren müssen.

Angst vorm Fliegen

Eine weitere Gefahr für den Piloten stellt die Flugangst dar. Sie kommt zwar selten vor, doch kann sie ganz plötzlich auftreten. Robert Bor hat auch damit Erfahrung: „Es wäre falsch zu sagen, Flugangst gibt es bei Piloten nicht. Im Gegenteil. Flugangst ist ein sehr sensibles Thema in der Luftfahrt. Die Gründe für ihr Auftreten sind verschieden, und meist gab es kurz davor einen Flugunfall. Es gibt aber auch Fälle von Flugangst, die aufgrund von persönlichen Schicksalsschlägen auftreten, wie etwa einer Ehescheidung, einem kranken Kind, Geldschwierigkeiten, Problemen im Beruf. Auch in der Nacht bei Schlechtwetter kann Flugangst auftreten. Die häufigste Ursache aber ist der Stress, der durch die neue Aufgabe des Piloten als Flugmanager entsteht."

Flugunfälle sind rückläufig

Bereits in den 1970er Jahren hat man in der Fliegerei begonnen, Ursachen für menschliches Versagen zu analysieren und Konzepte zu entwickeln, die dazu geeignet sind, menschliche Entscheidungen und Handlungen sicherer zu machen. Im Lauf der Zeit fanden die Konzepte Eingang in das Regelwerk der Luftfahrt und sind heute für alle Crewmitglieder vorgeschrieben. Das sogenannte *Crew Resource Management (CRM)* befasst sich mit den nicht-technischen Fähigkeiten des Flugpersonals, dazu zählen heute etwa die Kommunikation, Entscheidungsfindung, Risikomanagement, Teamarbeit, situationsgerechte Aufmerksamkeit und Stressmanagement. Die Stärkung dieser nicht-technischen Fertigkeiten und der offene und konstruktive Umgang mit Fehlern hat für eine Steigerung der Sicherheit gesorgt. Nach Einführung des CRM ging in der Luftfahrt die Zahl der Flugunfälle und der Zwischenfälle an Bord drastisch zurück. Hier einige Zahlen:
Laut der International Air Transport Association (IATA) befindet sich die Unfallquote in der Luftfahrt auf einem historisch niedrigen Niveau. Nach Angaben der IATA lag die weltweite Unfallquote im Jahr 2010 bei 0,61 Totalverlusten pro eine Million Flüge. Gegenüber 0,71 Totalverlusten pro eine Million Flüge im Jahr 2009 ist dies eine deutliche Verbesserung. Die Quote lag 2010 auf dem niedrigsten Stand in der Geschichte der Luftfahrt. Damit ist die Unfallquote in den vergangenen zehn Jahren um 42 Prozent gesunken. Als Totalverlust gilt ein Unfall, bei dem ein Flugzeug zerstört oder so stark beschädigt wird, dass es nicht mehr repariert werden kann. Das Flugzeug ist nach dem Höhepunkt der Finanzkrise wieder ein stark gefragtes Transportmittel: Das Passagieraufkommen kletterte 2010 weltweit um 8,2 Prozent im Vergleich zum Jahr davor. Der Internationale Luft-

fahrtverband IATA kommt mit 230 Fluggesellschaften für 93 Prozent des internationalen Luftverkehrs auf. Im Dezember lag der internationale Passagierverkehr wieder vier Prozent über dem Vorkrisen-Niveau.
Im Gesamtjahr verzeichneten Luftlinien im Nahen und Mittleren Osten mit 17,8 Prozent das weltweit größte Wachstum bei der Passagiernachfrage. In Europa lag der Anstieg im Vergleich zum Vorjahr bei 5,1 Prozent. 2010 waren 2,3 Milliarden Menschen mit dem Flugzeug unterwegs.
Sicherheit ist und bleibt die oberste Priorität in der Luftfahrtindustrie, die dann gewährleistet ist, wenn die Piloten und die Flugzeugcrew gut ausgebildet sind. Nervosität und Angst haben im Cockpit keinen Platz. „Beim Aufnahmeverfahren schauen wir auf reifere Charaktere. Routine und Ruhe sind wie bei vielen Berufen auch beim Piloten wichtige Anforderungen. Manch einer geht mehr an seine Grenzen beim Fliegen, der andere geht lieber auf Nummer sicher. Nervosität beim Fliegen ist wichtig, denn Spannung bedeutet Energie. Solange er Energie hat, ist ein Pilot sicher unterwegs. Wer zu nervös ist, hemmt sich selbst, und dadurch entsteht Angst", bestätigt Militärpsychologe Christian Czihak.

8
Die Zukunft des Fliegens

Die Freiheit gewinnen wir nicht, indem wir unsere Grenzen erweitern. Sie besteht nicht darin, immer höher zu fliegen oder immer tiefer zu tauchen, sie besteht darin zu fühlen, wie man fliegt, zu fühlen, wie man taucht.

Bertrand Piccard

Pioniertaten zählen bereits seit einigen Generationen zur Familiengeschichte der Piccards. Angeregt durch Jules Vernes Schriften und mit einem Sponsoring des belgischen Königs in der Tasche eroberte der Physikprofessor Auguste Piccard im Jahr 1931 die Stratosphäre – also jene Luftschicht, die in zwölf Kilometer Höhe beginnt. Gemeinsam mit seinem Assistenten Paul Kipfer konstruierte er eine kugelförmige Kabine, die den fehlenden Luftdruck ausglich und die auch Sauerstoff mitführte. Von Augsburg aus starteten die beiden Männer zu einem wissenschaftlichen Höhenflug und erreichten als erste Menschen mit einem Ballon die Stratosphäre auf 16.000 Metern. Wegen eines technischen Gebrechens landeten die beiden auf der Spitze des Gurgler Ferner im Tiroler Obergurgl. Ein Jahr später übertraf Auguste Piccard seinen Weltrekord und kam bis auf 16.940 Meter, weshalb er sich laut einem Bericht im *Historischen Lexikon der Schweiz* als erster Astronaut der Weltgeschichte bezeichnen durfte.

Sein Sohn Jacques Piccard wurde Ozeanograf und einer der bedeutendsten Pioniere der Tiefseeforschung. Nachdem sein Vater Auguste das Tiefseetauchboot *Trieste* entwickelt hatte, mit dem Jacques und Don Walsh 1960 zum ersten Mal an der tiefsten Stelle der Weltmeere tauchten – und zwar in 10.916 Metern –, baute Jacques Piccard weitere U-Boote, darunter das erste Touristen-U-Boot *Auguste Piccard* für die Expo 1964 in Lausanne, die *Ben Franklin,* mit der er sich einen Monat lang im Golfstrom treiben ließ, sowie die *F. A. Forel,* um Schweizer Seen zu erforschen. Jacques Piccard ist ein typisch empirischer Forscher – er ist furchtlos, wie er in einem seiner letzten Interviews in der Neuen Züricher Zeitung bestätigt: „Die Antwort mag Ihnen paradox erscheinen. Nein, ich hatte überhaupt keine Angst, in den Marianengraben zu tauchen. Angst muss man vorher haben. Vor der Expedition, ja schon vor der Konstruktion des U-Boots. Eine Art negative Neugierde: Was könnte passieren, wenn …?"

Das letzte Abenteuer

Bertrand Piccard ist Jacques Sohn und Augustes Enkel. Genauso wie sie ist er ein Visionär, Vorreiter und Erfinder. Und er schreibt die Rekordgeschichte seiner Familie als Pioniere der Luftfahrt fort. Bertrand Piccard ist eigentlich studierter Psychiater, spezialisiert auf Hypnose, und gleichzeitig ist er schon seit seiner Jugend fasziniert vom Fliegen. „Jenseits der vereisten Luke befindet sich das Licht der aufgehenden Sonne. Jenseits der Urangst vor dem Unbekannten befindet sich der Abenteurergeist", lautet sein Credo. Zumindest wird es so in seinem Buch *Spuren am Himmel* beschrieben.
Bertrand Piccard verfolgte als elfjähriger Junge in Cape Kennedy den Start der Apollo-Mission und wusste seit damals, was er später einmal machen wollte: die Welt von oben sehen. Sein Ziel wird später dem Ziel der Möwe Jonathan Livingston in der Verfilmung des Buches von Richard Bach ähneln und der Frage nachgehen: „Kann ich wirklich lernen, so zu fliegen, dass es für mich keine Beschränkungen gibt?" Beim Fliegen, so findet

Bertrand Piccard bei einer Besprechung mit seinem Team vor dem Start der Solar Impulse: „Kommunikationsplattform für erneuerbare Energien."

Bertrand Piccard einige Jahre später heraus, kommt es vor allem auf das eigene Innere an. Seine Suche wird vom Wunsch begleitet, die menschliche Seele und den Sinn des Lebens zu erforschen. Beim Fliegen geht es, so der Visionär, nicht nur um die Faszination, sich von der Erde zu lösen, sondern um den Mut, sich selbst zu finden und seinen Traum zu leben. Bertrand Piccard sagt, dass ein psychologischer Ansatz erklären kann, warum sich Menschen ständig Gefahren aussetzen und bis an ihre Grenzen gehen: „Als Persönlichkeit mit harmonischer Entwicklung gelingt es meist, ein Gleichgewicht zwischen Denken und Handeln und zwischen innerer Subjektivität und äußerer Wirklichkeit zu finden.“ Den fortwährenden Drang nach Aktion und einem Austesten der eigenen Grenzen könne man, so der studierte Psychiater, als unbewussten Versuch deuten, unerträgliche innere Spannungen außerhalb des eigenen Selbst zu lösen oder mit den Urängsten – wie etwa der Depression – fertig zu werden. Wiederum andere Persönlichkeiten müssten, um ihre Existenz zu spüren, Risiken eingehen, überwinden und besiegen. Unbewusst wollen diese Menschentypen durch einen Sieg über die Zwänge ihrer Umwelt ihren Eigenwert steigern. Erst dies lässt sie mit ihrem viel zu schwachen Selbstwertgefühl klarkommen.
Bertrand Piccard selbst versucht, mit allen ihm zur Verfügung stehenden Mitteln den Begriff der Freiheit zu untersuchen und den Zusammenhang zwischen Freiheit und dem Fliegen zu erkennen: „Dennoch habe ich zuerst so etwas wie Freiheit gesucht, als ich mit dem Drachenfliegen anfing. Bei meinen ersten Starts, dann, als ich die Flüge in großer Höhe entdeckte, in den Aufwinden, die es mir erlaubten, mit Adlern meine Kreise zu ziehen, bei jedem Looping bei Sonnenuntergang, an einem Himmel voller Heißluftballons oder noch zwischen Bandos und Thulgaari, in all diesen Fällen sagte ich mir, dass ich endlich Augenblicke wahrer Freiheit erleben würde. Tatsächlich hatte ich Freiheit mit Faszination verwechselt. Ein Minimum an Ehrlichkeit führte mich schließlich zur Erkenntnis, dass wir in der Luft und auf dem Boden alle von äußeren Zwängen abhängig sind.“
Bertrand Piccard zählt zu den europäischen Pionieren im Deltafliegen sowie im Fliegen von Ultraleichtflugzeugen und arbeitet als Fluglehrer für diese beiden Disziplinen. Nebenbei erforscht er das Fliegen in all seinen Formen: Distanz, Höhe, Akrobatik, Start von Montgolfièren, Motorflug, Hängegleiter und Fallschirm. Piccard war Europameister im Kunstflug und hält einen Höhenweltrekord: Er überquerte als Erster die Alpen im Ultra-

leichtflugzeug von der Schweiz in Richtung Italien. Der heute 53-jährige Bertrand Piccard muss aber – ganz der Pionier – auch immer wieder an seine Grenzen gehen. So umrundete er als erster Mensch in einem Ballon nonstop die Erde. Sein Leitmotiv scheint enormer Ehrgeiz gepaart mit Abenteurergeist zu sein: „Ich will nicht akzeptieren, dass ich mich mit Erde, Himmel und Meer begnügen soll, denn für den Menschen gibt es eine noch faszinierendere Welt zu entdecken, wenn er sich aus seinen gewöhnlichen Dimensionen zu befreien versteht."
Am 1. März 1999 – genau an seinem 41. Geburtstag – starteten Bertrand Piccard und sein englischer Kopilot Brian Jones in Château-d'Oex zur Weltumrundung mit dem *Breitling Orbiter 3* einer Kombination aus Heißluft- und Gasballon. Diese Nonstop-Weltumrundung galt als das „letzte Abenteuer des 20. Jahrhunderts". Bertrand Piccard verkündete nach diesem Erfolg, ein zweites Mal den Globus umrunden zu wollen, dann jedoch ohne Treibstoff. Sein Wort hat er schließlich gehalten. „Die großen Heldentaten des 20. Jahrhunderts waren Eroberungen – die beiden Pole, der Mount Everest, die Tiefen der Ozeane, der Mond. Die Großtaten des 21. Jahrhunderts müssen darin bestehen, die Lebensqualität auf unserem Planeten zu erhalten und zu verbessern." Elf Jahre später hat es Bertrand Piccard nun geschafft. Er entwickelte gemeinsam mit seinem Freund André Borschberg, einem ehemaligen Piloten der Schweizer Luftwaffe, die *Solar Impulse HB-SIA,* das erste Solarflugzeug, das über Nacht fliegt.

Sonnenbetrieben

Sonnenbetriebene Kleinflugzeuge gab es bereits davor: So wurde zu Beginn der 1980er Jahre im Rahmen eines Geheimprojektes der *Pathfinder* von den USA entwickelt, aber nach kurzer Zeit wieder eingestellt. 18 Jahre später, im November 1998 startete *Centurion,* 1999 sein Nachfolger *Helios,* der aber gleich zu Beginn Schwierigkeiten beim Aufstieg hatte und schließlich 2003 in den Pazifik stürzte. Es gab weiters die deutschen Projekte *Solair I* und *Solair II* sowie *ICARE.* Doch keines dieser Solarflugzeuge kommt an die Entwicklung von Bertrand Piccards Flieger heran.
Die *Solar Impulse HB-SIA* ist ein einsitziges Flugzeug mit einer speziellen Mission, das mit einer Spannweite von 64 Metern – entsprechend einem

„Wir transportieren eine Botschaft": Bertrand Piccard in seinem Breitling Orbiter

Airbus A-340 – bei einem Gewicht von lediglich 1,6 Tonnen 2009 fertig gestellt wurde. Auf den ersten Blick scheint dieser Flieger lediglich aus einem endlos langen, schlanken Flügel zu bestehen, an dem vier Motorgondeln hängen, die zweiblättrige Zugpropeller antreiben. Der Rumpf und das Cockpit sind klein und schmal. Der Oberteil der Flügel ist mit insgesamt 12.000 Solarzellen bestückt.

Der erste Flug mit Solar Impulse fand am 7. April 2010 statt. Bei dem mit Spannung erwarteten Jungfernflug über dem Militärstützpunkt in Payerne im westschweizerischen Kanton Waadt saß der deutsche Testpilot Markus Scherdel im Cockpit. Insgesamt 87 Minuten lang war der Sonnenflieger in der Luft in einer Flughöhe von 1200 Metern. Vieles an dem Flugzeug ist Neuland wie etwa die Struktur, die achtmal leichter konstruiert ist als die der modernsten Segelflugzeuge.

Der zweite Flug fand von 7. bis 8. Juli 2010 statt. Wieder startete man in Payerne, und mit diesem historischen Flug durch die Nacht kamen die Entwickler ihrem Traum einer Weltumrundung immer näher. Insgesamt 26 Stunden lang hatte André Borschberg den Flieger ohne Unterbrechung über das Jura-Gebirge in der Schweiz gesteuert. Damit war die Solar Impulse sogar eine Stunde länger in der Luft, als die beiden Luftfahrtpioniere ursprünglich geplant hatten. Der Flieger hatte nach seinem Start derart viel Sonnenenergie getankt, dass er sogar noch einen weiteren Nachtflug hätte absolvieren können. Borschberg war dabei auf 8500 Meter gestiegen und sank bereits vor Einbruch der Dunkelheit langsam auf 1500 Meter ab. In dieser Höhe zog der Flieger auch während der Nacht seine Bahnen. Der Nachtflug der Solar Impulse war eine Premiere in der kerosinfreien Luftfahrt. Der Strom aus den 12.000 Solarzellen wird in Lithiumakkus gespeichert und treibt vier Elektromotoren an. Die Solarzellen absorbieren die Sonnenenergie und speisen sie in Batterien des Flugzeugs ein. Diese wiederum versorgen die vier Motoren der Maschine mit Strom.

Es gehe ihm vor allem darum, die Aufmerksamkeit der Öffentlichkeit auf den Wandel zu lenken, der unumgänglich ist, wenn die energetische und ökologische Zukunft unseres Planeten gesichert werden soll. Weit davon entfernt, nur ein Flugzeug zu sein, das abgasfrei und mit absolut sauberer Energie einmal die Erde umrunden kann, soll das Solar-Impulse-Projekt vor allem als Kommunikationsplattform dienen. „Indem wir den Fachleuten das Wort erteilen und Informations- und Ausbildungsnetze schaffen, möchten wir alle diejenigen ins Boot holen, die daran glauben, dass die Zukunft unseres Planeten in der Entwicklung neuer Technologien liegt." Natürlich handele es sich bei dem Flugzeug um ein Symbol, denn man werde vermutlich niemals 300 Passagiere mit Hilfe von Solarzellen durch die Lüfte befördern können. „Wir transportieren keine Passagiere, sondern eine Botschaft." Bis zum Jahr 2013 will das Team Piccard-Borschberg einen zweiten größeren, noch leichteren, aber noch leistungsfähigeren Prototyp einer Solarmaschine bauen, der dann zu einem Flug über dem Atlantik aufbrechen soll.

Weltraumreisen mit einem Milliardär

„Man muss nach den Sternen greifen, wenn man die Wolken erreichen will."

Wim Thoelke, Deutscher Fernsehmoderator und Showmaster

Er ist bekannt als Visionär, Geschäftsmann der Superlative und Milliardär mit außergewöhnlichen Ideen: Der Brite Sir Richard Branson hat sich zum Ziel gesetzt, der Menschheit – und vor allem sich selbst – immer wieder zu zeigen, dass Träume in die Realität umgesetzt werden und Normalsterbliche in den Weltall reisen können. Dafür hat der Milliardär eine eigene Gesellschaft gegründet, die sich *Virgin Galactic* nennt und die auch schon zwei Raumschiffe konstruiert hat: SpaceShip One und SpaceShip Two. Gefeilt, getüftelt und die Werbetrommel gerührt wird seit knapp fünf Jahren. Und man kann sicher sein, dass auch dieses neue Abenteuer des Sir Richard Branson gelingen wird.

Ein fulminanter Start

„Der schreckliche Unfall des Spaceshuttle Challenger im Jahr 1986 hat unseren Traum von Weltraumflügen für Menschen ohne Astronauten-Spezialausbildung lange Zeit unmöglich erscheinen lassen. Dabei hatten viele aus meiner in den sechziger Jahren aufgewachsenen Generation gedacht, dass die Mondlandungen der Beginn einer neuen Ära der Weltraumreisen wären. So wie die ersten Transatlantikflüge von John Alcock, Arthur Whitten Brown und Charles Lindbergh den Beginn der zivilen Luftfahrt markiert hatten", sagte Branson im Dezember 2010.
Der Brite war schon immer erfinderisch unterwegs und brachte als Schüler gemeinsam mit seinen Klassenkameraden eine Zeitung mit dem Titel *Student* heraus, in der international bekannte Autoren wie John le Carré

Sir Richard Branson und Burt Rutan mit ihrem SpaceShip Two

oder Jean-Paul Sartre schrieben. Die Zeitung erwies sich kommerziell jedoch als Flop und musste eingestellt werden. Branson verließ übrigens die Schule, ohne einen Abschluss zu machen, und gründete 1970 sein erstes Unternehmen namens *Virgin.* Zunächst begann er mit einem Schallplattenversand und landete für seine Ideen sogar hinter Gittern, weil er – eine Steuerlücke ausnutzend – seine Schallplatten über Belgien aus- und wieder einführte. 1972 gründete Branson sein erstes Tonstudio. Durch den Plattenvertrag mit dem damals noch unbekannten Bassisten Mike Oldfield und dem millionenfachen Verkauf seines Hits *Tubular Bells* stieg *Virgin* plötzlich zum sechstgrößten Musiklabel der Welt auf. Das war der Beginn eines kometenhaften Aufstiegs der Firma und ihres Gründers Sir Richard Branson. Seither sind unzählige Unternehmen unter dem *Virgin*-Label auf dem Globus vertreten, und die Palette reicht von der Airline bis hin zum Computerspieleproduzenten und der erwähnten Virgin Galactic. Der erfinderische Kaufmann will ab 2011 Weltraumflüge vom Weltraumhafen Spaceport America in New Mexiko (USA) anbieten und ab 2012 sowohl in den USA als auch in Schweden durchführen.
Bereits im Sommer 2008 legte das Mutterschiff der Flotte, die *VMS Eve,* ihren ersten Testflug erfolgreich zurück. Bis Ende 2011 soll auch das zweite Flugzeug der Flotte die ersten Tests überstanden haben. Sollte es Branson

bis Ende 2011 wirklich gelingen, Orbitalflüge erfolgreich durchzuführen, würde er damit einen lang ersehnten Wunsch vieler Menschen erfüllen. Künftige Weltraum-Touristen müssen bei Virgin Galactic mindestens 200.000 US-Dollar auf den Tisch legen. 380 Interessierte haben – laut Angaben des Unternehmens – bereits ihren Platz an Bord des Raumschiffs reserviert und insgesamt 50 Millionen Dollar vorausbezahlt. Was ein wichtiger Beitrag zu den 450 Millionen Entwicklungskosten für das Virgin-Galactic-System und seine Raumschiffe darstellt, die sechs Passagieren Platz bieten. Und Branson ist der Meinung, dass „die Weiterentwicklung der Technologien und die weitere Erforschung des Weltraums über die nächsten hundert Jahre ein Schlüssel für das Überleben der Menschheit sein werden. Daten von Satelliten, die Wetterveränderungen beobachten, werden uns helfen, die Probleme der Überbevölkerung und des Klimawandels wie Nahrungsmittelknappheiten in den Griff zu bekommen."
In seinem SpaceShip Two können die Weltraumurlauber gemütlich und bequem von ihren Sitzen aus durch Bullaugen die Erde aus dem All betrachten. Wer die Schwerelosigkeit ausprobieren möchte, wird auch die Möglichkeit dazu bekommen, denn es reicht sich abzuschnallen, um eine neuartige Erfahrung zu machen.

Privatflüge in die Galaxie

Einen ersten Einblick in das phantastische Projekt des Visionärs Branson erhielt die Öffentlichkeit im vergangenen Jahr, als sie in der kalifornischen Mojave-Wüste Zeugin eines eigenartigen Spektakels wurde: Dort hat nämlich das Trägerflugzeug White Knight Two das Raumschiff SpaceShip Two mit Namen *VSS Enterprise* in 13.716 Meter Höhe auf Startposition gebracht. Der anschließende Flug dauerte knapp drei Stunden. Beim Testflug wurden Raumschiff und Trägerflugzeug übrigens nicht getrennt. Den ersten Abwurf will Branson bei später stattfindenden Testflügen machen. Dann aber soll die *VSS Enterprise* mit mehr als dreifacher Schallgeschwindigkeit auf etwa 110.000 Meter Höhe steigen. An diesem Punkt, an der Grenze zum Weltall, sollen die Passagiere dann schließlich einige Minuten Schwerelosigkeit erleben, bevor das Raumschiff zurück zur Erde fliegen und wie ein Segelflieger landen wird.

Für Privatpersonen wird der Traum vom Flug zum Mond wahr: Blick in das Innere von SpaceShip Two

Bereits im Dezember davor hatten Sir Richard Branson und der von ihm engagierte Luftfahrtpionier Burt Rutan das Raumschiff für private Kurztrips durchs Weltall öffentlich kurz vorgestellt. SpaceShip Two ist rund 18 Meter lang und bietet zwei Piloten im Cockpit Platz. Der zweistufige Start über das Trägerflugzeug ist übrigens, laut Branson, wesentlich sicherer als ein Start mit einer Rakete vom Boden aus. Das Trägerflugzeug kann aber auch Parabeln fliegen und so Schwerelosigkeit erzeugen, ohne dass es die Erdatmosphäre verlassen muss. Das Bransonsche Flugzeug, das einen Doppelrumpf besitzt und zu rund hundert Prozent aus Kohlefaser-Verbundwerkstoff hergestellt ist, war ursprünglich eigentlich als Trainingsflugzeug für Astronauten gedacht. Die Weltraumfahrer haben laut Branson den Traum, „unseren Planeten vom Weltall aus zu sehen und die Schwerelosigkeit am eigenen Körper zu erleben." Gleichzeitig tragen sie dazu bei, neue Wege im Weltraumtourismus zu erschließen.

Ein Auto hebt ab

Fantomas, der geniale Verbrecher, der seine Taten hinter wechselnden Menschenmasken begeht, war in der Luftfahrt ein Vorreiter. In der französischen Kriminalkomödie *Fantomas gegen Interpol* flüchtet der machtbesessene Fantomas vor Kriminalkommissar Juve (gespielt von Louis de Funès) und dem Journalisten Fandor (gespielt von Jean Marais) in einem Citroen DS. Da hebt sein Auto plötzlich von einer Landebahn in Rom ab und verschwindet spektakulär über den Wolken. Das Konzept dieses fliegenden Autos wurde übrigens im James Bond-Film *Der Mann mit dem goldenen Colt* aus dem Jahr 1974 übernommen. Dort bringen sich die Bösewichte Francisco Scaramanga (Christopher Lee) und Schnick Schnack (Hervé Villechaize) auf diese Weise mit ihrem AMC Matador Coupé vor dem britischen Geheimagenten in Sicherheit – mit ihrer ahnungslosen Geisel Mary Goodnight (Britt Eckland) im Kofferraum.

In der Realität waren Hybride aus Auto und Flugzeug eher nur in Studien zu bestaunen wie dem *Halo Intersceptor,* der vom britischen Designer Phil Pauley entwickelt wurde. Kann denn eine Reise im fliegenden Auto Realität werden? Mehrere Wissenschaftler tüfteln seit Jahren an dieser Idee. Allen voran der Amerikaner und ehemalige Universitätsdozent Paul Moller, der im Jahr 1962 seinen ersten Prototypen eines SkyCar baute und bis heute konsequent daran feilt. Mit dem SkyCar, einem Kleinwagen-Hubschrauber-Hybrid, kann man zu viert mit einer Reisegeschwindigkeit von 450 Stundenkilometern in 9000 Meter Höhe und ohne Pilotenschein, dafür aber mit GPS, durch die Lüfte jetten. Der Typ M400 ist zurzeit in Entwicklung und soll ein Transportmittel werden, das vollautomatisch zu jedem gewünschten in den Bordcomputer einprogrammierten Ort fliegt, dabei senkrecht startet und landet. Dafür sollen weder eine Privatpilotenlizenz noch ein Führerschein notwendig sein. Nach der Party in Berlin in den SkyCar steigen, zwei Stunden später in Zürich schlafen gehen – mehr ist vom Fortschritt nicht zu erwarten. Die Serienproduktion wurde bereits mehrmals angekündigt. Vorher testet die US-Luftfahrtbehörde (FAA) den SkyCar jedoch noch auf Herz und Nieren. Kommt es zur Massenproduktion, soll das fliegende Mollersche Gefährt rund 80.000 US-Dollar kosten.

Fahrzeug mit regenerativer Energie: Molllers SkyCar

Doch auch vom sportlich angehauchten Autohersteller BMW sagt man in der Szene, er hätte zu Beginn der Jahrtausendwende intensiv an einem Flugauto gearbeitet und es sogar bis zu einem flugfähigen Prototypen gebracht. PAL-V lautet die Bezeichnung für ein fliegendes Auto, konstruiert von Cheftechniker John Bakker und dem niederländischen Flug- und Raumforschungsinstitut NLR. Der Mix aus Dreirad und Helikopter soll voraussichtlich Ende 2011 serienreif sein. Für Otto Normalverbraucher wird dieses Gefährt bei dem Preis einer S-Klasse aller Voraussicht nach vermutlich einfach zu teuer sein. Auch das US-Verteidigungsministerium will den Traum vom fliegenden Auto verwirklichen: Unter dem Namen *Transformer* soll das Gefährt Kampfeinsätze fliegen. Bis zum Jahr 2015 könnte der erste Prototyp entstehen. Das Fahrzeug soll im rauen Gelände zurechtkommen und eine Besatzung von vier voll ausgerüsteten Soldaten transportieren können.

Mit dem Carplane Road/Air Vehicle rücken Ingenieure aus Braunschweig dem Zukunftstraum fliegendes Auto noch ein Stückchen näher. Das Auto mit Flügeln wird von der Carplane GmbH in Braunschweig entwickelt. Das bimodale Fahrzeug verfügt über einen Elektromotor mit Range Extender und soll auf der Straße bis zu 170 Stundenkilometer schnell unterwegs sein. Ausgefahrene Flügel und ein 130 PS starker Subaru EJ20-Boxermotor ermöglichen in der Luft etwa 220 Stundenkilometer. Nur 15 Sekunden soll es dauern, bis das Carplane Road/Air Vehicle vom fahrbaren in den fliegenden Zustand versetzt werden kann. Insgesamt liegen die Flugleistungen über der einer Cessna 152. Die Beherrschung des Gefährts, das für den Individualverkehr bestimmt ist, soll in 20 Flugstunden erlernt werden können. In vier Jahren könnte diese Maschine vom Förderband gehen. Erwartet wird ein Einstiegspreis von etwa 200.000 Euro. Bei einer Massenproduktion wären sogar weniger als 100.000 Euro realistisch.

Daimler-Chef Dieter Zetsche zeigte sich dem Flugauto gegenüber positiv eingestellt: „Dieses Ding – nennen wir es ruhig weiterhin Auto – wird sich wahrscheinlich in drei Dimensionen bewegen können", erläuterte der Daimler-Chef in einem Interview mit dem deutschen Magazin *stern* seine Visionen für die nächsten 125 Jahre des Automobils. „Solche Fahrzeuge oder besser Fliegzeuge werden sich dann ausschließlich mit regenerativer Energie bewegen." In jedem Fall technisch machbar seien in absehbarer Zeit automatische Fahrzeuge, die selbst steuern und Fehler des Fahrers ausgleichen könnten. „Und wenn der Fahrer ein Nickerchen machen möchte, schaltet er den Autopilot ein. Das wird vielleicht schon in 20 Jahren so sein", sagt Dieter Zetsche voraus. Nun, eine solche Vision könnte auch für das Fliegzeug von Daimler Realität werden.

Fliegen ohne Piloten

Ferngesteuerte Fernreisen könnten in Zukunft durchaus zum Alltag gehören, und ein Linienflug ohne Pilot könnte bald Realität werden. Was sich hier wie der Beginn eines Science-Fiction-Romans liest, ist in der Forschung schon realisiert worden. Denn die Luftfahrtingenieure arbeiten weltweit fieberhaft daran, das Cockpit eines Linienflugzeuges zur Gänze einem Computer zu überlassen. Rationalisierungsmaßnahmen bei den Airlines und den Fliegern selbst ziehen sich wie ein roter Faden durch die Geschichte der Luftfahrt. Zunächst fiel der Navigator dem technischen Fortschritt zum Opfer, danach der Flugingenieur. Längst sind es die Computer selbst, die Aufgaben wie etwa das Bestimmen der Flugbahnen oder aber die Überwachung der Bordsysteme übernehmen. Brancheninsider sprechen bereits davon, dass in Europa gegen Ende des kommenden Jahrzehnts erstmals ein Passagierflugzeug ohne Piloten abheben könnte.
Heute diskutieren Ingenieure und Luftsicherheitsexperten über Fluggeräte, die von einer speziell ausgebildeten Fachkraft ferngesteuert werden und noch nicht über eigenständig fliegende Maschinen. Von den ferngesteuerten Fluggeräten, die unter der Kontrolle eines Piloten am Boden fliegen sollen, versprechen sich sowohl die Airlines als auch die Anbieter spezieller luftbasierter Dienstleistungen Kostenvorteile gegenüber Flugzeugen, die mit einer Besatzung – also einem Kapitän und einem Kopiloten – fliegen.

Unbemannte Luftraumüberwachung

Treibende Kraft für die zahlreichen in Auftrag gegebenen unbemannten Projekte ist nach wie vor das Militär. So hat 2010 die Bundesluftfahrtbehörde der USA (FAA) der Boeing-Tochter Insitu und der Nationalgarde der USA einen Forschungsauftrag erteilt, um herauszuarbeiten, wie Luftraum und Fluggerät konstruiert sein müssen, um einen sicheren Flugbetrieb zu erlangen. Ebenso wie die Amerikaner arbeiten aber auch die Europäer an vergleichbaren Projekten. So haben sich die EADS, das Deutsche Zentrum für Luft- und Raumfahrt, und der Luftfahrtkonzern BAE

Wasserstoff betriebenes Unmanned Aerial Vehicle – entwickelt vom Georgia Institute of Technology

Systems zusammengeschlossen, um gemeinsame Forschungen in Richtung unbemannte Flüge zu initiieren. EADS hat nach eigenen Angaben das größte jemals in Europa gebaute unbemannte Flugzeug, Unmanned Aerial Vehicle – kurz UAV genannt –, bereits 2009 erfolgreich erprobt. Das Fluggerät namens *Barracuda* wurde in Kanada auf insgesamt vier Flüge geschickt, um Technologien und Prozeduren für Aufklärungs- und Überwachungs-UAVs unter realistischen Bedingungen zu testen. Das über acht Meter lange Flugzeug mit mehr als sieben Meter Flügelspannweite ist aber nicht als Serienprodukt, sondern lediglich als Entwicklungsinstrument gedacht. Künftig soll es etwaige Entwicklungsrisiken verringern, die das von EADS Defense & Security (DS) geplante, deutlich größere UAV *Talarion* betreffen. *Barracuda* ist mehr als acht Meter lang und besitzt eine Flügelspannweite von über sieben Metern, *Talarion* hingegen soll eine Flügelspannweite von 27,9 Metern erreichen und 2013 zu seinem Jungfernflug abheben. Bereits zwei Jahre später könnte er in Serie gehen.

Doch zunächst wird *Barracuda* weiterhin geprüft. Die Ausstattung dieses Flugzeuges variiert je nach Bedarf, unter anderem gibt es Allwettersensoren, Radar und sogar Infrarotdetektoren. Mit zunehmender Größe lassen sich auch Flughöhen und Flugdistanzen erhöhen. In den USA hat sich der

EADS Talarion – ein „medium-altitude-long-endurance (MALE) unmanned air vehicle (UAV)“ – für Aufklärungs- und Überwachungsflüge konzipiert

Konzern Northrop Grumman daran gemacht, ein unbemanntes Kampfflugzeug für die US-Navy auf Jungfernflug zu senden, und auch in Israel hat die Luftwaffe das Modell *Heron TP* mit 26 Meter Flügelspannweite getestet. Vor wenigen Monaten hat der Prototyp des Euro Hawk einen 24-stündigen Flug von der Edwards Air Force Base in Kalifornien nach Bayern problemlos überstanden. Die deutsche Bundeswehr will sich den Flugzeugtyp nach weiteren erfolgreichen Tests leisten.

Die Heron TP zählt zur Klasse der MALE-Drohnen und wird von den Luftstreitkräften Israels bereits eingesetzt

Ein von der Europäischen Union finanziertes Projekt, das innovative Future Air Transport System (Ifats), erkundet ebenfalls die Möglichkeiten der unbemannten Luftfahrt und hat bereits die Kosten für den Entwurf eines cockpitlosen Passagierflugzeuges berechnet: Knapp 525 Millionen Euro könnte die Entwicklung eines derartigen Flugzeuges verschlingen. 250 Passagiere hätten in dieser Maschine Platz, zehn mehr als in einem herkömmlichen Flugzeug gleicher Größe.
Die Ingenieure versprechen sich eine Menge Vorteile durch derartige neue Gefährte wie etwa weniger Verspätungen und mehr Sicherheit. Dafür müssten zwar nicht gleich ganze Flugzeugflotten der Airlines umgerüstet, sondern vielmehr der Datenaustausch zwischen den Satelliten, den Bodenstationen und den Bordgeräten verbessert werden. In rund 20, vielleicht aber auch erst in 30 Jahren könnten dann, so die Vision der forschenden Ingenieure, ferngesteuerte Flugzeuge vorausberechnete Flugrouten abfliegen. Da die meisten Flugzeugcrashs aufgrund von menschlichem Versagen passieren, würden Flugunfälle oder gar Abstürze mit diesem System künftig der Geschichte angehören.

9
Ein komplexes Berufsbild

Wenn wir nur für Geld und Gewinn arbeiten,
bauen wir uns ein Gefängnis
und schließen uns wie Klausner ein.
Geld ist nur Schlacke und kann nichts schaffen,
was das Leben lebenswert macht.

Antoine de Saint Exupéry

In diesem Kapitel kommen nun die Piloten selbst zu Wort. Wie kamen sie zu ihrer Berufswahl? Wie sieht der Alltag eines Piloten aus? Werden die Härten des Berufs mit Zufriedenheit im Job belohnt? Gibt es noch unerfüllte Träume? Wie sehen jene Menschen, die sich tagtäglich in einiger Entfernung vom Erdboden bewegen, auf ihr Leben?
Für die Beantwortung dieser Fragen haben sich mehr als 50 Piloten aus der ganzen Welt bereit gefunden. Sie gaben bereitwillig Auskunft und berichten offen von ihren Erfahrungen, ihren Träumen und Hoffnungen. Damit sollte ein Einblick in das Für und Wider eines verantwortungsvollen und hochrisikoreichen Berufs gegeben werden, der immer noch von einem gewissen Mythos begleitet wird. Immer noch geistern die Bilder der tollkühnen Männer in ihren fliegenden Kisten durch die Gedankenwelt so mancher Außenstehender, und dabei schiebt sich oftmals auch die Handlung des Kino-Klassikers *Boeing Boeing* in den Vordergrund. Dann verwandeln sich die tollkühnen Männer in Tony Curtis, der Casanova das Wasser reichen konnte …
Wir haben allen unseren Gesprächspartnern einen Punktekatalog zur Beantwortung vorgelegt, der freilich mit dem Thema Ausbildung und berufliches Umfeld beginnt und mit sehr persönlichen Fragen endet. Sehr unterschiedliche Blickpunkte auf das Leben über den Wolken sind dabei herausgekommen. Was unseren Interviewpartnern aber gemeinsam ist: Freude an ihrem Beruf und überdurchschnittlich großes Engagement im Cockpit lassen uns beruhigt in die nächste Maschine nach irgendwo einsteigen.
Die nun folgenden Lebensberichte und Meinungen haben wir alphabetisch gereiht, um keine Bewertung der Antworten, die uns die Interviewpartner gaben, vermuten zu lassen.

Siegfried Angerer, Österreich

Chefpilot The Flying Bulls

„Seit ich zurückdenken kann, wollte ich Pilot werden. Auslöser war ein Flugzeug, das über unser Dorf in der Nähe von Leoben geflogen ist und in dem ich unbedingt sitzen wollte. Ich bin zu dieser Zeit noch nicht zur Schule gegangen, und in unserer Nähe gab es noch keinen Flugplatz. Wenn ich damals gesagt hätte, dass ich Pilot werden will, dann hätte niemand im Dorf verstanden, wovon ich spreche. Also habe ich den Leuten gesagt, dass ich Lokomotivführer werden will, und das haben sie verstanden", beginnt die lebende Legende unter den Piloten ihren Bericht.
Siegfried Angerer erwarb mit 15 seinen Segelflugschein, eine Leidenschaft, die er an seine Kinder weitergeben konnte: „Mein Sohn ist mit 13, heimlich und allein, eine Piper geflogen und hat mit 15 den Flugschülerausweis erhalten", erzählt er nicht ohne gewissen Vaterstolz. Der Steirer machte seinen Privatpilotenschein in Kapfenberg, arbeitete als Fluglehrer in Zell am See und ging nach München, um den deutschen Berufspilotenschein zu erwerben. In den USA kam schließlich das Instrumenten- und Multi-Rating hinzu. Zurück in Europa gab es für Angerer Arbeit in Innsbruck als Pilot für Rundflüge, wo er viele Erfahrungen bis hin zu Gletscherflügen sammeln konnte. „Als Aircraft Innsbruck seine Flugzeugflotte ausbaute, wurde auch der erste Jet gekauft: eine Citation 500. Das war damals ein Raumschiff. Ich habe kein Type-Rating gemacht, bin etwa fünfmal damit geflogen und dann war ich Kapitän!"
Als beschlossen wurde, zwei Tage pro Woche mit der Citation nach Wien zu fliegen, stand der Erfolg dieses Angebots am Anfang von Tyrolean Airways, die am 1. April 1980 gegründet wurde. „Als wir die Tyrolean Jet Services gründeten und eine Falcon 900 erstanden, konnten wir damit direkt nach New York fliegen. Dann haben wir die erste Falcon 20 gekauft." Für den Rest seines Lebens wollte Angerer nun Falcon fliegen. „Das Besondere an diesem Flieger ist die Zuverlässigkeit, das Handling. Jeder kann mit diesem Flugzeug umgehen, und es kann einfach nicht kaputt gehen. Für die Familie Swarovski, die auf der ganzen Welt Niederlassungen hat, bin ich mit einer Falcon viele Male um die Welt geflogen. Ich bin hauptsächlich

„Better be lucky than good": Siegfried Angerer

Langstrecken geflogen, 1984 sogar alle zwei Wochen nach Dallas, und zwar ohne Satellitennavigation, denn die Vorschriften waren zu dieser Zeit viel lockerer. So sind wir also als junge Kapitäne um die Welt gejettet: morgen Dallas, übermorgen Caracas. Es waren sehr lange Reisen, und wir verbrachten meist den Winter in Südamerika, denn wir waren in San Martin de los Andes stationiert."

Als in Deutschland die Grenze fiel, gab es einen Nachholbedarf an Airshows. Keine einzige Airshow habe er ausgelassen, so Angerer, und als eines Tages jemand ein Ticket für einen Rundflug für Herrn Mateschitz und seine Begleitung kaufte, „fragte er mich, ob es möglich sei, für einen Geldbetrag auf meine Corsair den Werbeslogan *Red Bull* zu schreiben. Ich habe zugesagt. Herr Mateschitz flog mit mir gemeinsam bis nach Oslo. Dieser Flug hat ihm dermaßen gefallen, dass er das Projekt Flying Bulls sponserte. Daraus entstand zunächst der Hangar 7, ein multifunktionelles Gebäude, welches eine Sammlung von historischen Flugzeugen, Hubschraubern und Formel-1-Rennwagen beherbergt."

Den Traum vom Fliegen hat sich Angerer verwirklicht und auch seine drei Kindheitswünsche, „denn ich wollte eine Funkfernsteuerung für mein Modellflugzeug, einen E-Type-Jaguar und eine Dampfmaschine. Ich darf sagen, dass das Glück immer auf meiner Seite war und ich mich nach meinem Motto orientieren konnte: Better be lucky than good".

Hannes Arch, Österreich

Kunstflugpilot,
Weltmeister Red Bull Air Race

Um etwas „Gescheites“ zu machen, ging der Bergführer, Profikletterer und Bergsteiger mit 20 in die Schweiz und wurde dort Testpilot für Paraglider. „Die Aufgabe war für meine Gesundheit eine Herausforderung, erlebte ich doch bei meinen Tests jedes Mal einen Beinahe-Absturz“, berichtet Hannes Arch rückblickend. „Oftmals frage ich mich, ob ich wirklich Pilot bin, denn ich verstehe mich mehr als Abenteurer, eher so wie jene Piloten, die zur Jahrhundertwende den Atlantik überquerten. Dennoch gehe ich kein Risiko ein, sondern mache den Menschen, die mir zusehen, gern Freude. Ich muss lediglich überlegen, ob ich mir den Stress antun soll“, gibt er lächelnd zu.
Die richtige Risikoeinschätzung ist für den Extremsportler das Um und Auf seines Berufs, auch wenn er darauf stolz ist, als wilder Hund eingeschätzt zu werden. „Ich bin nämlich als erster Base Jumper vom Matterhorn und als Erster von der Eiger Nordwand gesprungen. Ich finde, Base Jumping ist eine andere Art der Fliegerei. Und wenn man mich fragt, warum ich das

„Man muss die Fähigkeit zur Selbstkritik haben“: Hannes Arch

tue, dann kann ich nur sagen, weil ich sehr sicherheitsbewusst bin. Ich würde sogar sagen, dass ich ein Sicherheits-Fanatiker bin", klingt die überraschende Erklärung.

Der Kunstflug selbst habe mit Airshows nichts zu tun, meint Arch, es sei einfach eine knallharte Sportart, bei der es um Präzision geht, weshalb er auch als Kunstflugpilot wie ein Extremsportler denke. „Würde ich das nicht machen, wäre ich jetzt nicht mehr am Leben!" Adrenalin-Junky sei er keiner, denn dann hätte er auch Angstzustände, die in seinem Beruf aber fehl am Platz wären. Das gewisse Kribbeln beim Fliegen hingegen ist wichtig, „damit Körper und Geist in Alarmbereitschaft stehen. Habe ich das nicht, steige ich in ein Flugzeug ein und fühle mich pudelwohl. Das aber ist falsch, denn man darf bei meiner Tätigkeit nie zu locker im Flugzeug sein. Sobald ich aber im richtigen Modus bin, um das Flugzeug zu führen, passt jeder Stunt oder was auch immer von mir verlangt wird."

Mentales Training vor, und höchste Konzentration während des Kunstflugs sind die wichtigsten Voraussetzungen, denn „beim Air Race fliegen wir ohne Reserven. Meine Konzentration ist so hoch, dass ich 30 Sekunden vor dem Abflug in einen gewissen Stand-by-Modus falle und nichts mehr wahrnehme außerhalb meines Fokus."

Hannes Arch schätzt besonders das Einswerden mit seiner Maschine, die mit der einfachsten Instrumentierung, ohne Autopilot oder *Controller*, ohne Dämpfer und Hydrauliksystem auskommt und bei der geringsten Böe ihre Reaktion den Piloten spüren lässt. Das Gefühl, selbst zu fliegen und nicht in einer fliegenden Maschine zu sitzen, gibt dem Kunstflieger jenes Freiheitsgefühl, das mit dem Traum vom Fliegen gemeint ist. „Ich bin da draußen im Flugzeug für mich ganz allein. Da gibt es keine 20 Entscheidungsträger und keinen Riesenkonzern, die mir sagen, wie fast schon in jedem Beruf heutzutage, was ich tun darf. Ich bin über den Wolken frei", schwärmt Hannes Arch.

Freilich gäbe es auch Stressmomente wie beispielsweise bei einem plötzlichen Schlechtwettereinbruch, der den Piloten in seinem Kunstflieger überraschte, als er zu einer Airshow nach Madrid flog: „Ich beschloss, unter der Front durchzufliegen. Ich ging immer tiefer, zum Schluss wirklich nur mehr über Stromleitungen und Bäume drüber, doch das Wetter war derart schlecht, dass ich schließlich doch umkehren musste. Binnen 15 Minuten war ich aus der Schlechtwetterfront draußen. Doch anstatt zu landen, flog

ich über den Wolken weiter Richtung Schönwetter. Im Steigflug flog ich über die Wolken, bis mir und dem Flugzeug die Luft ausging: Ich war in rund 6000 Meter Höhe. Ich wusste, dass ich rasch Sauerstoff brauchen und vermutlich als Eiszapfen ankommen würde.“ Er habe sich und die Situation überschätzt, was zwar menschlich, aber fatal sei, gibt Arch zu. „Doch wenn ich nicht akzeptieren kann, dass ich als Mensch Fehler mache, dann bin ich als Pilot fehl am Platz, deshalb muss man die Fähigkeit zur Selbstkritik haben und sich Fehler eingestehen.“
Der Freiheitsliebende, der keinen Militärdienst abgelegt hat, gesteht, ein Autoritätsproblem zu haben, weshalb er nie Linienpilot oder Militärpilot sein könnte: „Ich mache nur das, was mich glücklich macht und was ich hundertprozentig vertreten kann.“ Und obwohl Air Race beziehungsweise Kunstflug nicht das ist, was sich eine Mutter wünscht, sind seine Eltern beide stolz auf ihn, fliegt doch der Vater selbst mit dem Paraglider. Doch sobald er das Gefühl haben sollte, sich mit der Fliegerei nicht mehr identifizieren zu können, „werde ich sie aufgeben. Sie steht also nicht als die Ulitma Ratio am Ende meines Berufslebens. Denn immer noch stehen Menschlichkeit und persönliches Glück für mich an erster Stelle.“

Joachim „Joe“ Bauer, Deutschland

Militärpilot, Ausbilder für Jagdflugzeugführer,
Berufspilot, Director of Asset Management,
NetJets Transportes Aéros Portugal

Joe Bauer beschloss bereits als Kind, Jet-Pilot zu werden. Er machte daher seine Ausbildung beim Militär zum Fliegeroffizier und war zunächst am Militärflughafen in Fürstenfeldbruck stationiert, wo er Trainings- und Checkflüge absolvierte. Als er für 13 Monate in die USA nach Texas ging, wurde er auf speziellen Jets trainiert – einem T-37 Düsentrainer und einer Northrop T-38 Talon, einem Überschalljet-Trainer. Bei der deutschen Luftwaffe flog er schließlich die Phantom F-4F. „Während dieser Zeit war ich auch drei Jahre an der Waffenschule in New-Mexico stationiert, wo ich in

„Frauen in der Luftfahrt sind eine Wohltat“: Joe Bauer

Zusammenarbeit mit der US-Luftwaffe einige Jahrgänge Jagdflugzeugführer ausgebildet habe.“

Nach der Entlassung aus dem Militärdienst verdingte sich Bauer als Fluglehrer auf einer Cessna 152/172. Der erfahrene Fluglehrer weiß, dass Frauen die Ausbildung sehr ernst nehmen und sich dadurch auch zu guten Pilotinnen entwickeln. Außerdem sei das Fliegen eine Frage des Trainings: „Ich kann nur sagen: Frauen in der Luftfahrt sind eine Wohltat!“

Schließlich bewarb sich Bauer bei NetJets, „da ich nicht nur ausgewählte Routen, sondern an verschiedene Orte der Welt fliegen wollte“. Mindestens zweimal im Jahr muss jeder Pilot dort die sogenannte *performance evaluation* im Simulator bestehen – doppelt so oft wie der Branchendurchschnitt. „Außerdem trainieren wir dabei spezielle An- und Abflugmanöver von herausfordernden Flughäfen wie Samedan in der Schweiz. Wir haben in unseren Fliegern auch Satellitentelefone, die es ermöglichen, dass die Crew zum Beispiel den Chefpiloten anrufen und die nächsten Schritte mit ihm koordinieren kann, denn Kommunikation ist ein ganz besonders wichtiges Mittel für die Effizienz und Sicherheit in der Luftfahrt.“ Ein angenehmes Arbeitsklima zu schaffen, damit es jedem Einzelnen leichter fällt, Probleme anzusprechen, sei aber gemeinsam mit dem Crew Resource Management (CRM) die Voraussetzung für optimale Sicherheit.

Ob Piloten denn wirklich so viele Affären hätten wie Tony Curtis im Film *Boeing Boeing,* wollten wir wissen. Das sei ein Klischee aus alten Zeiten,

antwortet Joe Bauer lachend und meint, dass ein Casanova in jedem Beruf Fuß fassen könne. „Ich denke, die Familie eines Piloten gewöhnt sich an dessen Arbeitsrhythmus und wächst in dieses Leben hinein. Sie weiß, wann er unterwegs ist, und freut sich dann auch, wenn er wieder zu Hause ist. Die freien Tage fallen nicht immer aufs Wochenende, weshalb man sich als Pilot oftmals auch um die Kinder kümmern kann, damit die Ehefrau entlastet ist. Man muss sich als Pilot wie jeder andere auch innerhalb der Familie an Abmachungen halten. Ich persönlich habe zum Beispiel immer versucht, zu Weihnachten oder zu Neujahr zu Hause zu sein. Ich habe drei Kinder, und es ist mir immer gelungen, pro Jahr zumindest einen Kindergeburtstag mit meiner Familie zu verbringen. Ein Pilot gewöhnt sich daran, dass er keinen geordneten Lebensstil hat. Beim Militär hatte ich Früh- und Spätschichten. Bei NetJets arbeiten wir sechs Tage und haben fünf Tage frei, was es sehr schwer macht, einem Mannschaftssport in Vereinen nachzugehen, aber sonst ist alles okay."
Dennoch ist er auch immer wieder gern im Management tätig, wo er seine Erfahrungen als Pilot einbringen kann. „Fliegen ist für mich ein Beruf, den ich sehr ernst nehme, der Spaß macht und bei dem man sich ständig weiterbilden muss. Ich bin überglücklich, dass ich Pilot bin und eine doppelte Erfahrung mitbringe: die militärische und die zivile."

Eva Berginc, Österreich

Hubschrauberpilotin beim österreichischen Bundesheer

Das Fliegen habe sie immer gereizt, sagt Eva Berginc. Doch als sie einmal mit ihrer Schulklasse nach Malta flog und die untergehende Sonne vom Flieger aus betrachtete, entstand in ihr der Wunsch, Pilotin zu werden. Die Absolventin der Handelsakademie machte sich bei einem Freund schlau, der gerade die Flugtechnikerschule in Langenlebarn besuchte, um dort die Technikerausbildung am Hubschrauber zu absolvieren. Er riet ihr, es doch beim österreichischen Bundesheer zu versuchen. „Er hat es nicht ernst gemeint, ich aber schon", erzählt Eva Berginc lachend.

„Ich wollte in einem Cockpit sitzen und den Mythos Pilot erleben": Eva Berginc

Beim Militär gibt es eine strenge Hierarchie und bei den Aufnahmetests gibt es demzufolge auch hohe Drop-out-Raten. Doch sie schaffte die Eignungsprüfung beim Bundesheer und rückte im Oktober 2003 ein. Danach folgte die einjährige, freiwillige militärische Ausbildung. Schließlich bestand die junge Frau auch die Eignungsprüfung für die Fliegerei, einen psychologischen und einen medizinischen Test umfassend. Nach dem Abschluss kam sie in die Selektion, die bei der österreichischn Luftfahrtschule (ÖLS) in Graz stattfand und drei Monate dauerte. Danach stand fest, dass sie die Hubschrauberpilotenausbildung machen durfte.
2005 begann sie mit der fliegerischen Lehrzeit. Die Grundschulung am Hubschrauber sah zu diesem Zeitpunkt ein Jahr vor, wobei Berginc das Flächenfliegen, also der Kunstflug, am wenigsten interessierte. Da der Flächenpilot auch als Einsatzpilot eingesetzt wird, so ist das eine Qualifikation, die an die Grundschulung anschließt, sowohl beim Hubschrauber- als auch beim Flächenpiloten. Eva Berginc wurde in der Einsatzstaffel zwei Jahre lang ausgebildet. Als fertige Einsatzpilotin fliegt sie heute einen leichten Aufklärungs- und Kampfhubschrauber der Type OH 58 B-Kiowa. Über das Fliegen eines Helikopters sagt Eva Berginc: „Wenn man sieht, was ein Hubschrauber macht, wenn der Pilot nichts macht, dann ist das beeindruckend. Ein Hubschrauber hat keine automatische Steuerungsanlage, also keinen Autopiloten wie ein Flugzeug. Bei der Flächenfliegerei

ist es so, wie wenn ich einen Papierflieger in die Luft schieße, denn der Papierflieger gleitet zu Boden wie ein Flächenflieger es auch tun würde. Der Hubschrauber hingegen verhält sich wie ein Stein, der wieder zu Boden fällt, wenn man in der Luft keine Aktion setzt."

Im Einsatzfall sind die Militärpiloten rasch am Ziel. Während ein Eurofighterpilot hauptsächlich Luftraumüberwachungen durchführt, ist das Einsatzspektrum des Hubschraubers viel breiter. Dazu zählen: Verbindungsflüge, also Personentransporte, Luftraumsicherung, einige Transportflüge, Luftaufklärung oder bewaffnete Einsätze, also Kampfunterstützung für Bodentruppen. Dazu gibt es verschiedene Übungen, die den Formationsflug und Tiefflugübungen zwischen fünf und 150 Metern über Grund genauso einschließen wie eine Außenlandung. „Hochgebirgslandungen, die wir während der Verbindungs- und Erkundungsflüge machen, sind am spannendsten", erklärt die Pilotin.

Bei der Grundausbildung lernt man, das Gerät zu beherrschen. Die Einsatzpilotenausbildung bezieht typspezifisch den Formationsflug und den Hochgebirgsflug ein, und für jeden Einzelnen folgt die Ausbildung zum Schießen und zum Fliegen mit Nachtsichtgerät. „Ich muss sagen, dass ich nicht daran gedacht habe, wie meine Laufbahn aussehen und was alles auf mich zukommen wird. Ich wollte nur einmal in einem Cockpit sitzen und den Mythos Pilot erleben. Doch anfangs hatte ich als Militärpilotin sehr viel zu lernen vor allem deshalb, weil ich keine technischen Vorkenntnisse hatte. Ich hätte mir leichter getan, wenn ich eine HTL absolviert hätte, denn ich musste viel Basiswissen nachholen."

Das Alltagsleben eines Militärpiloten ist streng geregelt, und zwar von montags bis donnerstags von 7:30 bis 16:00 Uhr, und freitags bis 14:30 Uhr. Der Tag beginnt mit einer Besprechung und der gemeinsamen Wetteranalyse, danach wird der Flug vorbereitet oder administrative Arbeit erledigt. Wenn es die Auftragslage oder die Witterung nicht zulassen, bleibt die Mannschaft am Boden. „Schwierig sind Flüge bei wechselnden Wetterbedingungen, denn manchmal werden wir bei strahlendem Wetter weggeschickt, und später am Tag kommt plötzlich Schlechtwetter auf oder man fliegt in eine Nebelwand. Wir werden in solchen Fällen angewiesen, eine Sicherheitslandung zu machen und die Kollegen zu verständigen. Wenn an dem Tag nichts mehr geht, dann wird der diensthabende Offizier informiert, der alles regelt."

Das schönste Erlebnis war für Eva Berginc die Landung am Großvenediger: „Wir hatten ein Traumwetter – strahlender Sonnenschein und blitzblauer Himmel." Für den Hubschrauberpiloten sei es besonders faszinierend, überall landen zu können, meint Berginc, was einem Flugzeugpiloten verwehrt bleibt, und: „Im Vergleich zu uns haben die Eurofighterpiloten viel weniger Flugstunden, weil wir zwischen 150 und 200 Stunden im Jahr fliegen. Dafür haben wir keine Simulatorstunden und versuchen, von der ersten bis zur letzten Minute bei der Sache zu bleiben. Der Genuss des Fliegens darf natürlich nicht zu kurz kommen. Wenn ich über Wien fliege, habe ich keine Zeit, den Flug zu genießen, wenn ich allerdings im Gebirge fliege schon eher." Ein Hubschrauber ist im Vergleich zum Eurofighter relativ mechanisch. Während der Eurofighter vom Piloten via Stick mit Informationen gefüttert wird, bekommt bloß das GPS-Gerät des Hubschraubers die nötigen Informationen. Ein Flugunfall beim Hubschrauber oder bei Flugzeugen ist immer eine Verkettung unglücklicher Umstände, und der Faktor Mensch spielt eine große Rolle. Seit einigen Jahrzehnten ist Bergincs Staffel jedoch unfallfrei. Entspannen kann sich die Pilotin mit ihren zwei Hunden, zwei Pferden und zwei Katzen: „Meine Tiere sind für mich in Krisensituationen ganz besonders wichtig. Ich bin übrigens in der Rettungshundearbeit sehr aktiv, das nimmt mir den Stress."

Eric Bernard, Frankreich

Flugkapitän und Bordkommandant bei Air France

In Eric Bernards Kindheit besuchte man Flughäfen als touristische Attraktion. Sie waren Symbol für Luxus und Modernität, und der nahe Paris gelegene Flughafen Orly, den der kleine Eric mit seinen Eltern öfters besuchte, besaß eine damals innovative Architektur. Der Bub beobachtete mit Leidenschaft die abfliegenden und landenden Flugzeuge und war fasziniert.

Nach der Reifeprüfung wollte er aber Arzt oder noch besser Chirurg werden. „Doch dann erinnerte ich mich an die wunderschönen Wochenenden in Orly und beschloss, Pilot zu werden." Folglich machte er die Aufnahmeprüfung an der École Nationale de l'Aviation Civile (ENAC), um danach die Vorbereitungsklasse an der École Préparatoire zu besuchen: „Bei der Aufnahmeprüfung waren wir 1200 Kandidaten, doch am Ende blieben nur mehr 60 Studenten übrig. Nach Abschluss der ENAC 1978 bekam ich sofort bei der Air France eine Anstellung als Pilot. Ich war lange Zeit Kopilot und bin nun seit 18 Jahren Chefpilot bei der Air France. Ich hatte das Vergnügen, verschiedene Flugzeuge fliegen zu dürfen, und zwar von der Caravelle bis zur Boeing 777."

Heute glaubt er, dass er genau das Gegenteil eines Draufgängers ist. Beim Piloten gehe es eher um Logik, meint er, die man in sich hat und die einem erlaubt, mit Risiken und Zufällen zurechtzukommen. Heute lautet seine Mission, Passagiere zu transportieren, und zwar zu optimalen Bedingungen, indem er die Erde überfliegt und Krisen bewältigt. „So sehe ich meine Arbeit." Und da gebe es leichte Flüge, schwierigere Flüge, menschliche und meteorologische Schwierigkeiten. Der Bordkommandant sei dazu da, eine Gruppe zu managen, in der jeder Beteiligte seine Kompetenzen hat, wobei die des Kopiloten im Grunde genommen im technischen Bereich dieselben sind wie jene des Flugkapitäns – eines Tages wird Ersterer nämlich auch Bordkommandant sein. Die zweite wichtige Kompetenz hat der Kabinenchef. Er leitet die kommerzielle Belegschaft an Bord des Fliegers, also die Flugbegleiterinnen und die Stewards. Und er arbeitet mit dem Bordkommandanten eng zusammen.

„Ich bin zwar kein Psychologe, aber der Stress, den ein Pilot an Bord erlebt, wird wohl von jedem Temperament anders bewältigt", meint Bernard. Gut trainierte Piloten können Stresssituationen leicht bewältigen, da sie in zahlreichen Seminaren und Ausbildungen gelernt haben, wie sie damit zurechtkommen. Jede Situation an Bord wird leichter mit einer Crew bewältigt, die gut ausgebildet ist. In Frankreich machen die Linienpiloten mehrere Trainings pro Jahr am Simulator, und während eines Fluges gibt es auch Online-Kontrollen. Der Pilot muss außerdem Auffrischungskurse machen, um am Ball zu bleiben und die neuesten Entwicklungen in der Luftfahrt genau verfolgen zu können.

„Manchmal bin ich aber wie ein kleiner Junge, denn ich bin immer noch vom Fliegen fasziniert", schmunzelt Bernard. Die Boeing 777 sei eine wunderschöne Maschine, die, ähnlich wie Motorräder, in seinen Augen eine

„Ich entdecke immer noch die Welt mit meiner Boeing 777": Eric Bernard

gewisse Sinnlichkeit versprüht. Auch wenn beim Linienflug die Zielvorgabe lautet, von A nach B zu fliegen, und zwar möglichst rationell sowie für die Passagiere zufriedenstellend, damit sie den Flug, den sie bei Air France gebucht haben, auch in guter Erinnerung behalten, „entdecke ich immer noch die Welt mit meiner Boeing 777", sagt Eric Bernard und meint dann: „Sie ist wirklich sehr schön anzuschauen. Und ich darf mit sympathischen Kollegen arbeiten, wobei in meinem Alter dann noch der väterliche Aspekt dazukommt."

Vor 60 Jahren waren die Flugzeugtechnik und die Navigationsgeräte ganz anders als heute, wo hauptsächlich der kommerzielle Aspekt zählt, erläutert der Linienpilot. Wenn zum Beispiel der Bordkommandant eines Airbus 380 die Entscheidung trifft, einen Flug mit 500 Passagieren an Bord abzubrechen, sind die wirtschaftlichen Konsequenzen für die Fluglinie gravierend. Andererseits ist die Kostenersparnis gegenüber älteren Modellen auf der Strecke Paris–New York mit einer solchen Maschine auf 15 Millionen Euro pro Jahr zu beziffern. Heute fliegen mehr als drei Piloten auf Langstreckenflügen mit, und die Crew besteht aus mehr als 20 Personen, die

aus verschiedenen Erdteilen kommen: „Damit eine solche Gruppe gut funktioniert, muss man ihr auch Lust auf die Arbeit machen."
Eric Bernard erlebte auch so manche Pikanterie in der Luft: So hatte unlängst einer seiner VIP-Passagiere Schlafmittel eingenommen und Alkohol getrunken. Plötzlich, mitten im Flug, hat er begonnen sich auszuziehen. „Er hat also seine Hose entfernt und seinen Slip, bis er nackt war, wie Gott ihn schuf. Was macht der Chefpilot dann? Er muss die Situation wieder in den Griff bekommen, diplomatisch bleiben und den Passagier ganz diskret betreuen", lacht Bernard.
Doch für einen Piloten gibt es neben spannenden und amüsanten Momenten auch sehr berührende, meint Bernard. Was ihm aber an seinem Beruf so besonders gefällt, „ist die Vielfalt der Orte, die man anfliegt, und auch die unterschiedlichen Menschen, die man kennen lernt. Auch wenn man oft lange von zu Hause weg ist, wird man auf diese Weise belohnt."

Thyra Blaom, Neuseeland

Kopilotin bei Air New Zealand,
Mitglied der Ninety-Nines, Sektion Neuseeland

Thyra Blaom war 17 und saß gerade im hinteren Bereich einer Boeing 747, als sie sich dachte, es wäre sicherlich lustiger vorne im Cockpit zu sitzen als hinten bei den Passagieren. Je mehr sie darüber nachdachte, desto mehr gefiel ihr diese Vorstellung. Schließlich wiegte sie Pro und Contra ab: „Ich mochte die Technik, liebte es, Verantwortung zu tragen, ich wollte immer ein Büro mit Aussicht haben und ich liebte das Reisen. Angst vor Abenteuern hatte ich nie, wollte aber mit Menschen arbeiten, die ihre Arbeit ernst nehmen. Aus diesem Grund wurde ich Pilotin."
Ihre Laufbahn begann Thyra Blaom als Fluglehrerin, dann flog sie nächtens Geldtransporte auf Turboprop-Maschinen für zwei Fluglinien, die zusammenarbeiteten. Die erste ging in Konkurs, und alle Piloten waren plötzlich arbeitslos. Dann flog Thyra für alle wichtigen Airlines, wurde nach 9/11 gekündigt und startete schließlich eine internationale Karriere. Sie ließ

ihre Flugscheine nostrifizieren, machte etliche Prüfungen ein zweites Mal und fliegt heute für Air New Zealand.

Die erfahrene Pilotin dachte eigentlich, „ich würde 30 Jahre bei ein- und demselben Unternehmen arbeiten und genug Geld verdienen, um eine Familie zu erhalten." Doch Karrieren im Flugbusiness seien heute schwieriger geworden und die Gehälter heute nicht mehr das, was sie einmal waren im Vergleich zu anderen Berufen. Airlines würden zusammengelegt und trennten sich wieder: „Nichts hält ewig!"

Natürlich hatte Thyra auch brisante Erlebnisse an Bord. So war sie einmal mit 18 Passagieren in einer Turboprop-Maschine unterwegs, als beim Start ein Triebwerk aussetzte. Mit nur einem einzigen Triebwerk flog sie zurück, da kamen bei der Landung Flammen aus der Maschine. Nachdem die Triebwerke heruntergefahren waren, wurden die Passagiere evakuiert. Alle waren davor über den Notfallhergang informiert. Zum Glück entstand weder Panik an Bord, noch gab es Verletzte. „Zu den schönsten Erlebnissen, die ich an Bord hatte, zählen die wunderbaren Naturerlebnisse wie Nordlichter und Sonnenaufgänge, aber es ist auch großartig, über den Wolken zu fliegen oder an Orte zu kommen, die man niemals sehen würde, wäre man nicht Pilotin, wie etwa die chinesische Mauer, Singapur oder Japan."

Flugzeuge funktionieren heute über eine ausgeklügelte Technik, daher gewinnen Kontrollsysteme eine immer größere Bedeutung. Auch die Navigationssysteme, die Fluganzeigen und die Interface-Stellen haben sich in den letzten 15 Jahren stark verändert, sagt Thyra. Wenn sie eine stressige Situation erlebt hat, dann geht sie meist danach schlafen. Als Ausgleich zu ihrem stressigen Beruf macht sie Gymnastik oder trifft Freunde. Sie spielt auch gern Violine, um sich zu entspannen.

Es kommt natürlich immer wieder vor, dass sie sich als Frau vor Passagieren, Kundendiensten, Tankwarten und Taxifahrern behaupten muss, obwohl sie in einer Uniform vor ihnen steht. Ein guter Sinn für Humor ist dann unumgänglich, denn es kommt auch vor, dass ein älterer Kollege sie „gutes Mädchen" nennt, anstatt „gut gemacht" zu sagen. Einmal sagte ein Passagier zu ihr: „Ich wusste gar nicht, dass Frauen fliegen können." Ob Männer oder Frauen besser fliegen, beantwortet Thyra Blaom mit einer Passage aus dem Buch *Silver Wings* von Shirley Lane, in dem es sinngemäß darum ging, dass ein Kapitän gefragt wird, ob Frauen bei Airlines als Pilo-

„Ich arbeite gern in meinem Büro über den Wolken“: Thyra Blaom

tinnen angestellt werden sollten. Er verneinte mit der Begründung, dass keiner mit einer alten Frau fliegen wollte. Umgekehrt würde niemand mit einer jüngeren Pilotin fliegen wollen, denn die würde nur die Männer von ihrer Arbeit ablenken. Thyra ist überzeugt, dass Frauen die besseren Pilotinnen sein müssen, „denn sie können auch dann Flugzeuge fliegen, wenn attraktive Männer neben ihnen sitzen“, sagt sie lachend. „Nein, im Ernst, das Geschlecht ist nicht ausschlaggebend und es macht auch keinen Unterschied, wenn eine Krise im Cockpit ausbricht. Viele Frauen können Krisen locker managen, während die Männer sprachlos daneben stehen, und auch nicht jeder Mann kann ein Pilot sein. Jeder Pilot muss lernen, Situationen zu beherrschen, schnell zu reagieren, aktiv zu werden.“
Macht die Crew Fehler, dann ist es die Pflicht des Ersten Offiziers an Bord zu entscheiden, was zu tun ist. Und zwar insbesondere dann, wenn ihm schon in einem frühen Stadium auffällt, dass die Dinge nicht gut laufen. Nach einer Krisensituation an Bord wird die Crew meist zu einer Nachbesprechung eingeladen, um die Situation noch einmal analytisch durchzugehen. Piloten leiden oft unter einer leichten Selbstüberschätzung. Das kommt daher, weil sie versuchen, Erfolgstypen zu sein. „Ich sage aber immer, die besten Piloten sind auch die bescheidensten.“

Flugunfälle passieren heute aufgrund verschiedenster Fehler, und das beginnt beim technischen Gebrechen und reicht bis hin zum menschlichen Versagen. „Air New Zealand versucht die Unfallquote zu senken, indem einerseits die Zusammenarbeit mit der Crew verbessert wird, andererseits werden aktuelle Flugunfälle sehr genau analysiert." Technische Fortschritte im Bereich der Wetterradare oder die Verbesserung der Bodenwarn- oder Kollisionsverhinderungssysteme an Bord modernster Flugzeuge helfen Flugunfälle zu vermeiden. Navigations- und Flugsicherungssysteme haben ebenfalls dazu beigetragen, die Risiken von Flugunfällen zu senken. Die Arbeit der Flugpsychologen ist ebenso wertvoll, da dadurch ebenfalls die Rate der Flugunfälle gesenkt wird.
Der Job des Piloten bedeutet, mit Ungewissheiten zu leben. Firmen sind heute nicht mehr so loyal zu ihren Mitarbeitern, wie das früher der Fall war. „Aber ich habe mich entschlossen, über derartige Aspekte meines Berufslebens nicht mehr nachzudenken. Dafür liebe ich meinen Beruf viel zu sehr. Und ich arbeite gern in meinem Büro über den Wolken."

Jean-Michel Bonte, Frankreich

Privatpilot,
CEO des Flugzeugversicherers Aelia-Assurances

Jean-Michel Bontes Karriere als Pilot begann wie eine Liebesgeschichte: An seinem fünften Geburtstag verfolgte er mit seinem Vater – selbst Privatpilot und von Flugzeugen fasziniert – die Mondlandung im Fernsehen. Dieses Ereignis berührte den Buben so sehr, dass es den Beginn einer lebenslangen Faszination bedeutete. Nach Bontes Militärdienst trat er der Heeresfliegertruppe des französischen Heeres, der ALAT (Aviation de l'Armée de Terre), bei und startete eine Pilotenkarriere. Damals war Fliegen für ihn pures Abenteuer.
„Vor vielen Jahren war die Fliegerei wirklich noch abenteuerlich, während heute vieles in der Luftfahrt bürokratischer geworden ist", meint Jean-Michel Bonte, der seinen Flugschein im Jahr 1985 erwarb. Er wollte

„In der Luftfahrt regiert der Geist der Hersteller": Jean-Michel Bonte

Berufspilot werden und hat ganz außergewöhnliche Erfahrungen dabei gemacht. Damals gab es noch kein globales Navigationssatellitensystem (GPS). Jeder Flug war für ihn ein Abenteuer, und er fühlte sich wie ein Flugpionier: „In Wirklichkeit war es damals bedeutend schwieriger, sicher zu fliegen als heute. Denn man flog zwar in der Luft, man konnte aber genauso gut irgendwo verloren gehen. Als die GPS-Systeme eingeführt wurden, veränderten sie auf einen Schlag die gesamte Luftfahrt, ist man doch heute immer und überall auffindbar."

Bonte fliegt heute als Privatpilot allein, und „will diese Art der Fliegerei nicht mit der Arbeit eines Linienpiloten vergleichen, denn ich bin Geschäftsmann und fliege nur, wenn ich Kundentermine habe".

Ein Flugunfall, den er überlebt, wird das Leben eines Piloten für immer verändern, meint Jean-Michel Bonte. Piloten – vor allem Hubschrauberpiloten – sind sich der Gefahr eines Absturzes stets bewusst, ist doch das Risiko, mit dem Hubschrauber abzustürzen, fünf- bis zehnmal höher als mit dem Flugzeug. „Ich selbst habe schon oft in letzter Sekunde beschlossen, nicht ins Flugzeug zu steigen. Ich habe schon oft Angst gehabt zu fliegen, denn als Privatpilot muss ich ganz allein entscheiden, ob ich fliege oder nicht. Niemand ist in diesen Momenten da, um mir eine Entscheidung abzunehmen," sagt Bonte und meint zum Thema Emanzipation im Cockpit: „Ich denke, dass Frauen weniger aggressiv fliegen und daher bessere Piloten sind als Männer, auch wenn manche unter ihnen etwas schulmeisterlich sind."

In seinem Job als Flugzeugversicherer arbeitet Bonte sehr transparent und verfasst viele Berichte. Es sei wahr, die meisten Unfälle würden auf menschlichen Fehlern beruhen. Fehler in der Technik seien eher selten.

Das bedeutet, dass viele Unfälle vermeidbar wären, würden die Piloten lernen, sich nicht nur auf ein einziges Ding zu konzentrieren. „Ich analysiere Unfälle nicht nur mittels der überbrachten Videos und glaube, dass man als Versicherer nicht nur ein Einzelereignis bewerten darf. Ich arbeite lieber mit Bilddokumentationen und Fakten." Um Flugunfälle zu vermeiden, rät er den Piloten, an sich selbst viel zu arbeiten. Bonte gefiel der Pioniergeist der früheren Piloten sehr, doch heute regiert in der Luftfahrtbranche hauptsächlich „der Geist der Hersteller". Ob das gut oder schlecht sei, „weiß ich ehrlich gesagt nicht".
Fliegen bedeutet für Jean-Michel Bonte, über den Wolken allein zu sein und der Sonne entgegenzufliegen: „Eine großartige Erfahrung und ein wahrer Genuss."

Edwin Brenninkmeyer, Großbritannien

Pilot, CEO Businessjets Oriens Advisors

Edwin Brenninkmeyer lernte mit 14 fliegen und bekam seine Fluglizenz mit 17. „Als ich schließlich allein flog, erlebte ich ein Gefühl tiefer Ehrfurcht und Frieden, wie ich es noch nie zuvor hatte." Pilot zu sein bedeutet einen hohen professionellen Standard zu haben, „das ist übrigens eine Seite am Fliegen, die ich besonders mag. Fliegend sieht man so viele Dinge, die man nie vom Boden aus sehen würde", meint er, „deshalb habe ich Bergwelten gesehen, die ich niemals entdeckt hätte, wäre ich nicht darüber geflogen."
Edwin Brenninkmeyer fliegt vor allem in Europa, wo er an Formationsflügen und auch an Akrobatik-Meisterschaften teilnimmt. Er besitzt eine Cessna 210, die er sowohl für dienstliche als auch für private Flüge verwendet. „Sie ist extrem leistungsfähig, allwettertauglich und außerdem ein Sechssitzer", schwärmt er von seiner Maschine. „Als ich von Wien nach London zog, habe ich alles, also sogar meine größten Möbel, in diesem Flugzeug transportiert."

„Immer das Unerwartete erwarten, immer einen Notfallsplan haben“: Edwin Brenninkmeyer

An ein besonders eindrucksvolles Erlebnis denkt Brenninkmeyer immer wieder gern zurück, als er entlang eines Gewitters flog, und die Sonne aus dem Schweizer See, den er gerade umflog, förmlich herausstieg. „Das war atemberaubend schön und spektakulär. Der Anblick dieser gewaltigen Türme roher natürlicher Energie in zehntausend Meter Höhe, die tief blitzende zaghafte Warnlaute in Richtung des verängstigten, fragilen Piloten und seiner kleinen, erbärmlichen Maschine sendeten, war einerseits wunderbar aber auch sehr beschämend“, beschreibt der Pilot seinen tiefen Respekt vor der Natur.

Ein brisantes Erlebnis hatte er, als er mit drei anderen Kollegen in antiken Doppeldeckern gerade über den Landeplatz flog und einen Formationsflug trainierte. „Wir hatten soeben die Formation aufgelöst, und ich flog direkt auf unseren Anführer zu, um mich ihm wieder anzuschließen. Die anderen Piloten waren mit ihren Maschinen dicht hinter mir, als wir plötzlich verärgerte Worte des Anführers hörten, die einen Hubschrauberpiloten betrafen, den ich aber nicht wahrgenommen hatte. Nachdem wir gelandet waren, erfuhr ich von meinen Kollegen, dass hinter mir, außerhalb meiner Sichtweite, ein Hubschrauber unerlaubterweise gestartet war und beinahe mit mir kollidiert wäre. Gott sei Dank ist nichts passiert.“

Beinahe aber wäre etwas passiert während eines Fluges von Deutschland nach Österreich an einem kalten Winternachmittag. Es herrschte ein spektakulärer Rückenwind, von dem Brenninkmeyer profitieren wollte, daher flog er in großer Höhe. Beim Anflug auf Wien gab das Triebwerk ein Rattern von sich und fiel aus. Er entschloss sich, in Linz zu landen, und versuchte gleichzeitig eine Fehlerbehebung: „Ich stellte fest, dass es mit der Leistung des Motors bergauf ging, je tiefer ich sank." Der Grund hieß Treibstoffvereisung, denn mikroskopisch kleine Partikelchen verwandelten sich in winzige Eiskristalle und klebten so aneinander, dass sie die Treibstoffleitung blockierten. „Es gibt einen Zusatzstoff, den man beimischen kann und den ich heute freilich verwende. Aber die Moral von der Geschichte: Immer das Unerwartete erwarten und immer einen Notfallsplan bei der Hand haben. Fliege, navigiere, kommuniziere. Immer in dieser Reihenfolge! Das lernt jeder Pilot von der ersten Minute weg."

Patricia Ann Campbell, Neuseeland

Privatpilotin,
Mitglied der Ninety-Nines in Neuseeland

Patricia Ann Campbell ist heute 69 Jahre alt und Privatpilotin in Rente. Sie wollte immer Linienpilotin werden, war aber 30 Jahre zu früh dran mit ihrem Berufswunsch. Zu dieser Zeit war sie die einzige weibliche Pilotin in ihrem Aeroclub und bekam ihre Privatpilotenlizenz am 11. September 1965. Laut ihrer Mutter war sie schon immer von allem fasziniert, was Räder besaß, schon als Baby. Als Vorschulkind bekam sie ein kleines Tischlerset, und Woche für Woche bastelte sie Räder, die sie wiederum auf Holzblöcke stellte. In der Schule interessierte sie sich für alles, was flog. Ihre Hobbys waren das Basteln von Drachen und das Konstruieren von Gleitern aus Holz. Ihren ersten Flug absolvierte sie mit neun Jahren in einer de Havilland Moth Minor, die zufällig einem Nachbarn gehörte. Sie liebte es und war sofort vom Fliegervirus infiziert. Sie begann Modellflieger zu

„Fliegen bedeutet eine Chance, dem Alltag entgehen zu können“: Patricia Ann Campbell

basteln und an Modellflugwettbewerben teilzunehmen, als sie ihr erstes Geld verdiente. Sie heiratete ein Jahr später einen Mann, der das Fliegen genauso liebt und Modellflieger ist wie sie.

Patricia Ann Campbell war immer eine Abenteurerin und Draufgängerin. Wo sie aufwuchs, gab es wenige Mädchen in ihrem Alter, und ihr Ziel war es stets, die Burschen in allem zu überbieten, was sie spielten und taten, sei es beim Cricket, beim Rugby, beim Motorradfahren, beim Schießen, beim Seifenkistenrennen, beim Tiefseetauchen und bei vielem mehr. Sie überflügelte die Jungs leicht. Sie fuhr ein Einrad und besaß ein Brett, das man heute Skateboard nennt, und lange, bevor es Surfbretter gab, surfte sie auf Sperrholzplatten. Sie segelte, schwamm von Insel zu Insel, paddelte, glitt Berge hinunter auf Nikau-Palmen-Wedel, ritt mit ihrem Pferd an Stränden, erforschte Minen und Höhlen, kletterte und machte noch eine ganze Reihe anderer Aktivitäten dieser Art. Sie arbeitete bei ihrem Vater, einem bekannten neuseeländischen Obstplantagenbesitzer, denn er war der Erste, der Kiwis züchtete. Sie war seine rechte Hand und als Team waren beide unschlagbar. „Leider hörte mein Vater mit dem Züchten von Kiwis auf, bevor alle Kiwi-Züchter Millionäre wurden.“ Neben all ihren Hobbys startete sie schließlich eine Karriere als Universitätsprofessorin.

Als Pilotin hat Campbell nie kritische Augenblicke im Cockpit erlebt und ist sehr stolz darauf. Dafür hatte sie eine ganze Reihe schöner Erlebnisse

an Bord, etwa als sie ihren ersten Soloflug absolvierte. Es war ein besonderes Gefühl für sie zu wissen, dass sie ganz allein verantwortlich war für das teure Material an Bord und das Flugzeug selbst. Und dass sie nur mit ihrem erlernten Wissen das Gerät steuerte, erschien ihr unglaublich. Neben ihrer Hochzeit und ihrer Promotion waren dies die Erlebnisse, die sie geprägt haben und die sie niemals vergessen wird.
„Im Vergleich zu vor 50 Jahren gibt es heute für einen Privatpiloten viel zu viele Regulative, die das Fliegen sehr komplizieren und zeitaufwendig machen. Fliegen ist heute kein Spaß mehr, und die vielen Gesetze führen nur zu immer mehr Pilotenfehlern. Ein bisschen mehr Freiheit und besseres Training wären vielleicht eine Lösung des Problems, wobei es zwischen Männern und Frauen im Cockpit keine Unterschiede gibt. Das Training ist ja dasselbe. Frauen und Männer im Cockpit denken zwar anders und lösen gefährliche Situationen anders, doch im Grunde genommen sollten sie einander im Cockpit ergänzen", meint Campbell. Sie hofft, dass Fliegen in Zukunft nicht so selbstverständlich sein wird, wie das Autofahren, denn „der Himmel ist sowieso schon ziemlich angefüllt mit Flugzeugen".
Fliegen bedeutet für die erfahrene Pilotin Freiheit, Abenteuer und eine Chance, dem Alltag entfliehen zu können. Außerdem liebt sie es zu reisen, auf die Landschaft zu blicken und sie liebt den Sitzplatz am Fenster.

Fiorenza de Bernardi, Italien

Europäische Flugpionierin, erste Linienpilotin Italiens,
Vizepräsidentin der Assoziatione Donne Aria,
Präsidentin der European Women Pilots Federation,
Mitglied bei den Ninety-Nines, Sektion Italien

Fiorenza de Bernardi wurde in Florenz als Tochter des berühmten Mario de Bernardi, einem italienischen Kampf- und Racingpiloten, geboren. Als junges Mädchen wollte sie keinesfalls Pilotin werden, denn ihre Liebe galt den Bergen, und ihre Eltern stellten ihr die Entscheidung frei zu tun, wozu sie Lust hatte.

Der Zufall wollte es, dass sie nicht mit ihrem Vater, sondern mit einem seiner besten Freunde ihren ersten Flug im Jahr 1951 absolvierte. Damals beschloss sie, ihr Leben der Fliegerei zu widmen.
Nach der Reifeprüfung begann sie jedoch zunächst Bühnenbildgestaltung an der Akademie der bildenden Künste zu studieren. Doch danach wechselte sie rasch zur Fliegerei und machte alle notwendigen Ausbildungen, um den Pilotenschein zu erwerben. Sie nahm an Wettflügen in Italien und vielen anderen europäischen Ländern teil und erhielt ihr Gleiterpiloten-Zertifikat im Jahr 1960. Sie ist stolz darauf, die erste Italienerin mit einer Gletscherpiloten-Lizenz zu sein. 1966 absolvierte sie einen Instrumentenflug-Grundkurs an der Militärschule von Alghero und machte den gewerblichen Flugschein. Ab 1967 arbeitete sie als erste Linienpilotin Italiens bei Aeralpi, wo sie eine de Havilland Canada DHC-6, auch Twin Otter genannt, flog. 1969 war sie die erste Bordkommandantin Italiens. Fiorenza de Bernardi trainierte in Russland auf einem Kurzstreckenverkehrsflugzeug, einer Jakowlew Jak-40, für die Air Terrenia, flog diese Maschine als Charter-Vorführpilotin und arbeitete 18 Jahre lang als Berufspilotin. Im Jahr 1980 machte sie einen DC-8-Kurs bei der Alitalia und flog für Avio Ligure nach Amerika und Afrika. Nach einem folgenschweren Autounfall im Jahr 1985

„Als Pilot muss man präzise, professionell und selbstsicher sein": Fiorenza de Bernardi

musste sie wegen ihrer schweren Verletzungen mit dem Fliegen aufhören. Ihre Fliegerpassion ließ deshalb nicht nach, und so gründete sie Verbände für Pilotinnen – unter anderem hob sie die Vereinigung der Italienischen Pilotinnen (Associazione Pilote Italiane) aus der Taufe. Sie ist heute Vizepräsidentin der Vereinigung der Europäischen Pilotinnen und der Internationalen Linienpilotinnen-Vereinigung ISA sowie Mitglied der bekannten US-Pilotinnenvereinigung Ninety-Nines.

„Als Pilot muss man heute präziser, professioneller und selbstsicherer sein als früher", meint Fiorenza. Auch sie hatte eine ganze Reihe von gefährlichen Zwischenfällen in ihrer Zeit als Pilotin, zum Beispiel fing einer ihrer Flieger eines Tages Feuer und ein paarmal hatte sie gefährliche Landungen zu managen. Doch was am Ende zählt, sind nicht das Erlebnis und der Stress, der dabei entsteht, sondern die Bewältigung der Krisensituation. Und zwar auf professionelle Art und Weise. Eine Stresssituation verarbeitet sie am besten, indem sie mit ihrer Familie und mit ihren Freunden darüber spricht, „das ist sehr wichtig für mich". Andererseits hatte sie auch sehr viele schöne Abenteuer beim Fliegen, so erinnert sie sich an eine Situation als Gletscherpilotin über den Alpen, wo sie eine Nacht aufgrund der dichten Wolkenlage in einem Iglu verbringen musste.

„Beim Fliegen gibt es für mich keine negativen Aspekte, denn für mich ist alles positiv, wenn man ein gutes Flugzeug fliegt und viel Erfahrung hat. Das Wichtigste im Cockpit ist für mich die Zusammenarbeit zwischen dem Kapitän und seinem Ersten Offizier. Gerate ich in Stress, dann meistere ich ihn mit meiner positiven Lebenseinstellung. Wobei der Spielraum für Entscheidungen im Cockpit nicht so breit ist, denn oftmals muss man sich sehr schnell für eine bestimmte Vorgehensweise entschließen."

Fiorenza musste sich zu Beginn ihrer Linienpilotinnenkarriere an die stets wechselnden Zeitpläne erst gewöhnen. Fliegen bedeutet für sie heute immer noch Abenteuer und Freiheit. Sie denkt aber dennoch, dass Fliegen niemals so populär sein wird wie das Autofahren. „Der wichtigste Unterschied zwischen einem Flugzeug und einem Auto ist, dass in einer Notsituation während einer Autofahrt der Fahrer aussteigen und eine Zigarette rauchen kann, während er auf Hilfe wartet. Beim Flugzeug ist das leider nicht möglich." Die Pilotin ist der Meinung, dass Flugzeugunfälle vermieden werden können. Und zwar durch adäquate Sicherheitsmaßnahmen an Bord und während der Flüge.

Luis Fernandez de Bobadilla, Spanien

Kapitän bei der Iberia Líneas Aéreas de España, S.A.

Seit er denken kann, wollte Fernandez de Bobadilla immer nur Pilot werden. Früher war es in Spanien sehr schwierig, eine Pilotenausbildung zu machen. Damals führte der einzige Weg über das Militär, oder man ging in die USA und musste dann die US-Fluglizenz in Spanien nostrifizieren lassen. De Bobadilla hatte aber Glück, denn zwei Jahre vor seiner Reifeprüfung entschied die spanische Regierung, eine eigene Luftfahrtschule zu gründen, für die man freilich eine Aufnahmeprüfung machen musste. Lediglich 36 Kandidaten wurden aufgenommen. Die Trainings und Schulungen waren drei Jahre lang gratis, und Bobadilla trat in die zweite Klasse dieser Schule ein. Als er seinen Abschluss machte, hatte er drei Monate später einen Job als Pilot bei der Iberia.

Er hatte keine ökonomischen Hintergedanken, als er den Pilotenschein machte, „ich wollte einfach nur ein bisschen herumfliegen". Er war immer schon fasziniert von Flugzeugen, von der Technik und von Maschinen im Allgemeinen. Seine Kinder haben ihn immer wieder gefragt, welchen Beruf er gewählt hätte, wäre er nicht Pilot geworden. Vermutlich wäre er Seefahrer oder Lastkraftwagenfahrer geworden, gab er ihnen zur Antwort, denn er wollte immer mobil sein. Wenn er aber mit Kollegen spricht, dann sind alle ebenso von der Technik und der Mobilität fasziniert wie er, „daher glaube ich, dass das die Voraussetzungen für den Pilotenberuf sind".

Bei Iberia begann er als Kopilot auf einer Fokker 27, einem Trainingsflugzeug. Dann flog er eine DC 9, schließlich eine Boeing 727 als Kopilot, eine 747 als Kopilot und letztlich wurde er Kapitän und flog eine DC 9 und eine 757. Heute ist er Kapitän eines Airbus A340 und fliegt Langstreckenflüge nach Lateinamerika, in die USA und nach Südafrika. „Diese Maschinen zu fliegen fühlt sich wunderbar an. Ich bin immer noch überrascht, dass ich für mein Vergnügen bezahlt werde."

Luis Fernandez de Bobadilla hatte wenige negative Erlebnisse in der Luft, doch eines Tages brach in einem der Triebwerke ein Feuer aus: „Wir verbringen viel Zeit, um für den Ernstfall zu trainieren, sodass uns nichts mehr überrascht. In Filmen sieht man immer wieder Piloten, die total gestresst in ihrem Cockpit herumfuchteln. Im wirklichen Leben ist das ganz anders. Man bewegt sich langsam, man checkt und macht noch einen zusätzlichen zweiten Check. In der Realität können wir keine Eilmanöver im Cockpit machen, denn das kann zu Missverständnissen führen. Wir arbeiten als Team und machen selten etwas aus dem Gedächtnis."

„Das Wichtigste im Cockpit ist, dass man einander vertraut": Luis Fernandez de Bobadilla

Schöne Erfahrungen an Bord waren immer in Interaktion mit Passagieren verbunden: „Vor dem 11. September waren wir glücklich, wenn uns die Passagiere im Cockpit besuchten. Ich fand es ganz besonders schön, als wir eine alte Dame an Bord hatten, die zum ersten Mal in ihrem Leben gemeinsam mit ihrer Enkelin flog. All diese Dinge machen doch das Leben lebenswerter, dazu gehört auch, dass man arbeitet und den Menschen ein bisschen von dieser Arbeit zeigen kann. Heute ist es wesentlich schwieriger, Menschen ins Cockpit zu lassen."

Zu den tragischen Geschichten zählt jene, als eine Dame in der Business Class mit ihrer sechsjährigen Tochter Platz nahm. Die Mutter fühlte sich nicht wohl, und die Crew fragte nach einem Arzt unter den Passagieren. Eine deutsche Krankenschwester hielt einen Herzinfarkt für möglich. Alle waren sehr besorgt. De Bobadilla entschied sich für eine Notlandung in Zürich: „Die Ärzte kamen in den Flieger, um die Patientin abzuholen. Deren kleine Tochter verharrte, ohne ein Wort zu sagen. Am nächsten Tag rief ich die Dame an, und sie erzählte mir, dass sie von ihrem Mann, der sie andauernd schlug, fortgerannt war. Nun wusste ich, warum das Kind so still war." Doch das sei nicht der typische Alltag, normalerweise würden Piloten hauptsächlich fröhliche Menschen sehen. Wenn ein Passagier einen Herzinfarkt hat, dann werden zuerst die Piloten vom Notfall an Bord unterrichtet, die ihrerseits die Flugsicherung verständigen. Normalerweise warten bei der Landung bereits Ärzteteams auf die Patienten. Das sei freilich für eine Airline teuer, aber ein Menschenleben hat hier Vorrang.

Das Wichtigste im Cockpit ist, dass man einander vertraut, sagt de Bobadilla. Meist fliegt man mit einem Kopiloten, den man noch nie zuvor gesehen hat. Man trifft einander zunächst im Besprechungszimmer, und das Wichtigste ist, dass man weiß, was man von einander erwarten kann. Eigentlich steht das alles in den Standardabläufen. Der Kopilot muss professionell und kompetent sein, die Abläufe genau kennen und sich trauen, den Kapitän so zu kritisieren, dass der auch die Kritik richtig versteht. Mit konstruktiver Kritik kann man leicht umgehen und Fehler korrigieren. Der höflich ausgesprochene Zweifel sei sehr wichtig, wenn man von Standardabläufen abweicht, daher müsse es „im Cockpit menschlich und professionell bleiben, und es ist wichtig, eine gute Atmosphäre an Bord zu haben". Wenn es besonders stressig an Bord wird, dann schließen die Piloten die Türen zum Cockpit, die seit 9/11 verstärkt sind. Sie tragen zwar keine Waffen an Bord, wie die Piloten in den USA, es gibt aber strikte Kommunikationsvorschriften für Notfälle und Videokameras, die zeigen, wer vor der Cockpittür steht, sodass man Personen identifizieren kann. Es gibt Spezialbegriffe, um Extremsituationen zu definieren. Das gehört zum Basistraining. Das Cockpit wird nie verlassen, denn die Autorität des Kapitäns sollte man im ganzen Flieger spüren. Für Menschen, die Probleme machen, gibt es „spezielles Material" für Piloten. Manchmal machen Betrunkene und Raucher Probleme. „Feuer ist übrigens das Gefährlichste an Bord, doch Raucher glauben das nie", betont de Bobadilla.

Nach einer Stresssituation kann jedes Crewmitglied, wenn gewünscht, bei Iberia professionelle Hilfe in Anspruch nehmen: „Wir haben bei Iberia Psychologen, die mit uns Probleme und Stresssituationen durchgehen. Wir haben auch eigene Flugärzte. Wann immer wir Schwierigkeiten haben, konsultieren wir sowohl den Psychologen als auch den Arzt. Wir hatten bei Iberia auch Fälle von Flugangst. Ganz wenige natürlich, aber es kam vor. Es gibt eine besondere Angst vorm Fliegen, die sich ganz plötzlich entwickelt. Ich kenne die genauen Gründe dafür nicht, das wissen natürlich nur die Ärzte. Manche Kollegen sind in die Frühpension gegangen, manche wurden behandelt."

Das Familienleben ist de Bobadilla wichtig: „Das größte Problem ist, dass meine Frau gleichzeitig Mutter und Vater sein muss, zusätzlich hat sie die Bürde eines Doppeljobs. Mit den Kindern ist das nicht so ein Problem. Sie wissen, dass der Job ihres Vaters ihnen viele Vorteile bringt." Der Flugkapitän hat etliche Weihnachtsabende mit den Seinen in New York, Sao Paulo und an anderen Orten verbracht, denn es ist oftmals nicht leicht, Weihnachten mit der Familie zu Hause zu feiern: „Nur so lernten meine Kinder die verschiedenen Möglichkeiten kennen, Weihnachten zu feiern. Und Weihnachten in New York zu feiern ist doch etwas, was jeder gerne täte. Heute sind meine Kinder erwachsen. Meine Tochter lebt in London und kommt jede Woche nach Spanien, um ihren Freund zu sehen. Da kommt ihr meine Zugehörigkeit zur Iberia gerade recht."

Christian Dries, Österreich

Privatpilot, Hubschrauberpilot, Fluglehrer,
Chairman des Flugzeugherstellers Diamond Aircraft Industries GmbH

Ursprünglich wollte Christian Dries Buschpilot oder Transportpilot werden. Ihn interessierte es nie, Passagiere zu fliegen, weil sein Streben nach Freiheit schon immer sehr stark ausgeprägt war.

Schon als er fünf war, konstruierte er sein erstes Modellflugzeug. Von da an wollte er Pilot werden, und die Luftfahrt ließ ihn nicht mehr los. Allerdings hat er bis zu seinem 16. Lebensjahr nie geglaubt, dass er eine wichtige Rolle in der Luft spielen werde. Mit 18 hat er mit dem Segelfliegen begonnen, mit 19 den Motorsegelflugschein und mit 20 seine Privatpilotenlizenz gemacht. „Weiter ging's mit den Scheinen für den Instrumentenflug, die Berufspilotenlizenz, den Fluglehrer und für den Hubschrauber."

„Pilot zu sein ist eine Managementaufgabe“:
Christian Dries in der Flughalle von Diamond Aircraft in Wiener Neustadt

Momentan fliegt er zwar keine Hubschrauber, aber er möchte demnächst wieder damit unterwegs sein, wenn er etwas mehr Zeit dazu hat. „Rein vom Fliegerischen her ist der Hubschrauber schon sehr interessant, weil man andere Möglichkeiten des Navigierens hat mit einem solchen Gerät als mit einem Flugzeug.“ Doch im Unterschied zu den USA, Frankreich oder England, wo man mit dem Hubschrauber überall landen darf, ist es innerhalb von Deutschland und Österreich nicht besonders sinnvoll, einen Hubschrauber als Reisemittel einzusetzen, denn er braucht sehr viel mehr Energie, ist nicht besonders schnell, ziemlich teuer im Unterhalt und man darf nicht dort landen, wo man möchte.
Obwohl es nicht Voraussetzung für die Gründung eines Bedarfsflugunternehmens war, machte Christian Dries die Lizenz zum Fluglehrer, hat aber nie unterrichtet. Anfang der 1980er Jahre konnte man noch seine Mitarbeiter teilweise selbst ausbilden, und so vergab er die Ratings selbst. „Heute ist das alles viel komplizierter, aber das ist eine andere Geschichte“. Am 9. November 1989, dem Tag, an dem die Mauer fiel, eröffnete Dries in Wiener Neustadt auf einem kleinen Gelände die Hoffmann Aircraft, die er im Rahmen eines Management-Buy-outs von der Simmering-Graz-Pauker AG übernommen hatte. Es handelte sich damals um ein kleines Unternehmen mit 35 Mitarbeitern. „Wir haben begonnen, Flugzeuge zu entwickeln. Heute haben wir massiv ausgebaut und heißen Diamond

Aircraft. Wir sind mittlerweile weltweit an vorderster Stelle und die Einzigen, die in der Lage sind, in kürzester Zeit schlüsselfertige Flugzeugfabriken zu bauen. Derzeit verhandeln wir mit China, denn in zwei Jahren wird dort ein Flugzeug von uns in Serie gebaut. Und dafür müssen wir den Chinesen eine ganze Fabrik hinstellen."

Das wichtigste Marktsegment der Diamond Aircraft sind Spezialflugzeuge. Das Unternehmen ist heute weltweit führend auf dem Sektor Überwachungs- und Beobachtungsflugzeuge, die sowohl im militärischen als auch im zivilen und im Umweltbereich eingesetzt werden.

Manchmal glaubt Christian Dries, dass er in seinem früheren Leben ein Vogel gewesen sein muss, weil die Fliegerei für ihn immer eine wichtige Rolle spielte, während das vermeintliche Haudegen-Image für den Unternehmer nebensächlich war. Das Beherrschen der Technik war für ihn wichtig und die größte Motivation: „Ein klein wenig Adrenalin ist am Anfang schon im Spiel, denn beim Fliegen kann man nicht stehen bleiben und aussteigen, wenn's brenzlig wird." Doch Pilot zu sein ist eine Managementaufgabe, weil man Entscheidungen teilweise aufgrund unvollständiger Informationen treffen muss, und zwar sofort. „Daran krankt wohl unsere Wirtschaft, dass es viel zu wenige gibt, die entschieden, schnell und richtig handeln. Manchem Manager würde es gut tun, ein paar Stunden zu fliegen, damit er weiß, was es heißt, wirkliche Entscheidungen treffen zu müssen", sagt Christian Dries. Heute gibt uns die Elektronik im fliegerischen Bereich die Möglichkeit, viel mehr Informationen abzurufen als noch vor 50 Jahren. Nichtsdestotrotz nimmt einem Piloten keiner die letzte Entscheidung ab. Und dennoch: Während früher ein Pilot bei einer Atlantiküberquerung noch so richtig navigierte, dazu eine komplexe Ausbildung absolvieren musste und nach der Landung wusste, was er geleistet hat, ist die Anforderung heute wohl eher dahingehend, das Flugzeug beim Fliegen bloß nicht zu stören, denn es kann alles allein am besten.

Geht es nach den Flugzeugherstellern, so würden sie am liebsten die Piloten durch Computer ersetzen. Das erinnert Christian Dries an die U-Bahnfahrer in Paris, die eigentlich nur mehr in ihren Kabinen sitzen und einen Fuß auf ein Pedal stellen. Alles andere steuert der Computer. Und wenn der Fahrer tot umfällt, dann rutscht er zwangsläufig vom Pedal, was makabrerweise die sogenannte Totmannbremse auslöst – die U-Bahn stoppt von allein. Tokio ist bereits einen Schritt weiter: Da sitzt kein Fahrer

„Fliegen kann sehr spannend sein": Christian Dries

in der U-Bahn. Und auch in der Fliegerei könnte die Zukunft so aussehen, dass zunächst Frachtflugzeuge und später auch Passagierflugzeuge unbemannt fliegen werden. Es wird bestenfalls eine Person im Cockpit geben, die Entscheidungen trifft, falls die Computer vermehrt ausfallen.

Christian Dries hat über 7000 Flugstunden, fliegt seit 36 Jahren und hatte schon einige Unfälle zu überstehen. Als Cheftestpilot musste er stets die Erstflüge durchführen, und wusste nicht immer genau, ob alles funktionieren würde. „Ich hatte dann einen etwas erhöhten Pulsschlag, und wenn manche Dinge nicht zusammengespielt haben, musste ich zusehen, wie ich es zum Flughafen zurückschaffe oder eben eine Außenlandung durchführen." Eine seiner brisantesten Notlandungen machte Dries vor vielen Jahren mit einer einmotorigen Cessna. Damals war er bei sehr schlechtem Wetter auf dem Weg nach Italien. In etwa 6000 Meter Höhe über dem Schwarzwald blieb das Triebwerk stehen. Er hatte vier Personen an Bord, und nach einer Minute tauchte er in die Wolken ein. Er entschloss sich, Richtung Stuttgart zu gleiten. Doch in Stuttgart herrschte gerade ein unglaublicher Schneesturm. Der Flughafen dort war gesperrt und der Controller sagte ihm: „Unser Flughafen ist wegen des Wetters gesperrt." Dries antwortete: „Ich möchte Sie darauf hinweisen, dass mein Triebwerk steht. Ich lande, egal ob gesperrt oder nicht gesperrt." Der Stuttgarter Flughafen war derart hoch verschneit, dass man die Landebahn nicht einmal mehr erkennen konnte. Der Controller sagte: „Sie werden die Landebahn gar nicht finden." Und Dries antwortete: „Dann schalten Sie bitte die Lampen an, denn die werden etwas durch den Schnee leuchten." Als er auf 30 Meter Höhe immer noch nichts sah, befürchtete er Schlimmes, denn die Überlebenschance ist bei solcher Sicht sehr gering, aber Dries gelang die Landung. „Übrigens wurde ich noch nie in einem Flieger verletzt." Basierend auf den Erfahrungen, die er in den ersten 15 Jahren seiner Fliegertätigkeit machen konnte, sind alle Informationen in sein Unternehmen eingeflossen. „Deswegen baut Diamond Aircraft sehr stabile Flugzeuge, die viel aushalten."

Und auch ein guter Pilot muss viel aushalten. Er sollte vor allem geduldig sein, und das besonders vor dem Start auf dem Boden, denn „da nervt oft der Papierkrieg mit den Formularen, die man ausfüllen muss oder die ewigen Diskussionen mit dem Tankwart". Andererseits sollte der Pilot seinem Flugzeug immer weit voraus sein, denn während der Autofahrer die Dinge auf sich zukommen lässt, muss sich der Pilot selbst am Boden um seine Flugplanung Gedanken machen und alle Manöver mental durchgehen. Und sobald er im Flugzeug sitzt, muss er schon vor dem Start seinen Streckenflug und nach dem Start seinen Landeanflug planen. „Das klingt stressig", sagt Dries, „aber normalerweise habe ich keinen Stress im Cockpit. Ich setze jedoch bewusst manchmal meine jüngeren Kopiloten unter Stress, damit sie lernen, wie damit umzugehen ist. Ich lasse sie dann Alternativen suchen und frage, wo sie landen würden, wenn ein Triebwerk ausfällt. Ich glaube, solche vorbereitenden Maßnahmen sollten wie in einer Computerschleife ständig im Hinterkopf eines jeden Piloten sitzen."
Was nun den Erfahrungsschatz betrifft, so sehen ältere Piloten oftmals gewissen Manövern mit Skepsis entgegen, die ein junger Pilot durchführt, und es gibt ältere Piloten, die Manöver, die sie in ihrer Jugendzeit getan haben, heute nicht mehr tun würden. Denn man lernt ständig dazu und kann seinen Erfahrungsschatz ständig erweitern. Als Kapitän greift er auch bei Fehlern der Mannschaft durch, und das manchmal ein bisschen harsch, doch er geht der Schwachstelle auf den Grund. Und wenn ihm gelegentlich Fehler unterkommen, macht ihn sein Kopilot darauf aufmerksam.
Für ihn bedeutet Fliegen, einen anderen Blick auf die Dinge zu haben, die man am Boden nicht so sieht. Es gibt sehr viele schöne Momente beim Fliegen – etwa bei einem Flug über die Alpen. Und wenn Dries Ärger oder Stress hat, dann setzt er sich manchmal in ein kleines Flugzeug und fliegt um die vier Ecken. Er sucht sich dann eine Strecke aus, die er schon tausendmal geflogen ist: „Fliegen in bekanntem Terrain unter normalen Wetterbedingungen kann sehr spannend sein, und dann entsteht ein gewisses Hochgefühl, ja ein Glücksgefühl."
Ob wir in Zukunft alle Autos chauffieren werden, die fliegen können, wollten wir von Christian Dries wissen. Das würde noch eine Zeit lang dauern, meint der Unternehmer, aber Diamond Aircraft arbeite derzeit an Autopilotsystemen und werde in den nächsten Jahren das *Fly by Wire* einführen. Dadurch wird es vielen Leuten ermöglicht zu fliegen, und das

ohne eine jahrzehntelange Ausbildung. Wenn es derartige Entwicklungen geben wird, dann kann man den Luftraum viel enger bestücken, denn dann wird das Fliegen viel sicherer. Schließlich kann ein Computer nicht in Stress geraten und rechnet sich den besten Weg durch. „Diamond Aircraft hat dieses Jahr bei der Messe in Le Bourget in Paris das erste Serienhybridflugzeug präsentiert. Das Flugzeug, mit dem Bertrand Piccard fliegt, ist natürlich auch toll. Er zeigt damit, was theoretisch machbar ist, doch umgelegt auf ein Flugzeug mit der Spannweite der Boeing 747, würde es 17 Stunden von Brüssel nach Paris brauchen, was momentan nicht zielführend ist, aber zeigt, wohin wir uns bewegen werden."
Zum Thema Flugzeugcrashs meint Christian Dries: „Solange wir Piloten haben, die sich selbst überschätzen und in Wettersituationen hineinfliegen, in die sie besser nicht geflogen wären, können wir eigentlich die Unfälle nur durch eine bessere Ausbildung verhindern. Hier kommen die Simulatoren ins Spiel, damit Piloten ihre Grenzen kennen lernen, dennoch können Unfälle niemals ausgeschlossen werden. Man muss eben auch versuchen, die Flugzeuge sicherer zu bauen."

Walter Dworschak, Österreich

Privatpilot und österreichischer Staatsmeister im Präzisionsflug

Als Walter Dworschak vor 25 Jahren seinen Militärdienst beim österreichischen Bundesheer absolvierte, entschloss er sich spontan dazu, Pilot zu werden. Er dachte, dass er damit zugleich sein Interesse an der Technik befriedigen könnte, und da er bis dahin noch nie geflogen war, wusste er nicht, wie das Gefühl in luftiger Höhe ist. Die Flugausbildung im Rahmen der Berufsweiterbildung beim österreichischen Bundesheer war damals aber nur mit Genehmigung des Arbeitsamts möglich. Der zuständige Referent wollte die Ausbildung nicht genehmigen, da es bereits einige arbeitslose Piloten gab und er in einem Magazin gelesen hatte, dass die Luftfahrt nicht weiter expandieren würde. Dworschak machte also seinen Privatpilotenschein (PPL). Seither ist Fliegen sein Hobby, und er steuert

„Unter Baumwipfelhöhe über die Seen zu düsen ist ein wunderbares Gefühl": Walter Dworschak

einmotorige Flugzeuge bis 2000 Kilogramm. Finanziell konnte er sich diese teure Leidenschaft durch Kostenteilung mit mitfliegenden Piloten und Freunden leisten. Irgendwann kannte er die Gegend um Stockerau – seinen Heimatflugplatz – schon in- und auswendig, sodass er sich auf die Suche nach neuen Herausforderungen begab und den Präzisionsflug für sich entdeckte. Das bedeutet, dass anhand von vorgegebenen Wendepunkten und unter Rücksichtnahme des Windes der tatsächliche Kurs und die Geschwindigkeit über Grund – ohne elektronische Rechenhilfe und unter Zeitdruck – errechnet und diese Strecke danach abgeflogen wird. Der Flug wird mit einem GPS-Logger aufgezeichnet, und man muss versuchen, sekundengenau über bestimmten Punkten zu sein. Zusätzlich erhält man Fotos, die irgendwo auf der Strecke aufgenommen wurden und die man, ebenso wie ausgelegte Bodenzeichen, erkennen sollte. Den tatsächlichen Standort muss man anschließend in die Karte eintragen. Teil des Präzisionsflugs ist auch der Landebewerb, bei dem man je nach Anforderung auch ohne zu Hilfenahme des Motors und/oder der Landeklappen in einem markierten Ziellandefeld aufsetzen muss. Dreimal war Dworschak

österreichischer Vizestaatsmeister und einmal Staatsmeister der Standardklasse im Präzisionsflug.
Die Tätigkeit bei der Flugsicherung hat sich für Dworschak eher zufällig ergeben, denn als gelernter KFZ-Mechaniker mit zwei Jahren Handelsakademie und als Flugwettertechniker beim Bundesheer hatte er ja auch noch den PPL und das Funkerzeugnis und war nach seiner Abrüstung auf Jobsuche im Bereich der Fliegerei. Durch Zufall erfuhr er, dass beim damaligen Bundesamt für Zivilluftfahrt Mitarbeiter ohne Reifeprüfung aufgenommen werden. Es war reines Glück, dass kurz nach seiner Bewerbung ein Teilnehmer eines schon laufenden Ausbildungskurses zum Flugdatenbearbeiter ausgestiegen war und er dessen Platz einnehmen konnte. Dworschak ist seit 1991 in der Flugverkehrskontrollzentrale und im Tower Wien-Schwechat im AIS tätig.
Für Dworschak hat sich das Image der Piloten in den letzten Jahrzehnten verändert. Die professionelle Fliegerei und die Jetfliegerei nehmen stark zu, und Privatpiloten – vor allem Piloten von Propellermaschinen – sind irgendwie eine aussterbende Klasse. Das liege größtenteils an der Vereinfachung durch die Technik, denn ein Pilot fliegt heute mit GPS und verwendet nur selten eine Landkarte, nach der er navigiert. Damit wird Fliegen heute immer mehr zum Computerspiel, und die Individualität geht verloren. Vor allem der Berufspilot ist immer mehr mit einem Busfahrer vergleichbar, der gewisse Zeitpläne und Strecken einhalten muss.
Jeder Pilot hatte schon einmal ein brenzliges Erlebnis, und auch Christian Dworschak kann von einer derartigen Begebenheit erzählen: „In meiner Anfängerzeit verabredeten ein besonders schlanker Arbeitskollege und ich, mit dessen Schwager und Schwester einen Rundflug in einer viersitzigen Cessna zu unternehmen. Am Tag des Abflugs wurde ich den beiden sehr beleibten Verwandten vorgestellt. Ich tankte leider ohne ausreichende Berechnung und startete die Maschine. Doch der Flieger rollte und rollte und rollte … und hatte einfach nicht genug Kraft, um ausreichend Geschwindigkeit zum Abheben zu bekommen. Ich musste den Start schließlich abbrechen und einen der beleibten Herrschaften aussteigen lassen. Zu dritt konnten wir doch noch einen wunderschönen Flug erleben."
Abgesehen von Flügen über Österreich, den schneebedeckten Berggipfeln, den gelben Rapsfeldern, den grünen Auen, den tiefblauen Seen, ist es immer wieder ein schönes Erlebnis für Dworschak, nach Kroatien vom

Festland mit den weißen Kalkfelsen hinaus auf das tiefblaue Meer zu irgendeiner Insel zu fliegen. Auch in Südafrika, quasi als Buschpilot, über Giraffen- und Elefantenherden zu fliegen und die Freiheit zu genießen, ist ein tolles Erlebnis. Im Herbst 2010 machte er die Wasserfluglizenz in Kanada: „Die vielen Seen, die Natur und dann im Tiefflug – also unter Baumwipfelhöhe – über diese Seen zu düsen, war ein wunderbares Gefühl.“ Wobei die Freiheit schon etwas eingeschränkt wird. Die Beschränkungen, und nicht nur jene des Luftraums, werden für Piloten immer heftiger. Das beginnt schon beim Flugschein-Erwerb, wo die Bürokratie wichtiger zu sein scheint als die Praxis, und geht bis zu den Gesundheitschecks oder dem hohen finanziellen Aufwand für dieses tolle Hobby.
Fliegen bedeutet für Dworschak „ein unbeschreiblich schönes Freiheitsgefühl und ein Abenteuer.“

O. W. „Wally“ Epton, Großbritannien

Privatpilot, Businessjetpilot,
Master of the Guild of Air Pilots and Air Navigators (GAPAN)

Er muss ungefähr drei, vier Jahre alt gewesen sein, als Wally Epton beschloss, Pilot zu werden. Es schien, als ob alles, woran er bereits zu diesem Zeitpunkt interessiert war, sich ums Fliegen drehte. Deshalb ging er zur Royal Air Force zunächst als Flugzeugelektrikerlehrling, doch nach einer dreijährigen Ausbildung bekam er ein Stipendium für einen weiteren Ausbildungsschritt als Offizier und Pilot beim Royal Air Force College Cranwell. Er kam mit 17 zur Royal Air Force und wurde mit 20 bereits zum Piloten ausgebildet.
Auf die Frage zum Image des Piloten heute, meint der Master of GAPAN, dass Piloten vor 50 Jahren viel abenteuerlustiger und anpassungsfähiger waren als heute, wo Seriosität und Vertrauen im Mittelpunkt stehen. „In Wirklichkeit ist es aber nicht immer so, denn ich kenne Linienpiloten, die

„Piloten sind Menschen, denen man vertrauen kann": Wally Epton

sich mehr für ihr Einkommen und die Nachtstopps interessieren. Ich denke, dass Businessjetpiloten anders ticken, weil sie täglich ganz unterschiedliche, oftmals viel interessantere Destinationen anfliegen und mit ihren Passagieren meist engeren Kontakt pflegen als Linienpiloten. Dafür nehmen sie auch gern in Kauf, etwas weniger zu verdienen als ihre Kollegen bei den großen Airlines", sagt Wally Epton.

Das Image des Piloten heute ist ganz anders als früher, und er sei in seiner Funktion als Master of the Guild of the Air Pilots and Air Navigators vom Status der Piloten sehr betroffen. Die Passagiere würden generell die Serviceleistung der Piloten schätzen, was für die öffentlichen Stellen nicht gilt, weshalb Letztere Flugzeugführer unter ihrem – auch materiellem – Wert handeln.

In seiner 35-jährigen Karriere hat Epton etliche Abenteuer an Bord zu bestehen gehabt, das einzig wirklich ernsthafte war ein Triebwerksausfall. Gutes Training und das Einhalten von gewissen Abläufen an Bord konnten den Flug retten, ohne das Ganze zu einem Drama werden zu lassen. „Wir taten, was zu tun war, und haben den Flug sicher beendet. Freilich hat der Pilot einen etwas höheren Pulsschlag gehabt und der Adrenalinspiegel stieg an, doch das ist ganz normal und auch gesund. Notfallsituationen verlangen Konzentration und das jahrelange Training für den Ernstfall zeigt hier seine Wirkung." Seine schönste Erfahrung im Cockpit machte Wally Epton beim Militär. Damals flog er mit einer Lockheed C-30 Herkules Transportmaschine auf eine Insel im Pazifik, landete auf einem schmalen Korallenstreifen, und es hatte den Anschein, als wäre das Land unbewohnt. Auf einem schmalen Landefeld befand sich eine Palmenhütte, auf der *Tabitua International Airport* stand, was komisch war, doch sobald die

Triebwerke gestoppt waren, kamen etliche Inselbewohner aus ihren Häusern, um die Crew mit einem freundlichen Lächeln auf den Lippen und Kokosnüssen sowie Kokosnussdrinks zu begrüßen. „Das war ein wunderbarer Willkommensgruß." Wally Epton hat Sonnenaufgänge, Wasserfälle, wunderschöne Landschaften, tolle Nachmittage und Morgensterne erlebt – all das hat das Fliegen schön gemacht.

Piloten, sagt Wally Epton, seien Menschen, denen man vertrauen kann. Wenn man Vertrauen in die Fähigkeiten und das Können des Piloten hat und wenn man neben einem Piloten sitzt, bei dem man sich wohl fühlt, und wenn alles, was dieser Pilot macht, zur Sicherheit der Passagiere und der Crew geschieht, dann handelt es sich bei diesem Menschen mit Sicherheit um einen guten Piloten. An seinem Kopiloten schätzt er am meisten fundiertes Wissen, Können, Enthusiasmus, Integrität und Rückhalt. Im Cockpit sind diese Eigenschaften die wichtigsten. Piloten sind übrigens immer im Stress. Zur Stressbewältigung gebe es keine goldene Regel, da müsse man einfach durch. Nach einer Krisensituation an Bord sucht Wally stets das Gespräch mit engen Freunden, Kollegen und mit seiner Partnerin. Wenn es sich um weitaus mehr, etwa einen Flugunfall handelt, dann ist der Rat eines guten Flugpsychologen Goldes Wert.

Ein Pilot muss mit Unsicherheiten in seinem Beruf leben lernen, und der Spielraum für Entscheidungen an Bord eines Flugzeuges ist nicht sehr breit. Denn ein Flieger muss vom Piloten so behandelt werden, wie der Flugzeugbauer es vorschreibt und wie es die Vorschriften, die Testpiloten und die Airlines erlauben. Entschieden wird dabei laut den Erfahrungen beim Training. Die richtige Kommunikation an Bord hat äußerste Priorität – wie überall auf der Welt. Denn: „Viele junge Piloten wissen, wie sie ihre Hände und ihre mechanischen Kenntnisse einsetzen, jedoch scheinen sie nicht mit ihren Ohren umgehen zu können, was zeigt, dass wesentliche Dinge bei der Ausbildung vergessen werden. Das Resultat ist, dass sie weder im Cockpit noch außerhalb des Fliegers kommunizieren, und das führt meist zu Verständigungsproblemen, zu Friktionen innerhalb des Teams und zu Feindseligkeiten unter Piloten."

Piloten werden von der Öffentlichkeit respektiert und ihr Status in der Gesellschaft gar nicht erst hinterfragt. Die Passagiere wissen, was ein Pilot leistet und dass er für Wohlbefinden und Sicherheit an Bord verantwortlich ist. Was die Luftfahrtindustrie-Manager, die Regulatoren und die Regie-

Wally Epton ist Master of the Guild of Air Pilots & Air Navigators – die seit 1929 bestehende Londoner Vereinigung fördert in erster Linie die qualitätvolle Ausbildung junger Piloten.

rungen betrifft, werden Piloten wie zuvor erwähnt von ihnen unter ihrem Wert gehandelt, sonst würden sie zu teuer kommen. Nur wenn in der Luft ein Unfall passiert, dann wird auf einmal der richtige Wert des Piloten erkannt. „Wenn ein Airbus A320 auf dem Hudson River landet, wird der Pilot dafür bewundert, alle Passagiere gerettet zu haben – und bald wieder vergessen", meint Epton.

Bei Billigfluggesellschaften gibt es Arbeitgeber, die vom Piloten verlangen, dass er jederzeit seinen Dienst antritt wie ein Installateur und dabei auf eigene Kosten ausgebildet und ausgerüstet sein soll. Das kann vielleicht bei einem Installateur funktionieren, doch die enormen Ausbildungskosten in der Fliegerei liegen weit hinter dem Verdienst des Einzelnen. Dabei wissen die Fluggesellschaften, dass der Pilot ein wichtiges Element in der Unfallprävention ist. „Doch heute haben überall Finanzvorstände das Sagen, die Piloten als teuren Kostenfaktor sehen", beklagt Wally Epton.

Fliegen bedeutet für Wally Epton Freiheit, Abenteuer, die Welt und das Leben zu sehen. Hier noch ein Zitat des Cartoonisten Charles Schultz, dem Erfinder des Snoopy : „Ich liebe es zu fliegen, denn es gibt mir das Gefühl wo hinzukommen." Und an einer Wand in Wally Eptons Arbeitszimmer hängt ein Zertifikat von der Guild of Air Pilots and Air Navigators, auf das er sehr stolz ist: „Master Airpilot Certificate Number 892". Das hat er in Anerkennung seiner Kenntnisse, seiner Erfahrung und seiner Dienstleistung in der Luftfahrt erhalten.

Diana Ferrero, Schweiz

Psychopädagogin, Privatpilotin,
Präsidentin der Vereinigung der Europäischen Pilotinnen

Diana Ferrero war gerade 14, liebte Freiheit und Geschwindigkeit als Alpinschilehrerin in den Schweizer Alpen, als Reiterin in Europa und in Amazonien, als Wasserschifahrerin, Taucherin, Tänzerin und Fallschirmspringerin, da lernte sie letztendlich fliegen, weil sie die Welt von oben sehen wollte. Und so wurde sie Privatpilotin aus Lust an der Sache.
Wie jeder Pilot hatte auch sie brenzlige Situationen an Bord zu bewältigen. Als sie einmal in der Nähe von Lyon in die Vallée du Rhône flog – es war ein schöner Tag mit besten Wetteraussichten – kam ein schlimmer Sturm auf. Sie musste weiterfliegen, und um wieder wohlauf zu landen, musste sie sich dem Kampf gegen die Wettergeister stellen: „Aber die Starken gewinnen immer."
Auch von einer Instrumentenpanne knapp vor der Landung weiß sie zu berichten: „Ich dachte wirklich, dass meine letzte Stunde geschlagen hätte. Gott sei Dank bin ich aus dieser prekären Situation lediglich mit einem verbeulten Propeller herausgekommen." Und von einem brenzligen Flug über die kanadischen Gaspésie-Inseln gemeinsam mit vier anderen Piloten weiß sie auch ein Lied zu singen, denn plötzlich brach an Bord Feuer aus. „Der Flieger wurde immer heißer und heißer, doch trotz der schweren Asche auf den Tragflächen und der schwierigen Bedingungen konnten wir heil landen."
Was der engagierten Pilotin in bleibender Erinnerung bleibt, ist der Flug mit Yves Duval, dem Chefpiloten bei Air France, in einer Fouga Magister, einem Schulungs-Strahlflugzeug: „Ich sah Saint Malo auf dem Kopf stehend. Da fühlt man die Leichtigkeit des Fliegens vermutlich wie ein Vogel." Yves Duval war übrigens auch Pilot der Patrouille de France, der französischen Kunstfliegerstaffel, und ein Flugbesessener, der besonders alte Maschinen liebte. Die Fouga Magister war eines seiner Schmuckstücke, die er in seinem Hangar in Reims aufbewahrte.
Zu den weiteren schönen Erlebnissen an Bord zählt ein Picknick auf einem Gletscher in den Alpen mit einem Zusatzgerät, an dem Schier angebracht

„Man erlebt die Leichtigkeit des Fliegens wie ein Vogel": Diana Ferrero

waren: „Vor mir lag eine weiße Wüste, und ich empfand mich als einziges Lebewesen weit und breit."

Sie erinnert sich auch gern an jenen Sommer zurück, in dem sie die Gämsen laufen sah, während der Motor ihres Fliegers brummte. Die Schönheit der Natur fasziniert Diana immer wieder aufs Neue. In Australien hat sie Delphine springen und im Meer spielen gesehen und beobachtet, wie sie anmutige Formationen schwimmen können. Und in derselben Gegend hat sie den Humor der Kängurus bewundert, die am Ende der Landebahn herum sprangen. In Kanada hat sie die Wale ihre Wasserfontänen ausstoßen gesehen, und in Beluga konnte sie einen Weißwal sichten – ein wirklich außergewöhnliches Erlebnis.

„Pilotin bei einer Airline zu sein, ist heute eine Frage der Prioritäten, die man im Leben setzen möchte, denn ich denke, dass es nicht so leicht ist, Familie und Job unter einen Hut zu bringen, wenn man als Pilotin angestellt ist. Eine meiner Freundinnen hat diese Aufgabe gut gemeistert, weil sowohl sie als auch ihr Mann Hubschrauberpiloten bei der Kriminalpolizei geworden sind."

Übrigens ist Diana der Meinung, „dass Fliegen nicht zu jedermanns Sache werden sollte, denn der Himmel ist mit Flugzeugen schon voll genug".

Jean-Paul Filip, Frankreich

Fluglehrer und Linienpilot für Hubschrauber sowie für Flugzeuge

Jean-Paul Filip interessierte sich schon immer für komplexe Maschinen und ihre Bedienung, also für U-Boote, Flugzeuge und für Hubschrauber. Viele davon zeichnete er bereits in seine Schulhefte. Diese Affinität für die Technik sei von seinem Großvater vererbt, ist Filip überzeugt, der ein technisches Unternehmen leitete. Nach einer wissenschaftlichen Ausbildung an der Schule, die er ein Jahr vor seinen Kollegen abschloss, begann Jean-Paul Filip ein naturwissenschaftliches Studium und machte parallel dazu eine Hubschrauberausbildung, in die er sein gesamtes Erspartes investierte. „Der Hubschrauber ist ein wunderbares Fluggerät, und ich entdeckte die gesamte Härte und Präzision, die ich schon lange gesucht hatte." Er war damals erst 18 und damit der jüngste professionelle Pilot Frankreichs. Er unterbrach sein Studium und absolvierte seinen Militärdienst bei der Feuerwehr. Danach startete er eine Karriere als Sprühpilot in der Landwirtschaft: „Wenn man keine Maschine kaputt machte und nach zwei Jahren heil herauskam, hatte man eine gute Basis für eine Zukunft als Berufspilot gelegt, denn so konnte man Flugstunden und Erfahrung beim Fliegen einer Maschine in Extremsituationen sammeln."
Das klingt alles ein wenig wie die Geschichten, die man aus den Anfängen der Luftfahrt kennt, „doch so war das in den 1980er Jahren". Nach sechs Jahren Arbeit in der Landwirtschaft und mehr als 2000 Flugstunden wurde Jean-Paul Filip Fluglehrer, um die Freude am Fliegen an andere Menschen weiterzugeben. Dann perfektionierte er seine Fertigkeiten beim Fliegen in den Bergen mit einem sehr guten Fluglehrer. Schließlich wurde er Transportpilot, eine für ihn unspektakuläre Tätigkeit. Er absolvierte viele Flugkurse, um den Linienpilotenschein für Hubschrauber und Flugzeuge zu machen. Zusätzlich ließ er sich für transozeanische und polare Flüge ausbilden und erwarb ein Zertifikat für Luftfahrtrecht. Nachdem er die Theorie beim Hubschrauber-Linienpilotenschein erlernt hatte, bestand er die Praxis im Instrumentenflug. Anschließend heuerte er als Kopilot für Ölbohrinsel-Flüge an und wurde schließlich Kapitän für Helikopterflüge mit mehr als zehn Sitzen und mehr als 5,7 Tonnen. Als Linienpilot für Hub-

schrauber fand er nach 17 Jahren in dem Beruf einen fixen Posten bei einer französischen Firma. Diese Gesellschaft kaufte im Jahr 2000 ein Flugzeug des Typs Falcon 50, wo er als Kopilot mitflog. „Nach sieben Jahren als Kopilot lernte ich brav die Spezifizierungen meines Berufes, indem ich Businessflüge machte und die Linienpilotenlizenz erwarb." Danach wurde Filip Bordkommandant auf einer Falcon 50 und einer Falcon 900: „Ich muss gestehen, dass es wesentlich leichter ist, selbst das leistungsfähigste Flugzeug zu fliegen als einen Hubschrauber. Auch wenn eine derartige Aussage meinen Kollegen, den Linien- und Bedarfsflugpiloten, nicht gefällt."
Laut den gesetzlichen Bestimmungen, darf Filip Passagiere nur auf einem bestimmten Typus Flugzeug oder Hubschrauber befördern. Heute hat er von seinen 15 Hubschrauber-Typisierungen nur mehr wenige behalten, darunter Eurocopter 135, AW 109SP und den AW 109SP – Letzteren fliegt er nur mit Passagieren. Bei den Flugzeugen fliegt er nur mehr die Falcon 50 und die Falcon 900, denn für beide Flugzeuge gilt die gleiche Qualifizierung. „Hubschrauberpiloten sind fast alle von ihrer Maschine fasziniert", sagt Jean-Paul Filip. „Die Investition ist enorm und die offenen Stellen sind rar, der Verdienst ist minder. Was bleibt, ist die Faszination. Gott sei Dank, denn die Vorschriften werden immer härter und schränken den Zugang zu diesem Beruf noch mehr ein. Pilot zu sein wird langsam zu einem bürokratischen Hürdenlauf, bei dem man eine Stunde lang Papiere für einen Flug von einer guten Stunde ausfüllen muss."
Er hat auch in seiner Zeit als Pilot extreme Situationen mit dem Hubschrauber erlebt – etwa Motorpannen bei einmotorigen Hubschraubern, das Phänomen der Scherwinde oder eine Kollision mit einem Stahlkabel, das unter einer Hochspannungsleitung durchging. Die erste Motorpanne passierte ihm, als er über einer Lichtung hinunter auf die Parzelle schweben wollte, auf der er arbeiten sollte. Die zweite Panne geschah, als er gerade beim Düngen von Getreide war und knapp einen Meter hoch mit etwa 70 Stundenkilometern flog. Seine spontane Reaktion war die Autorotation, aber diesmal musste er sehr niedrig bleiben. Glück ist in einer derartigen Situation wichtig. „Wir Hubschrauberpiloten können ohne Schwierigkeiten unter einer Hochspannungsleitung durchfliegen. Doch in meinem Fall wurde das Stahlkabel vom Landwirt auf Betonträgern gespannt. Es war bis zu dem Augenblick nicht sichtbar, als ich unten durchfliegen sollte. Ich konnte nicht mehr nach oben ausweichen, ohne mit den elektrischen

Kabeln zu kollidieren, daher bin ich bis auf ein Maximum hinuntergeflogen, um das Kabel nur im Rotorblatt zu erwischen und nicht mit dem Steuergestänge. Das Kabel löste sich ein wenig und riss einen kleinen Teil der Rotorblätter der Maschine mit, die ich schlussendlich nach rund 50 Metern landen konnte – trotz starker Vibrationen im Rotorsystem. Die dritte Panne passierte, als ich Mais mit Mikrogranulat behandelte. Damals flog ich in sechs bis acht Meter Höhe. Die Autorotation ist in dieser Höhe simpler, obwohl Mais nicht so einladend ist wie Weizen."

„Es ist leichter ein Flugzeug zu fliegen als einen Hubschrauber": Jean-Paul Filip

Einen Tag nachdem Jean-Paul Filip seine Parzelle bearbeitet hatte und schon in Richtung seines Lkws flog, mit einer Schlechtwetterfront und einem starken Wind im Rücken, wurde er Opfer eines Scherwindes. Das ist ein Wetterphänomen, das er bis dato nicht kannte. Er flog in 400 Fuß und plötzlich sank der Hubschrauber auf 300 Fuß ab. Die im Cockpit vorhandenen Gegenstände flogen herum, die Rotor- und Motordrehzahl stieg rasch. Dann hörte der Sinkflug plötzlich auf. Die Zeit während des Durchsackens kam ihm sehr verlangsamt vor. Er dachte zunächst an einen mechanischen Bruch. Sein Mechaniker und ein anderer Pilot waren Zeugen dieses Phänomens und erklärten ihm danach, was sie gesehen hatten. Die einzige Erklärung dafür war der Effekt des Scherwindes.

Zu den schönsten Erlebnissen in der Luft zählten ein Flug über Paris für das Buch des Fotografen Yann Arthus Bertrand *Paris vu du ciel,* sowie Flüge über Wüstengebiete, tropische Regionen, die Alpen sowie eine Landung auf dem Mont Blanc. Außerdem hatte er die Möglichkeit, an zahlreichen Rettungsaktionen teilnehmen zu dürfen.

Ein guter Pilot, meint Jean-Paul Filip, ist einer, der seine Grenzen kennt. „Und die darf er nicht überschreiten, denn er hat die Sicherheit des Fluges zu gewährleisten.“ Doch das Wichtigste im Cockpit sei die Synergie. Dabei sollten alle Beteiligten die charakterlichen Unterschiede der jeweils anderen akzeptieren und daraus jene Vorteile herausfiltern, die der gegebenen Aufgabenstellung zum Erfolg verhelfen. Denn bei einer Crew, so meint der erfahrene Linienpilot, sei nicht der eine Mitarbeiter besser als der andere, sondern im Team werde die beste Sicherheit gewährleistet.
Um wachsam und effizient zu bleiben, braucht Jean-Paul Filip eine kleine Dosis Stress und etwa zwei Stunden nach seinen Flügen, um den Druck abzubauen. Wenn er in eine Krisensituation gerät, dann spricht er danach mit seinen Kollegen und mit befreundeten Piloten, um die Situation zu verstehen, die Gefahr dahinter und die Auswirkungen, „denn der Mensch lernt durch seine Fehler stets dazu“.
Ein Hubschrauberpilot wird immer Neugier und Interesse bei der Bevölkerung hervorrufen, denn diese Spezies Pilot spricht gern und passioniert über ihre Tätigkeit. Hubschrauberpiloten sind viel näher an ihren Passagieren und an den Menschen im Allgemeinen dran. Der Grund dafür dürfte die Nähe in der Maschine sein und der Verlauf des Fluges. Linienpiloten sind von den Passagieren abgeschottet, bleiben häufig nur im Cockpit und das fördert die Distanz zu den Fluggästen. Sie werden oft auch wie eine privilegierte Kaste angesehen, also ein bisschen unnahbar. Gott sei Dank stimmt das nicht immer. „Beim Fliegen im Hubschrauber sitzen wir auf einem Beobachtungsposten mit einer erstaunlichen Indiskretion: Häuser, Architekturdetails, Autos in Wäldern, Vegetation, Klima, Wetterumschwung etc. – nichts bleibt unentdeckt. Die Welt breitet sich vor unseren Augen aus und wir lesen darin wie in einem offenen Buch. Dieses Spektakel ist einzigartig und wir Piloten sind es niemals leid. Im Flugzeug sind wir der Natur, der Umwelt und den Menschen weniger nahe als im Hubschrauber. Wir wechseln die Kontinente in einem Flug, nur um den Pool im Hotel, in dem wir übernachten werden, zu entdecken. Das ist vielleicht etwas vereinfacht ausgedrückt, aber es stimmt.“
Jean-Paul Filip ist heute ein rundum glücklicher Mann und hätte sich niemals gedacht, dass er ein derartiges Leben führen würde, all die Erfahrungen sammeln darf und das tägliche Vergnügen haben wird, glücklich in die Arbeit zu gehen.

Heidi Galland, Deutschland

Privatpilotin,
Ehrenpräsidentin der Vereinigung Deutscher Pilotinnen e.V.

Als Heidi Galland im Jahr 1967 zu fliegen begann, war sie unter sieben Männern die einzige Frau, die das Allgemeine Sprechfunkzeugnis für den Flugfunkdienst (AZF) gemacht hatte. Es war noch etwas Außergewöhnliches, dass eine Frau Privatpilotin wurde, obwohl zu dieser Zeit bereits die ersten Linienpilotinnen in der Ausbildung standen. Das Fliegen interessierte Heidi Galland, weil sie von der Familie väterlicherseits schon mit der Fliegerei verbunden war: Ihr Großvater hatte in Leipzig eine Fabrik für Flugzeug-Messinstrumente und auch ein eigenes Flugzeug.
Das Verständnis ihrer Umgebung für den Wunsch zu pilotieren hielt sich jedoch in Grenzen, denn sie war bereits Mutter von drei kleinen Kindern. Doch für sie war das Fliegen eine Herausforderung. Die Ausbildung, angefangen von der Technik, der Aerodynamik, der Meteorologie, der Navigation, bis zum Luftrecht war für sie etwas Spannendes. Der Traum vom Fliegen, um ferne Länder zu sehen, rangierte erst an zweiter Stelle, sie wollte nur fliegen lernen. Als sie alle Prüfungen bestanden hatte, war ihr Selbstbewusstsein gestärkt. „Wir hatten eine Cessna 182, die ich auch geschäftlich nutzen konnte, denn wir hatten ein Unternehmen mit Verkaufsfilialen in Stuttgart, München, Frankfurt, Berlin, Essen, Düsseldorf und Regensburg. Mit Ausnahme von Berlin konnte man damals als Privatpilot diese Städte noch problemlos anfliegen. Ich konnte meine Fliegerei also geschäftlich nutzen, was natürlich finanziell eine große Erleichterung war."
Pilotinnen, sagt Heidi Galland, gehören heute zur Tagesordnung: „Die Leute sagen zwar immer noch: ‚Du fliegst? Das ist ja toll', aber es gibt immer mehr Frauen, die fliegen. Durch die EU gibt es allerdings erschwerende Auflagen, die das private Fliegen wesentlich komplizierter und auch teurer machen. Die Freiheit zu fliegen, die man früher hatte, ist heute vorbei. Nicht für jeden Flug einen Flugplan machen zu müssen, die Funkverbindung schon kurz nach dem Start abschalten zu können, das geht heute nicht mehr, da der Luftverkehr stark zugenommen hat." So konnte man früher etwa in Frankfurt starten und landen, fast wie man wollte. Heute

haben derartige Flughäfen eigene Bereiche für Privatflieger oder sie sind ganz ausgelagert. Vieles sei anders geworden, insbesondere was die technischen und funktechnischen Auflagen für die Ausrüstung der Flugzeuge angeht, das setzt den Privatpiloten heute sehr enge Grenzen. Der Unterschied zwischen Privatpiloten und Linienpiloten ist leicht erklärt: „Linienpiloten verdienen ihr Geld mit dem Fliegen, die Privatpiloten geben ihr Geld für das Fliegen aus", schmunzelt Heidi Galland.

Das schöne am Fliegen ist einfach das Universum: die Sonne, die auf- oder untergeht, die Wolken, ob man nun darüber oder darunter fliegt. Es ist die Natur in allen Jahreszeiten, die Städte und Dörfer, Berge und Gebirge, mit oder ohne Schnee, Landschaften, die Seen und das Meer. Und das sieht in jedem Land anders aus. Es ist ein Erlebnis zu fühlen, wie das Flugzeug abhebt, wie man fliegt, wie man den Wind spürt und mit sich und dem Flugzeug allein ist. Die Welt da unten wird kleiner und kleiner und damit auch die Probleme. „Das ist für mich fliegen", sagt Heidi Galland.

Als Heidi Galland ihren Mann kennen lernte, war sie eine junge Pilotin, hatte gerade einmal 50 Flugstunden und war frisch gebackenes Mitglied der Vereinigung Deutscher Pilotinnen, kurz VDP genannt. Nach der Gründung 1968 fand im darauf folgenden Jahr die erste Jahreshauptversammlung in Worms statt, zu der sie mit einer Cessna kam. Sie wusste nicht, dass Adolf Galland, General der Jagdflieger im Zweiten Weltkrieg, als Ehrengast eingeladen war. Es waren 30 Pilotinnen anwesend, dazu eine fluginteressierte Gästeschar. Am Abend traf man sich in der Hausbar der Gastgeberin bei netter Unterhaltung und in guter Stimmung. Ein ihr bekannter Flieger, Lebensgefährte einer VDP-Pilotin, stellte sie Adolf Galland vor. Der Name Galland sagte ihr überhaupt nichts. Sie unterhielten sich, und so beiläufig fragte sie ihn dann sehr interessiert: „Können Sie auch fliegen?" Er muss dies wohl positiv beantwortet haben, denn sie hakte gleich hinterher, dass sie einen Kopiloten oder eine Kopilotin für eine kurz bevorstehende Rallye suchte und hoffte, auf dieser Veranstaltung jemanden zu finden, der mit ihr fliegen würde. Kurz und gut, Herr Galland sagte ihr seine Teilnahme zu, und sie zog zufrieden zum nächsten Tisch. Als sie am nächsten Morgen ganz harmlos von ihrem neu gewonnenen Kopiloten erzählte, lachte man sie nur aus. Ob sie überhaupt wisse, wer das sei? „Keine Ahnung", sagte sie, aber „der Mann machte auf mich einen absolut seriösen und vertrauenerweckenden Eindruck". Also wurde sie aufgeklärt

„Können Sie auch fliegen?“: Heidi Galland mit ihrem Mann Adolf, General der Jagdflieger im Zweiten Weltkrieg

und mit dem Satz „Ein Galland setzt sich nie in eine Cessna“ auf den Boden der Wirklichkeit geholt. Die Wirklichkeit war aber, dass er einige Wochen später ihr Kopilot in einer kleinen Cessna 172 war, dass sie gemeinsam den vierten Platz belegten und noch viele gemeinsame Flugstunden folgen sollten, denn „15 Jahre später heirateten wir.“
Zu seinem 50. Geburtstag hatte sich Adolf Galland eine Beachcraft 36 gekauft, mit der er und Heidi gemeinsam Auslandsflüge flogen. Es war eine schöne Zeitfür beide. Adolf Galland flog, weil es ihm Spaß machte und nicht nur, weil er einen Auftrag ausführen musste. Als Kopilot war er sehr streng, aber Heidi Galland hat die Notwendigkeit des absolut korrekten Fliegens, Genauigkeit und absolute Präzision von ihm gelernt. Er wurde nicht müde, ihr auch nur die kleinste Nachlässigkeit aufzuzeigen. Das schult. „Es ist das Gleiche wie bei der Jagd und Waffenführung. Man muss sich an die Regeln halten.“ Heidi Galland hat enorm profitiert und fand es immer lehrreich und interessant, wenn sie zusammen flogen. Eines Tages, als sie gemeinsam mit ihrem Mann flog, ging ihr als Kopilotin die Tür der Beach auf: „Ich hielt sie bis zur Landung eine gute Stunde lang fest und

„Man muss vorher schauen, ob alle Türen verriegelt sind": Heidi Galland mit ihrer Cessna

hatte richtig Angst". Als die beiden gelandet waren, sagte er ihr, es wäre ohnehin nichts passiert. Und sie antwortete: „Das sagst Du mir jetzt?", darauf meinte er ganz trocken: „Man muss vorher schauen, ob alle Türen verriegelt sind."

„Bitte kommen Sie nach der Landung zum Tower", das sind Worte, die kein Pilot gern hört, besonders nicht im Ausland. Was war geschehen? Galland und seine Frau flogen in seiner Beach von Stuttgart nach Paris, Toussus-Le Noble. Heidi Galland war Kopilotin und machte den Funk. Es war in den 1970er Jahren und man konnte, nachdem man die Kontrollzone verlassen hatte, den Funk abstellen. Das Verlassen der Kontrollstelle musste jedoch gemeldet und von der Funkleitstelle bestätigt werden. Diese Bestätigung hatte sie nicht abgewartet. Später stellte sich heraus, dass eine Nachfrage der Funkleitstelle von den beiden nicht beantwortet wurde. Folge: Sie galten als vermisst. Der Flug war wunderschön, ohne Funk, ganz allein am Himmel genossen sie die zwei Stunden Flugzeit. Zum Einflug in die Kontrollzone meldete Heidi Galland sich und ihren Mann an und sie wunderten sich über die wiederholten Nachfragen von Startort, Startzeit, Flugzeugtyp und *pilot in command.* Im Landeanflug hieß es dann: „Bitte kommen Sie nach der Landung unverzüglich zum Tower". Die beiden hatten immer noch keine Ahnung. Was hatten sie falsch gemacht? Falscher Kontrollpunkt, falsche Geschwindigkeit oder falsche Höhe? Die Vermisstenanzeige traf die beiden gewaltig und zog einen Rattenschwanz von Erklärungen und wochenlangen Nachforschungen nach sich. Gott sei Dank erhielten sie nur eine Geldbuße und kamen mit schriftlichen Entschuldigungen und einem blauen Auge davon. Heute kann so etwas nicht mehr passieren. Man ist immer unter Kontrolle – zumindest zwischen Stuttgart und Paris.

Als erfahrene Pilotin weiß Heidi Galland, dass ein gutes räumliches Denken Grundvoraussetzung für den Beruf ist. Auch das auf Neudeutsch so gern benutzte Wort Multitasking ist hier sehr gefragt. Ein Pilot muss in gutem Gesundheitszustand sein, gut sehen und gut hören. Eine gewisse Intelligenz gehört natürlich auch dazu, denn man muss schnell denken und rechnen, ebenso schnell eine Geschwindigkeit identifizieren können. Heute hat man wohl genügend Vorteile durch das GPS, doch früher musste man noch vor dem Flug lange Berechnungen anstellen. „Heute ist die Frage berechtigt, ob die Linienpiloten überhaupt noch fliegen können, wenn sowieso die Technik alles macht", meint Heidi Galland.
Als Präsidentin der Vereinigung Deutscher Pilotinnen hat es Heidi Galland immer wieder überrascht, bei den 300 Mitgliedern festzustellen, wie groß der gegenseitige Respekt untereinander ist. Egal, ob Motorflieger, Segelflieger, Hubschrauberpilotinnen, Ultralight-Fliegerinnen oder Ballonfahrerinnen. Das Zickenhafte, das in anderen Frauenclubs oft eine Rolle spielt, gibt es bei den Pilotinnen fast nicht. Weder Standesunterschiede, Schönheit, Aussehen oder Geld spielen eine Rolle. Das Fliegen, und nur das Fliegen verbindet. Diese Plattform war und ist eine Vereinigung von Pilotinnen, die sich ein Netzwerk aufbauen und sich gegenseitig unterstützen wollen.
Privatpiloten haben ebenso wie die Linienpiloten Stress im Cockpit. Zum Beispiel, wenn sie bestimmte Slots vorgegeben haben, also gewisse Ankunftszeiten oder Startzeiten, die sie nicht einhalten können, weil gewisse andere Flieger landen müssen oder sich etwas am Stundenplan verschiebt. Dann herrscht Stress im Cockpit. Heidi Galland musste zum Beispiel eine Notlandung machen, weil ihre Benzinanzeige leer anzeigte und sie an einen Instrumentenfehler dachte. „Da gerät man in Stress, weil man sich entscheiden muss, dem Instrument zu glauben und einen Notlandeplatz zu suchen, oder darauf zu vertrauen, dass es sich um einen Instrumentenfehler handelt. Unter Umständen landet man dann auf einem Acker. Das ist Stress. Aber darum macht man ja seine Flugvorbereitungen. Das ist das Allerwichtigste beim Fliegen. Wenn man das nicht korrekt macht, dann bekommt man Stress." Man muss vor dem Flug die Abläufe genau kennen und nicht erst, wenn man in eine Krisensituation gerät, also wenn man eine Fehleranzeige am Instrumentenboard oder eine Funkstörung hat. Denn: Je besser die Vorbereitung, desto weniger Stress.

Virginie Guyot, Frankreich

Kampfpilotin der französischen Armee,
Leaderin der Patrouille de France 2009/2010

Als Tochter eines Offiziers der französischen Armee wurde Virginie Guyot ein gerüttelt Maß an Patriotismus in die Wiege gelegt: „Meine Eltern haben uns Kindern freilich früh zu den Schauplätzen der französischen Geschichte geführt“, erzählt die zierliche junge Frau lächelnd, „und wir sollten uns immer jener Menschen besinnen, die für unser Land und seine Freiheit gekämpft haben“. Und so besuchte sie schon als Kind mit den Eltern die wichtigen historischen Schauplätze in Frankreich, wie etwa Verdun oder die Strände der Normandie, wo die Alliierten im Zweiten Weltkrieg landeten. Für sie ergab der Gedanke, für sein Land zu kämpfen, von klein auf einen Sinn.

Virginie Guyot besuchte an der Militärschule Prytanée National Militaire von La Flèche im Département Sarthe ihre fachbezogene Studienvorbereitung im Rahmen der Vorbereitungsklasse im naturwissenschaftlichen Zweig. Die Prüfungen waren sehr schwierig, und sie wollte Hubschrauberpilotin werden, das heißt Militärpilotin, Rettungspilotin oder Bergpilotin. Für Virginie Guyot sind Hubschrauber magische Maschinen, doch bei der ersten medizinischen Untersuchung wurde sie wegen Haltungsschadens am Rückgrat als untauglich für den Helikopter eingestuft. Glücklicherweise war sie jedoch tauglich für den Schleudersitz und war hingerissen von Kampfflugzeugen. Nach einer wissenschaftlichen Reifeprüfung und nach dem erfolgreichen Abschluss der Vorbereitungsklasse in Mathematik schlug sie schließlich die Offizierskarriere ein. 1997 trat sie in die École de l'Air ein, um sich zur Kampfpilotin ausbilden zu lassen. Im Jahr 2002 trat Guyot dem Erkundungsschwadron Escadron de reconnaissance 2/33 Savoie, der mit der Mirage F1CR fliegt, bei. „Die Mirage F1CR ist ein einsitziges Flugzeug, mit dem ich an Missionen im Tschad und in Afghanistan teilnahm“, erzählt sie ernst.

Gerade erst 31, trat die Kampfpilotin der Patrouille de France bei, der offiziellen Kunstflugstaffel der französischen Luftwaffe, und es ist eine besondere Ehre, wenn man dazu berufen wird. Das Team bewies zu diesem

Zeitpunkt eine besonders große Aufgeschlossenheit, denn es war das erste Mal, dass eine Frau ausgewählt wurde, nicht nur dem Team beizutreten, sondern auch den Posten des Luftwaffenadlers (Charognard) zu bekleiden. Das heißt, Virginie Guyot wurde ihr Leader: „Ich werde dem Team immer dankbar dafür sein, dass es dieses Wagnis einging. Ich habe den Posten als Leader 2009 angetreten und war die erste Frau in der Geschichte der Kunstflugstaffel, die eine derartige Position innehatte. Da man diese Position aber nur ein Jahr lang bekleiden darf, trat ich Ende des Jahres 2010 wieder zurück. Seither bin ich Mitglied des Führungsstabes und unterrichte Schüler und künftige Offiziere. Ich fühle mich ganz und gar nicht als Star, denn der ist für mich die Patrouille de France. Ich bin nur glücklich, dass ich mir meinen Traum erfüllen konnte und dass ich in meinem Beruf voll aufgehen kann."

„Für mich ist ein Traum in Erfüllung gegangen und ich bin glücklich": Virginie Guyot

Eine Kriegsmission und ein Kunstflug in der Staffel sind technisch zwar komplett unterschiedliche Dinge, aber sie findet das eine wie das andere faszinierend und hält beides für große Herausforderungen, denn sie verlangen Selbstbeherrschung und Konzentration. Trotz der physischen Belastung beim Steuern eines Kampfflugzeugs bleibt das Fliegen für sie ein Abenteuer. Bei den Vorführungen fliegen die Piloten 600 bis 800 Stundenkilometer und erleben extreme Beschleunigungen. Sie fliegen zwei, drei Meter voneinander entfernt, das ist anstrengend und das muss man mögen. Der leiseste Fehler eines Piloten während eines Fluges kann für den Rest der Truppe fatal enden. Dennoch ist es wichtig, bei jedem Flug einige Augenblicke innezuhalten und zu genießen, selbst wenn es nur ein paar Sekunden sind.

Wozu es die Patrouille de France heute noch gibt? Es ist so, wie wenn man jemanden fragt, wozu Frankreich eine Fahne hat. Die Kunstflugstaffel ist eine Botschafterin Frankreichs, die das Land repräsentiert. Die Piloten der Patrouille werten einen Berufsstand auf und sind ein Symbol für die französische Luftfahrt. Sie organisierten zum Beispiel eine internationale Tournee im Jahr 2009 und schafften innerhalb von zwei Monaten 50.000 Kilometer und 40 Etappen. Und sie kamen jedes Mal pünktlich zum Einsatz. Die Spitzenleistung, die sie beispielsweise stets bei der Diamant-Formation in Blau-Weiß-Rot unter Beweis stellen, zeigt die Zuverlässigkeit der französischen Technik und das Engagement des französischen Militärs deutlich auf.

Bei der Flugstaffel muss die Kommunikation logischerweise perfekt sein. Die Befehle sind sehr präzise, und die Hierarchie wird streng eingehalten. Dabei sind die Kommunikation und die Teamfähigkeit der Schlüssel zum Erfolg. Selbst nach einer Krise an Bord kehren die Piloten wieder zum Alltag und zu jener Gelassenheit zurück, die es ihnen ermöglicht, weiterhin Vertrauen in den Leader zu setzen: „Es gibt viele positive Seiten an meinem Beruf, denn ich habe das Glück, Beruf und Berufung zusammenfügen zu können. Innerhalb der Luftwaffe herrscht eine Atmosphäre der Kameradschaft und Solidarität, sodass die Bande, die uns verbinden, sehr fest sind", sagt Virginie Guyot. Es sei wichtig, niemals die Selbstbeherrschung zu verlieren. Wenn sie in eine stressige Situation gerät, dann muss sie zunächst ruhig bleiben und darf nur nicht panisch werden, egal was passiert. Ein panischer Leader wird das Vertrauen seines Teams schnell verlieren. Das Schwierigste allerdings ist, dass jeder Flug anders ist. Sein reibungsloser Ablauf hängt oftmals auch von äußeren Faktoren ab, wie etwa dem Wetter. Dann muss man anpassungsfähig sein, dennoch ist für sie ein Militärpilot ein ganz normaler Pilot, egal ob er nun eine Frau oder ein Mann ist. Natürlich zieht dieser Beruf generell weniger Frauen als Männer an, doch es sei wichtig, den Piloten nach seinen Leistungen und nicht nach seinem Geschlecht zu beurteilen. In der französischen Luftwaffe gibt es übrigens weibliche Piloten auf vielen verschiedenen Kampffliegern, und es wird bald auch eine Frau auf einer Dassault Rafale geben.

Virginie Guyot liebt die Herausforderung und das Abenteuer, sie reist auch gern in ferne Länder und liebt das Gefühl der Freiheit, das sie bei ihren täglichen Flügen immer noch genießen kann.

Bernd Hechenegger, Österreich

Erster Offizier auf der Austrian Airbus A320 Flotte,
Präsident und Vorstand der Austrian Cockpit Association

Die Fliegerei faszinierte Bernd Hechenegger schon als Kind, und er dachte in erster Linie an das Abenteuer, wobei die Definition von Abenteuer natürlich sehr unterschiedlich sein kann. Zum einen haben ihn Physik und Technik immer interessiert, zum anderen gefiel ihm die Vorstellung, durch die Tätigkeit als Pilot fremde Länder und Kulturen kennen zu lernen. Im Alter von 16 Jahren machte er das Funkerzeugnis und gleich darauf den Segelflugschein. Während er den Präsenzdienst ableistete, bewarb er sich als Pilot bei der damals einzigen österreichischen Fluglinie und bestand das Aufnahmeverfahren. Nachdem er den Wehrdienst abgeleistet hatte, begann er sofort seine Ausbildung und trat nach deren Abschluss nahtlos seinen Dienst im Linienbetrieb der AUA an.
Das Image der Piloten habe sich auf jeden Fall geändert, bestätigt auch Bernd Hechenegger. Früher hatte er oft den Eindruck, Piloten würden als heldenhafte Weltenbummler angesehen. Manchmal sei das zwar noch der Fall, aber Helden und Draufgänger hätten in der modernen Fliegerei nichts verloren. Wie in vielen anderen Berufen auch würden Piloten immer mehr administrative Aufgaben übertragen, während sie durch technische Neuerungen einiges an Vereinfachungen erfahren, und so werde der Pilot eines modernen Verkehrsflugzeugs zunehmend zum Manager oder Teamleader. Das Angenehme an Hecheneggers Beruf sei „das selbständige Arbeiten, denn ich muss nicht wegen jeder Kleinigkeit zum Chef gehen, was beim Fliegen auch etwas schwierig wäre. Außerdem müssen Piloten im Normalfall keine Arbeit mit nach Hause nehmen. Sobald der Flug abgeschlossen ist, hat der Pilot einen freien Kopf für andere Dinge". Negative Seiten an diesem Beruf sehe er keine: „Wichtigste Voraussetzung für einen sicheren Flug ist gute Teamarbeit im Cockpit. Und Stress sollte man erst gar nicht entstehen lassen. Da das natürlich nicht immer möglich ist, hole ich mir den Ausgleich in meiner Familie und durch sportliche Aktivitäten", erzählt Hechenegger.

„Wichtigste Voraussetzung für einen sicheren Flug ist gute Teamarbeit im Cockpit": Bernd Hechenegger

Pilot zu sein ist für ihn nicht einfach nur ein Beruf, sondern seine Lebensart. Schichtdienst, Leben aus dem Koffer und manchmal tagelang seine Familie nicht zu sehen, sind nur bedingt wünschenswert, gehören aber dazu. Dafür arbeitet man jeden Tag mit anderen Menschen zusammen und lernt Orte kennen, an die man sonst nie gelangen würde.
Wenn man mich fragt, ob Fliegen einmal in einigen Jahren für alle so zur Gewohnheit werden sollte, ähnlich wie das Autofahren, antworte ich meist: Ist es das nicht schon?"

Ulrike Hübner, Österreich

Hubschrauberpilotin der österreichischen Flugpolizei

Ulrike Hübner hatte schon in ihrer Kindheit den Wunsch, Pilotin zu werden. Da ihr Vater Fallschirmspringer war, ist sie am Flugplatz groß geworden und mit zwölf lernte sie die Piloten der Flugeinsatzstelle Graz kennen. Ein junger Pilot aus Tirol, der damals in Graz seinen Dienst versah, erklärte ihr seinen Hubschrauber. Daraufhin beschloss sie, dass sie eines Tages genau diesen Hubschrauber fliegen wollte. Nach der Reifeprüfung,

war es in Österreich damals noch nicht möglich, als Frau Hubschrauberpilot zu werden, denn das Militär nahm keine Frauen auf. Und auch bei der Polizei fing man gerade erst an, Frauen in den Dienst zu stellen, also studierte sie Meteorologie und Jus. Mit 20 Jahren wechselte sie schließlich zur Polizei, um dort die Flugausbildung zu machen. Ihr Dienstort war für einige Jahre Wien Floridsdorf. Ende 2001 gab es eine Ausschreibung für Pilotenanwärter im Innenministerium und sie bestand das Ausleseverfahren. Seit April 2002 steht Hübner nun im Dienst der Flugpolizei. Den Privat-Hubschrauberpilotenschein machte sie aber in einer Flugschule in Stockerau in Niederösterreich, und den Berufs-Hubschrauberpilotenschein sowie die entsprechenden Typenberechtigungen bei der Flugpolizei. Auch polizeispezifische Zusatzausbildungen, wie Außen- und Hochgebirgslanden, Außenlast- und Bergeseilflüge sowie die Ausbildung für Einsätze mit dem Einsatzkommando Cobra, waren in der Ausbildung inbegriffen.
Im Rahmen ihrer Tätigkeit als Pilotin ist sie quer durch Österreich gereist und flog in Kärnten, dann in Wien, in Linz, in ihrer Heimat Graz, danach drei Jahre lang in Vorarlberg und aushilfsweise auch in Tirol, wo sie sehr viel Hochgebirgserfahrung sammeln konnte. Seit dreieinhalb Jahren arbeitet sie nun in Salzburg. Wenn sie Richtung Süden fliegt und die verschneiten Berge vor sich hat, die in der Sonne glänzen, kann sie sich keinen schöneren Anblick denken: „Der Großglockner bietet stets ein Ehrfurcht einflößendes Bild, aber mein Favorit ist der Piz Buin“, schwärmt die junge Pilotin. „Die Faszination des Fliegens liegt in den unbeschreiblich schönen Naturerlebnissen und in der Beherrschung der Technik. Polizeieinsätze aus der Luft zu unterstützen stellt natürlich einen besonderen Reiz dar.“
Der Fluglehrer bringt seinem Schüler zuerst einmal bei, den Stick zu übernehmen, dabei spüre man den Hubschrauber, sagt Hübner. Nach und nach bekommt man den Pitch und die Pedale dazu. So lernt man, den Hubschrauber zu schweben. Als sie sich am Abend nach der ersten Flugstunde ins Bett legte, fühlte sie die Taumelbewegungen vom Schwebenlernen noch immer, was aber ein einmaliges Erlebnis war.
Was ein guter Pilot ist, erklärt Ulrike Hübner anhand einer Parabel: „Am Anfang bekommt man zwei Eimer. Einer ist leer, das ist der Eimer der Erfahrung. Der andere Eimer ist voll, das ist der Eimer des Glücks. Irgendwann gleicht sich das Niveau der beiden Eimer aus. Wenn sie also im Einklang stehen, kann man von einem guten Piloten sprechen. Außer Können

und der Erfahrung ist eine gewisse menschliche Komponente sehr wichtig. Dazu gehören auch Ruhe und Ausgeglichenheit. Ich denke, Piloten sind generell ruhige und stressresistente Menschen, aber Stress sollte erst gar nicht aufkommen, der ist eindeutig fehl am Platz, sowohl im Polizeidienst als auch beim Fliegen."

Nichts ist in der Luft vorhersehbar, jeder Flug und jeder Einsatz gestalten sich anders. Der Pilot subsumiert das Einsatzziel unter das Risiko, das jeder Einsatz mit sich bringt, und trifft entsprechende Entscheidungen. Ihren Ausgleich findet Ulrike Hübner beim Laufen und anderen sportlichen Aktivitäten. Sie nutzt das Autofahren oft als Entspannungsmöglichkeit, denn da fährt sie manchmal auf längeren Strecken auch ab und zu ohne Radio in vollkommener Stille. Sie verbringt auch manche Tage zu Hause, baut sich ein Nest auf ihrer Couch, schläft oder döst, hängt einfach nur herum und tut bewusst nichts.

Die Flugpolizei in Österreich führt vorwiegend Flüge im Rahmen der Aufrechterhaltung der öffentlichen Ordnung, Ruhe und Sicherheit durch. Bei diesen Flügen handelt es sich hauptsächlich um staats- und kriminalpolizeiliche Angelegenheiten sowie um Flüge im Zusammenhang mit Großveranstaltungen, Grenz- oder Verkehrsüberwachung. Hübner erläutert: „Besondere Sicherheitsaufgaben nehmen wir im Bereich des Zivilschutzes wahr, so unterstützen wir unter anderem die Feuerwehren bei der Brandbekämpfung aus der Luft oder bei sonstigen Naturkatastrophen. Wir führen auch den Such- und Rettungsdienst für die Zivilluftfahrtbehörde durch. Sehr oft werden wir zu Seilbergungen im schwierigen alpinen Gelände oder zur Suche nach abgängigen Personen gerufen."

Tagsüber fliegt ein Pilot mit einem *Flight Operator* auf dem Einsatzhubschrauber, der vorwiegend zu Bergungen im alpinen Gelände oder zu Einsätzen mit dem Einsatzkommando Cobra gerufen wird. Der Einsatzhubschrauber ist nur am Tag besetzt. Der mit dem Forward-Looking-Infrared-System (FLIR) ausgestattete Hubschrauber wird Tag und Nacht eingesetzt und für Fahndungen sowie für die Personensuche verwendet. Tagsüber fliegt ein Pilot, bei Nachteinsätzen fliegen zwei Piloten, die mit Nachtsichtbrillen ausgestattet sind. Mit an Bord ist immer ein *FLIR-Operator,* der das System bedient. „Die Nachtsichtbrillen sind eine Erleichterung, da man die Umgebung gut erkennen kann", erläutert Hübner. Im Einsatz ergänzen einander die Nachtsichtbrillen der Piloten und das Infrarotsystem

„Bei Fahndungen führen wir die Bodenkräfte per Funk dem Täter zu“:
Ulrike Hübner

sehr gut, denn mit den Brillen kann man Lichtquellen erkennen. Man kann zum Beispiel sehen, wenn sich jemand am Boden eine Zigarette anzündet, weil das Infrarotsystem Wärmequellen erkennt. Das heißt, man sieht Tiere und Menschen, die noch eine gewisse Körpertemperatur haben. „Bei Fahndungen führen wir, sobald wir Kontakt zum vermeintlichen Täter haben, die Bodenkräfte per Funk zu. Der Zugriff erfolgt stets durch die Bodenkräfte. Anders stellen sich Einsätze mit dem Einsatzkommando Cobra dar, wo auch mit dem Hubschrauber Anhaltungen vorgenommen werden. „Wie solch ein Einsatz abläuft, ist immer unterschiedlich und erfordert eine gute Koordination der Einsatzkräfte“, erzählt Hübner.
Ein harmonisches Umfeld sei sehr wichtig für sie. Sie pflegt ihr Familienleben und trifft ihre Freunde, so oft es geht. Mit ihrem Mann unternimmt sie in ihrer Freizeit sehr viel gemeinsam: Die Palette reicht vom Sport über Motorradfahren bis zum Opernbesuch.
Alle Piloten bei der Flugpolizei kommen aus dem Polizeidienst. Das Fliegen im Hochgebirge war anfangs für Ulrike Hübner gewöhnungsbedürftig, was sie daran erkannte, dass sie nach einem Tag mit mehreren Einsätzen in größeren Höhen besonders gut schlief.

„Heuer stürzte ein Polizei-Hubschrauber ab. Dabei kamen vier Menschen ums Leben, was natürlich eine Ausnahmesituation für die gesamte Polizei darstellte, und von offizieller Seite wurde nach diesem Unfall für Piloten und Crewmitglieder Supervision angeboten", erzählt Hübner. Im Großen und Ganzen sei sich aber der Pilot des Risikos bewusst. „Das Risiko fliegt mit, und es trifft einen – wenn man sich der Umstände bewusst ist – nicht aus heiterem Himmel. Doch wäre es verwegen zu behaupten, dass mich Unfälle wie dieser nicht emotional bewegen", sagt Hübner. „Ich persönlich habe allerdings das Glück, zusätzlich starken Rückhalt in meiner Familie zu finden. Der Mensch benötigt in einer Krisensituation einen Ansprechpartner, denn die eine oder andere Streicheleinheit kann nicht schaden, und ich weiß, dass ich all das zu Hause finde." Fliegen ist für Ulrike Hübner ein Beruf, der ihr „viel Spaß macht und der wirklich toll ist".

Frédéric Lascourrèges, Frankreich

Chef-Testpilot bei Dassault Aviation

Frédéric Lascourrèges trat 1977 in die École de l'Air ein, um den Lehrgang für Kampfpiloten zu absolvieren. Seine erste Fliegereinheit war das Jagdbataillon 2/11 in Toul im Nordwesten Frankreichs, wo er einen Kampfflieger vom Typ Sepecat Jaguar fliegen durfte. Sechs Jahre lang diente er in diesem Jagdbataillon. In dieser Zeit wirkte er an zahlreichen Einsätzen wie etwa in Afrika mit, doch er wollte Testpilot werden. Deshalb wechselte er 1987 ins Centre d'essais en vol und besuchte dort im Rahmen eines Austauschstudiums zwischen England und Frankreich Kurse an der bekannten Empire Test Pilot School. Danach erhielt er bis 1992 einen Job im Centre d'essais en vol de Brétigny-sur-Orge in der Nähe von Paris. Von dort wechselte er dann weiter zur Straßburger Luftwaffe und danach weiter nach Reims. Er war Kommandant des Schwadrons 2/33 Savoie bis zur Schließung des Straßburger Luftwaffenstützpunktes im Jahr 1994. In diesen drei Jahren nahm er an Kampfhandlungen in Bosnien und im Nord-Irak teil. 1995 wechselte er ins Collège interarmées de défense. Danach als Chefpilot für zwei Jahre ins Centre d'essais en vol. Im September 1998 wurde er dann endlich im Team von Dassault Aviation als Testpilot aufgenommen. Nach zwölf Jahren auf der Testbasis in Istres wechselte er schließlich zur Produktionsstätte der Falcon und der Kampfjets nach Bordeaux-Mérignac. Ein Testpilot muss peinlich genau arbeiten, meint Lascourrèges: „Wir fliegen in neuen Maschinen, in denen wir bislang unerforschte Flugbereichsgrenzen erkunden. Da kann man sich einfach nicht erlauben, ein Draufgänger zu sein." Charakteristisch für Testflüge ist die enge Zusammenarbeit von Testpiloten mit einem Team von Technikern, Ingenieuren und Flugpersonal. Das Team, das einen Testflug gemeinsam vorbereitet, ausarbeitet und auswertet, garantiert die Sicherheit und den Wirkungsgrad der Testflüge. Der Pilot ist an Bord einer neuen Maschine allein, steht in permanentem Funkkontakt mit der Crew am Boden und gibt alle Parameter eines Fluges in Echtzeit an die Techniker und Ingenieure durch.

Neben den Geschäftsreiseflugzeugen der Marke Falcon entwickelt Dassault Aviation sowohl zweisitzige Kampfflugzeuge als auch Einsitzer. Testpiloten müssen einerseits allein fliegen können, aber ebenso zu zweit mit einem Kopiloten wie an Bord einer Falcon, wo die gemeinsame Arbeit, ähnlich wie beim Zivilflug, genau aufgeteilt ist. Bei Kampfflugzeugen kann der zweite Pilot ein navigierender Flugoffizier sein, der auf Waffensysteme spezialisiert ist. Dann wird die Arbeit zwischen dem Piloten und dem Kopiloten gerecht aufgeteilt, denn der Testflug muss so effektiv wie nur möglich und die Sicherheit auf höchstem Niveau sein.

Wenn man sich als Testpilot noch am Boden befindet und einen Testflug vorbereitet, verspürt man eine gewisse Anspannung insbesondere dann, wenn man weiß, dass der Testflug heikel sein wird. Sobald der Pilot das Cockpit betritt und die Checklisten durchgeht, verschwindet die Anspannung langsam. „Das ist ein wenig so wie beim Schauspieler, der Lampenfieber hat, und sobald er die Bühne betritt, nur mehr an jene Gesten und Mimik denkt, die er in all den Jahren während seiner Ausbildung auf der Schauspielschule gelernt hat", sagt Lascourrèges.

Natürlich hatte auch er berauschende Erlebnisse an Bord. Etwa während eines Testflugs in einem Einsitzer: „Wir machten einst Testflüge mit einer Dassault Mirage F1CR – einem Jagdkampfflugzeug –, um neue Waffen zu testen. Bei einem dieser zahlreichen Testflüge, die wir zu absolvieren hatten, sollten wir die maximale Geschwindigkeit erreichen, die bei 600

„Testflieger haben ähnlich einem Schauspieler immer ein wenig Lampenfieber": Frédéric Lascourrèges

Knoten lag. Doch plötzlich begann während des Fluges der Körper des Flugzeugs zu vibrieren, gleichzeitig wurden uns am Monitor Flatterschwingungen angezeigt. Derartige Phänomene können zunächst die Zerstörung eines Tragflügels bewirken, und wenn man nicht rechtzeitig etwas dagegen tut, kann der ganze Flieger abstürzen. Kurz nachdem ich die Vibrationen spürte, habe ich entschleunigt, und die Vibrationen hörten auf. Plötzlich höre ich den Ingenieur schreien: ‚Stopp! Stopp!' Denn, wie schon gesagt, erhalten alle Ingenieure, die am Boden sind, die Informationen der Testflüge in Echtzeit, aber sie benötigen ein bis zwei Sekunden, um sie auszuwerten. Der Testpilot hingegen hat einen absolut sicheren Sensor, der ihm hilft, eine gefährliche Situation richtig einzuschätzen, nämlich sein Hinterteil, das die Vibrationen als Erster spürt. In derartigen Situationen ist es wichtig, die Übersicht zu bewahren."

Selbst nach 30 Jahren und einer wunderbaren Karriere empfindet Lascourrèges seinen Beruf immer noch als ganz besonders faszinierend: „Wir reisen immer wieder in die USA mit einer Falcon. Unlängst habe ich Grönland in 41.000 Fuß überflogen, und ich kann nur sagen, dass das, was sich hier einem Piloten in einer derartigen Höhe eröffnet, einfach spektakulär ist."

Niki Lauda, Österreich

Pilot, Unternehmer und Airliner Fly Niki

Im Jahr 1976, als er noch Rennfahrer war, wurde Niki Lauda von seinem Cousin in einem einmotorigen Flugzeug mitgenommen – das war für den dreimaligen Formel-1-Weltmeister faszinierend. Er musste damals sieben Stunden von Salzburg mit dem Auto nach Maranello fahren, mit dem Flugzeug war er im Nu da. „Ich habe also beschlossen, den Pilotenschein zu machen, um mir das Leben zu erleichtern, da ich als Rennfahrer immer sehr viel unterwegs war."

Für ihn gibt es zwischen dem Fliegen und dem Rennenfahren überhaupt keine Parallelen. Im Gegenteil: „Rennenfahren bedeutete zu meiner Zeit, über alle Limits hinauszugehen, keine Grenzen zu kennen und mit aller Gewalt zu gewinnen. Fliegen ist genau das Gegenteil: Man muss Regeln und Bestimmungen einhalten, um sicher ans Ziel zu kommen. Eigentlich war es für mich eine Abwechslung, aus dem Rennauto auszusteigen, ins Flugzeug einzusteigen und nach einem Grand Prix nach Hause zu fliegen. Mit einem Satz: der richtige Weg zurück ins wirkliche Leben. Man kann fliegen, wenn man davor den Stress eines Autorennens hatte, denn das entspannt, auch weil man früher zu Hause ist."

Niki Lauda sieht sich als gut ausgebildeter, auf Nummer sicher gehender Pilot, der alle Limits einhält: „Ich tu mir leicht beim Fliegen, weil ich alle diese Schnittstellen, die ich gerade geschildert habe, sehr gut verbinden kann."

Ein guter Pilot ist für Niki Lauda „eine Person, die ein Gefühl für die Maschine hat. Das erkennt man schon daran, ob er nach dem Einsteigen zum Umlegen der Lichtschalter einen Finger nimmt oder die ganze Faust. Ein Flugzeug ist Technik pur. Manche Menschen haben ein Gefühl dafür, wie man damit umzugehen hat, manche haben es nicht. Aber leider fliegen sie alle. Für mich ist der gute Pilot jener, der sein Flugzeug respektiert, es mit Gefühl behandelt und jedes Detail der Maschine kennt."

Niki Lauda ist im Cockpit nie in Extremsituationen gewesen: „Ich habe Dinge erlebt, die man auch im Simulator beim Test alle sechs Monate erlebt. Etwa einen Triebwerksausfall. Das sind aber keine besonderen

Vorkommnisse, denn wenn man richtig am Simulator ausgebildet wurde und alles nach Vorschrift macht, dann gibt es eigentlich keine Situation, auf die man nicht vorbereitet ist. Wenn Situationen auftreten, die man nicht trainiert hat, kommt für mich das Wichtigste zum Vorschein: Wie viele Reserven hat ein Pilot? Ich spreche hier von Reserven für Situationen, mit denen der Pilot nicht rechnet. Das bedeutet, je weniger der Pilot sich anstrengen muss, das Flugzeug im Normalbetrieb zu bewegen, desto mehr Reserven hat er logischerweise für andere Dinge. Mancher Pilot strengt sich schon beim normalen Fliegen an, und wenn er dann zusätzliche Probleme bekommt, kann es passieren, dass er an sein Limit gerät. Gute Piloten können nie aus der Ruhe gebracht werden, weil sie einerseits während des normalen Betriebs unbelastet sind und andererseits weil sie sich auch in schwierigeren Situationen schnell anpassen können, um Probleme zu lösen, ohne sich oder die Passagiere in Gefahr zu bringen. Ein Pilot muss also auch innere Ruhe haben. Er muss ein gestandener Mensch sein."

Der Kopilot sei genauso wichtig wie der Kapitän, meint Lauda. Da gibt es 22-Jährige, die 400 Gesamtflugstunden haben und sehr gut ausgebildet sind. Wenn sie beispielsweise am Airbus geschult wurden, sieht man sofort, dass sie sich mit diesem Computerflugzeug sehr leicht tun. „In meinem Unternehmen entwickeln sich Kopiloten sehr schnell, denn sie werden sehr gut ausgebildet und können aufgrund ihrer Leistung oft in drei bis fünf Jahren Kapitän werden."

Wenn Niki Lauda selbst als Kapitän mit einem Kopiloten im Cockpit sitzt, ist das für die Crew kein Problem. Ihm wird immer wieder mitgeteilt, dass es mit ihm sehr angenehm ist zu fliegen, weil er nie nervös ist und weil man mit ihm die Dinge in aller Ruhe besprechen kann. „Ich hoffe, ein angenehmer Kapitän zu sein. Ich gebe den jungen Piloten alle meine Erfahrungen weiter. Ich erkläre ihnen die alternativen Möglichkeiten, sich verschiedenen Situationen zu stellen, und bevorzuge selbst den einfachsten Weg. Ich setze Prioritäten und konzentriere mich auf eine Sache. Und ich vereinfache mir das normale Fliegerleben auf Dinge, die gemacht werden müssen, um genügend Kapazitäten zu haben, wenn etwas Unvorhergesehenes eintreten sollte."

Für Niki Lauda war das Rennenfahren eine gute Schule, denn da muss man immer auf dem kürzesten Weg zum Ziel kommen. Er zerbricht sich den

„Bei uns können Kopiloten in drei bis fünf Jahren Kapitäne werden“: Niki Lauda

Kopf nur über Dinge, die dann wirklich auch eintreten, und ist sicher, dass so manche Briefings zu ausführlich sind, denn da wird jede Kursänderung beschrieben. Seine Briefings hingegen seien kurz, weil er davon überzeugt ist, dass sich die Details sonst kein Mensch merken kann. „Wir gehen einen einfacheren Weg: Kapitän und Kopilot haben Daten im Computer und bestätigen beide, dass sie die richtige Abfahrtszeit haben. Das sind Regeln, die wir hier bei Fly Niki haben. Wir konzentrieren uns beim Briefing auf die wichtigen Dinge, die man sich dann merken muss, damit wir im Notfall wissen, was wir tun können. Briefings müssen kurz und prägnant sein, denn dann ist die Prioritätenliste ein Kinderspiel.“

Bei Fly Niki gibt es keine Flugpsychologen. Die Piloten müssen alle sechs Monate eine medizinische Untersuchung absolvieren. Mit Stress müssen

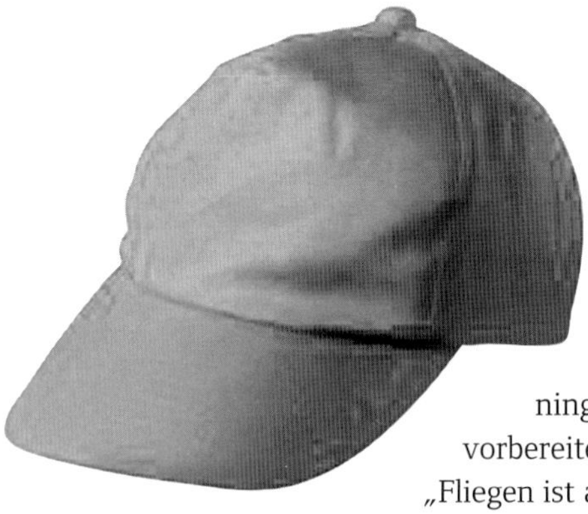

sie umgehen können. Je mehr ein Pilot Wert auf eine gute Ausbildung legt, je mehr er am Simulator trainiert, desto leichter tut er sich, wenn Unvorhergesehenes geschieht. Das sei quasi eine Wiederholung des Trainings. Der Pilot wird durch den Simulator vorbereitet, dann hat er auch keinen Stress mehr. „Fliegen ist an und für sich nicht kompliziert, wenn man es sich nicht kompliziert macht", weiß Lauda.
Der Spielraum für Entscheidungen im Cockpit ist, laut Niki Lauda, nicht immer gleich breit. Wenn das Triebwerk brennt, muss der Kapitän schnell reagieren. Wenn es etwas weniger Schlimmes ist, dann hat man mehr Zeit. Aber auch das sei kein Problem. Es gibt klare Richtlinien, die vom Flugzeughersteller vorgeschrieben werden, wann ein Pilot was in welcher Zeit machen muss.
Kommunikation sei das Wichtigste. Im Cockpit muss sie friktionslos, locker und ganz normal funktionieren. Das sei das Um und Auf für die Sicherheit der Luftfahrt, dass die beiden Piloten miteinander alle Probleme lösen können. Die Crews wechseln bei einer Airline ständig. Bei Fly Niki haben alle die gleiche Ausbildung, setzen sich ins Cockpit und haben kein Problem damit, miteinander zu fliegen: „Heute bin ich zum Beispiel mit einem Piloten geflogen, den ich davor noch nie gesehen habe. Er flog von Zürich zurück nach Wien genau so, wie ich fliegen würde. Diese Form der Corporate Identity sollte man bei jeder Airline finden. Da muss man als Airliner konsequent sein."
Kein Pilot soll über seine Dienstzeiten jammern, denn es handelt sich ja um den Beruf, den er gewählt hat. Wenn ein Pilot behauptet, er weiß nie, wann er fliegen muss, dann kann man ihm nicht helfen. Die Partnerin hat einen Piloten geheiratet, die hat sich damit abzufinden. Pilot sein ist ein Beruf wie viele andere Berufe auch. Mit klaren Regeln, wie viel Freizeit ihm pro Monat zustehet. Bei Fly Niki sind es neun Tage pro Monat. Die Freizeit und der Arbeitsaufwand verglichen zu anderen Jobs sind eigentlich in der Luftfahrt sehr großzügig berechnet. Darüber zu diskutieren ist nicht notwendig. Es gebe viele verheiratete Paare, die Pilot und Stewardess sind oder Kapitän und Kopilotin, und das funktioniere prächtig.

Bei Fly Niki gibt es zwei weibliche Kapitäne, und Frauen und Männer fliegen hier gleich gut. Frauen, machen das mit weiblichem Charme und mit Perfektion. Ein Pilot bei Fly Niki macht alle sechs Monate Tests im Simulator. Wenn Niki Laudas Besatzung Fehler macht, dann greife er ein, indem er ganz ruhig dem Kopiloten erklärt, dass er es anders hätte machen müssen. Das Wichtigste beim Fliegen ist vorausdenken und vorausschauen. Es gibt Piloten, die – bildhaft gesprochen – geistig immer hinter dem Flugzeug sind. Das sind die wirklich schlechten Piloten. Ein guter Pilot denkt voraus, ähnlich wie beim Autofahren, wo man auch vorausschauen und überlegen muss, wann man bremst. Niki Lauda sieht als Airliner und Pilot manchmal Dinge, die ein Kopilot besser als der andere macht. Dann greife er helfend ein, das tue er vorausblickend. Das sei übrigens das Geheimnis der guten Piloten.

„Ich flog ein paarmal mit der Concorde, was für einen Piloten faszinierend ist", meint Lauda, „ein solches Flugzeug zu navigieren ist etwas Einzigartiges. Als Pilot kommt man viel in der Weltgeschichte herum, aber im Grund genommen ist es ein Beruf wie jeder andere auch. Da gibt es genauso Durchhänger wie überall anders auch. Wenn ein Pilot zum 50. Mal dieselbe Destination anfliegt, hat sie für ihn manchmal auch ihre Faszination verloren. Das ist aber in jedem Beruf das Gleiche."

Ein Vorzeigepilot ist für Niki Lauda Christian Marty, der im Juli 2000 mit einer Concorde abstürzte: „Er war einer der besten Piloten, die ich kenne. Er hat Irres geleistet, doch die Concorde war nicht mehr zu bedienen. Dasselbe passierte übrigens beim Quantas-Flug QF6 in Singapur. Die Maschine hatte einen Triebwerksschaden, und die Piloten mussten sehr viel improvisieren. Nach dem mechanischen Schaden waren gewisse Checklisten gar nicht mehr anzuwenden, da so viel kaputt war. Die Piloten sind dennoch perfekt gelandet und haben die Maschine zum Stillstand gebracht. Das sind Piloten, die in Extremfällen genug Kapazität frei haben, sich von den Checklisten zu trennen, wenn sie nicht mehr wirken, und mit logischen Entscheidungen im richtigen Moment diesen schwer angeschlagenen Flieger sicher landen.

Auch Hudson-River-Pilot Sullenberger habe eine perfekte Leistung erbracht: Er habe alles richtig gemacht. „Das kann man nicht trainieren. Sully ist einfach ein guter Pilot. Er war zu Sekundenentscheidungen gefordert. Da zeigt sich die Größe eines Piloten."

Lukas Lichtner-Hoyer, Österreich

Pilot und CEO Jetalliance Holding AG

Als Lukas Lichtner-Hoyer darüber nachdachte, was er tun würde, gäbe es kein Morgen, machte er sich nach Florida auf. Dort fand er eine kleine Flugschule, die von einem Ägypter und einer Norwegerin geführt wurde, und er beschloss, sich zum Piloten ausbilden zu lassen. Die Flugschule hieß Buccaneer Aviation. *Buccaneer* bedeutet *Pirat* und das Outfit der Fluglehrer war auch dementsprechend. Bei der Prüfung machte Lichtner-Hoyer fast alles gleich richtig, und ab diesem Zeitpunkt war er vom Fliegen fasziniert. Es dauerte noch Jahre, bis er es zum Beruf machte und als Kopilot bei der Ärzteflugambulanz begann. Bis zu seiner Pensionierung wollte er aber nicht im Cockpit sitzen, weil ihn auch das Management immer schon interessierte. Dennoch bleibt Fliegen für ihn eine Leidenschaft.
Müsste er das Gefühl beim Fliegen schildern, dann mit dem Satz: „The beauty is in the eye of the beholder." Es ist das, was man daraus macht. Er entdeckt das bei seinen Piloten: „Wir haben in Hochzeiten bis zu 200 Piloten und fliegendes Personal angestellt. Die einen empfinden es als furchtbaren Routinejob und klagen darüber, dass sie schon wieder von zu Hause weg müssten. Wenn man in deren Gesichter schaut, glaubt man, sie gehen ins Kohlebergwerk arbeiten. Dann gibt es die anderen, die diesen Glanz in den Augen nicht verlieren und sagen: ‚Das war immer mein Traumjob und er wird es immer bleiben.' Ich denke, so unspektakulär es ist, es liegt nicht am Job, es liegt an dem, der ihn ausübt."
Trotzdem bleibt das Fliegen ein Mythos. Und zwar weil es nicht jeder tut und nicht jeder kann. Das ist so wie das Rennenfahren, das auch nicht jeder tut und nicht jeder kann. Das typische Klischee um den Piloten zeigt einen Macho mit vielen Frauen, die überall auf der Welt auf ihn warten. Das sei unwahr: „Ich sage nicht, dass es das nicht gibt, doch das hängt nicht vom gewählten Beruf ab. Wenn ich das will, nämlich überall eine Konkubine haben, dann muss ich nicht Pilot sein. Es erfordert von einem Piloten ein höheres Maß an Einsicht und Disziplin, um diesen Versuchungen nicht nachzugeben, weil man mit der Crew immer in fremden Ländern unterwegs ist und immer jemand Neuen kennen lernt. Vielleicht ist die

„Fliegen bleibt ein Mythos, weil es nicht jeder kann“: Lukas Lichtner-Hoyer

Versuchung größer als in anderen Berufen. Pilot zu sein bedeutet für mich: Coolness, Freiheit, einfach die Emotionen, die damit verbunden sind. Und das Fliegen ist für mich auch bis heute ein unglaubliches Erlebnis, denn man kann in ein paar Stunden an einem ganz anderen Ort dieser Welt sein. Für mich ist Fliegen immer noch ein Wunder.“

Das Image der Piloten habe sich in den letzten Jahren vom Helden zum geschäftsunabhängigen Operator gewandelt. Pilot zu sein sei heute ein Beruf, zu dem man nicht unbedingt männliche Muskelkraft braucht. Bis in die 1950er Jahre war Fliegen ein Abenteuer im wahrsten Sinn des Wortes: Ein Instrumentenflug war zu dieser Zeit wirklich abenteuerlich, und die Bezeichnung Blindflug kam nicht von ungefähr. Heute ist das alles kein Thema mehr. Fliegen ist zwar immer noch Fliegen, aber es ist derart kommerzialisiert und automatisiert, dass es nichts mehr mit Abenteuer zu tun hat. „Es ist auch kein Abenteuer, mit dem Bus zu fahren, außer in Griechenland auf einer Küstenstraße“, meint Lichtner-Hoyer lachend. Der Jet ist ein Fortbewegungsmittel, und er braucht einen Operator. Heute hat sich das Image von den tollkühnen Männern in ihren fliegenden Kisten ganz weit von dem wegbewegt, was Flugzeughersteller und -gesellschaften anstreben. Das Fliegen darf heute kein Abenteuer mehr sein, denn dann wäre etwas falsch gelaufen.

Apropos falsch gelaufen: „Eines Tages flogen wir eine DC 3 aus dem Jahr 1944 über den großen Teich nach Europa“, schildert Lichtner-Hoyer. Als uns ein Triebwerk ausfiel, empfanden wir es als besonders gute Idee zu versuchen, bis nach Österreich zu kommen. Was eine völlig schwachsinnige Entscheidung war. Es war viel Glück dabei, dass wir damals nicht abgestürzt sind. Es handelte sich um eine klassische Fehlentscheidung des Piloten, dem einfach die Erfahrung fehlte. Heute weiß jeder, der seine Flugausbildung beginnt, dass man bei einem technischen Gebrechen so schnell wie möglich landen muss. Wir hätten in Island landen sollen, hätten dort aber kein Ersatztriebwerk erhalten und wollten lieber aufs Festland fliegen, da es dort leichter war, mit dem LKW ein Ersatztriebwerk anzukarren. Das war aber sehr dumm von uns. Doch jedem Piloten passieren derartige Fehlentscheidungen. Vor allem in Zeiten der Lernphasen. Das gehört einfach dazu.“
Die gewerbliche Luftfahrt sei heute so aufgebaut, so Lichtner-Hoyer, dass sie zu den sichersten Fortbewegungsarten zählt. Die größte Wahrscheinlichkeit für einen gewerblichen Piloten zu verunglücken besteht auf der Autobahn auf dem Weg zum Flughafen und vom Flughafen wieder zurück nach Hause. „Einen guten Piloten lernt man übrigens erst kennen, wenn er bereits im Unternehmen arbeitet und als Pilot in Pension geht. Denn ein guter Pilot ist ein Durchschnittspilot, der die Standards einhält, die ihm sein Arbeitgeber vorschreibt. Er ist ein sicherer Pilot.“
Für Lichtner-Hoyer sind Kapitäne Piloten in Führungspositionen, die ähnliche Probleme wie Manager haben: Es handelt sich um einen gut bezahlten Job mit sehr hoher Verantwortung und Entscheidungskompetenz. Es ist oftmals schwierig, ein Leithammel und trotzdem einsichtig zu sein, wenn man Fehler gemacht hat. Ähnlich wie bei großen Unternehmen kann man einem Vorstand schwer sagen, dass er etwas falsch gemacht hat. Natürlich gibt es auch unter Managern solche, die Kritik offen gegenüberstehen – das sind die wirklichen Sirs. Der Balanceakt des Kapitäns bedeutet, als oberste Autorität alle Ressourcen zu nützen, auf den Kopiloten sowie die Crew zu hören und dann erst Entscheidungen zu treffen. Das ist nicht immer leicht, denn der ideale Pilot ist ein guter Leader, der auch menschlich in Ordnung ist. Das Anforderungsprofil ist natürlich sehr unterschiedlich, wenn es um Militär-, Zivil-, Ambulanz-, Kunstflug-, Firefighter- oder Hubschrauberpiloten geht.

Grundsätzlich sollte ein Pilot im Cockpit sorgen- und angstfrei sein. Es gibt *standard procedures,* die er lernt, und die sollen ihm in Stresssituationen helfen und ihm automatisierte Abläufe vorgeben, die so einfach sind, dass er die Situation auch unter großem Druck bewältigen kann. Eben automatisiert. Wenn Stress auftritt, weil zum Beispiel Rauch in der Kabine ist, sollten die beiden Piloten nicht aufspringen und verzweifelt schreien, sondern der eine sollte sich aufs Fliegen und der andere auf die Checkliste konzentrieren. Dort werden verschiedene Punkte angeführt, die der Pilot ruhig durchgehen und überprüfen muss. Daher ist Kommunikation wichtig, und Piloten sollten Kommunikationsprofis sein. Und noch eines: „Ein Cockpit ist eine Kommandozentrale, da herrscht keine Demokratie."

Robert Lohr, Deutschland

Schauspieler, Darsteller des Hubschrauber- und Rettungspiloten Michael Dörfler in der ZDF-Serie „Die Bergwacht"

Robert Lohr hatte keine Gelegenheit, sich auf die Rolle des Piloten Michael Dörfler vorzubereiten: „Ich wusste nur, dass es um einen Rettungspiloten geht, der in den Bergen arbeitet, und weil ich selbst in den Bergen groß geworden bin und aus einer Schifahrerfamilie komme, war mein erster Gedanke, als ich das Angebot bekam, dass diese Rolle nur gut für mich sein kann", erzählt der Schauspieler schmunzelnd. Ihm war sofort klar, dass er die Details vor Ort und in Ruhe am Set mit dem Team und mit seinen Trainern, den Fluglehrern, würde klären können.
Sein erster Drehtag vor rund drei Jahren war letzten Endes wie eine Fahrstunde, denn er musste eigentlich nur aus dem Hubschrauber aussteigen. Für den Schauspieler ist es gar nicht so wichtig zu wissen, was ein Pilot im Kopf hat, sondern vielmehr, „aus dem Hubschrauber so auszusteigen, dass – und das war immer mein Ehrgeiz – auch ein Pilot mir nicht ansieht, dass ich kein Pilot bin. Denn man muss beim Aussteigen wirklich eine gewisse Reihenfolge beachten, sonst haut man sich die Füße und den Kopf an oder bleibt gar am Stick hängen. Und das sieht dann eher nach Woody Allen

„Ich freue mich jedes Mal, wenn ich in den Hubschrauber steigen darf": Robert Lohr

aus oder nach Buster Keaton, aber nicht nach einem Profi-Piloten. Meine erste Frage an meinen Fluglehrer lautete daher: ‚In welcher Reihenfolge machst du was zuerst?' Also erst den Gurt abschnallen, dann den Helm runter und dann bewegt man die Beine über den Stick. Und das habe ich dann zwei, drei Mal geübt, bis ich aus dem Hubschrauber aussteigen konnte wie einer, der das schon hundertmal gemacht hat."

Interessanterweise haben ihn Journalisten immer gefragt, wie er die Rolle des Piloten anlege und ob er einen coolen Piloten spielt, weil sie der Meinung waren, er sei genau die richtige Besetzung für den Michael Dörfler. Was auch immer das Besondere an ihm sein mag, Robert Lohr hat immer viel Sport gemacht, wie die meisten Piloten, und er ist technisch interessiert. Das ist eine ganz gute Grundlage für die glaubwürdige Darstellung eines Rettungspiloten. „Was beim Schauspieler dazukommt, ist die Kluft, also der rote Overall, der Helm und die Pilotenbrille, da muss man dann gar nicht mehr so viel machen, um diese gewisse coole Ausstrahlung zu haben."

Man sagt, Piloten hatten früher das Image der Helden und haben heute immer noch eine gewisse Arroganz. Lohr widerspricht und meint, durch seinen Vater kenne er viele Piloten und findet nicht, dass sie arrogant seien. Außer man meint die Koketterie, die dann aufkommt, wenn einer behauptet, Pilot zu sein sei ein ganz normaler Beruf. Am Set für die Serie hatte Lohr oftmals nette Begegnungen, denn schließlich lief er im Overall herum. „Das macht einen viel schlankeren Fuß, als wenn ich einen Polizisten oder einen Pathologen mimen würde."

Auf die Frage, was er von seinem Fluglehrer und Double Robert Schornsteiner lernen konnte, antwortet er: „Eigentlich alles. Der echte Pilot ist natürlich immer bereit mir zu helfen, und es entsteht von selbst eine angenehme Atmosphäre, denn für die Piloten ist das Drehen eine nette Abwechslung zu ihrem Job. Und auch für mich ist es eine Abwechslung, wenn man an so einem Ort wie der Ramsau dreht. Alles ist viel offener, nicht so wie beispielsweise in Berlin, wo ganze Straßenzüge abgesperrt werden müssen und man von seiner Umgebung eigentlich gar nichts mitbekommt. Ich durfte ab und zu auch selbst fliegen, so etwa zwei Minuten lang. Hinter mir hörte ich dann meinen Kollegen zum Fluglehrer sagen: ‚Flieg wieder du, uns wird schön langsam schlecht.'"

In einer Szene aus der *Bergwacht* fliegt der Hubschrauber über eine Bergspitze und taucht dann kopfüber ab. „Ja, das war ein recht spektakulärer Sturzflug", schildert Lohr. Da musste er auch spielen bei dieser Sequenz. „Ich muss dazu sagen, ich bin der Einzige im ganzen *Bergwacht*-Team, dem nie auch nur ansatzweise schlecht wird. Linienpiloten, die ich kenne, finden das Schweben des Hubschraubers derart komisch, dass ihnen oft unwohl wird. Ich habe das überhaupt nicht. Ich freue mich jedes Mal, wenn ich in den Hubschrauber steigen darf, um zu fliegen."

Robert Lohr hatte sogar kurz einmal überlegt, den Hubschrauberschein zu machen. Damals hatte er sich schon erkundigt, was das kosten würde, und wollte wissen, ob es der Produktion etwas bringen würde, wenn er selber fliegen könnte. Aber dann ist er zu dem Schluss gekommen, dass das, was er derzeit macht, eigentlich viel toller ist. Denn er verdient hier sein Geld mit Schauspielerei und darf ab und zu auch einmal selber an den Stick ran, wenn sein Fluglehrer neben ihm sitzt. Und der Pilotenschein hätte nur dann Sinn, wenn er damit sein Geld verdienen könnte. Also bleibt er lieber bei seinen Leisten.

Alle Szenen beim Fliegen werden original aufgenommen. Das Schwierigste dabei ist eigentlich, dass er nicht wirklich fliegt, sondern einer seiner Fluglehrer, die neben ihm sitzen. Also wird er von schräg hinten gefilmt. Die Kamera befindet sich tatsächlich im hinteren Teil des Hubschraubers, wobei er sich immer ein wenig verrenken und schräg nach hinten spielen muss. Dabei hat er einen Helm auf, weshalb man eigentlich nur sein Profil oder seine Nase sieht. Das ist für einen Schauspieler natürlich nicht sehr ergiebig. Und dazu kommt auch noch, dass er nie einen Gegenpart neben sich sitzen hat. Das bedeutet, dass er die Szenen, die er zu spielen hat, ohne Partner spricht. Denn die Besatzung im Hubschrauber besteht aus dem Fluglehrer, dem Kameramann, dem Tonmeister und ihm. Lohr: „Ich spreche dann also mit dem Fluglehrer und blicke in seine Augen. Nach der ersten Staffel fragte ich Robert Schornsteiner, wie es denn für ihn aussah, denn wir hatten von Anfang an vereinbart, dass meine Hände richtig liegen sollen, um realistisch zu wirken. Das Verrückte an der Schauspielerei ist, ich muss oft gar nicht so viel wissen, mich aber so verhalten, dass es aussieht, als ob es echt wäre. Eigentlich ist das Ganze wie ein Kinderfasching. Man sieht aus wie ein Indianer und versucht, sich zu verhalten wie ein Indianer. Das ist eigentlich die große Herausforderung."

Es gab schon auch Szenen in der *Bergwacht,* in denen Robert Lohr merkte, dass er sich durch das Training mit den Fluglehrern Wissen angeeignet hatte. Da stand etwa im Drehbuch, dass der Pilot für ein schwieriges Manöver die Tür des Helikopters aufmacht und ihn von oben fallende Steine erfassen würden. Lohr wusste, dass es absolut unmöglich ist, im Hubschrauber die Fahrertür aufzumachen, und dass diese Szene völlig unsinnig war, ja, die Szene kam ihm vor, wie das Einparken mit einem Auto. Nachdem er den Produzenten darüber informiert hatte, dass man das so nicht drehen könne, sprach sich das Team mit den Fluglehrern ab, und die Szene wurde geändert. Am Drehort muss er hochkonzentriert sein, weil jeder Versprecher Geld kostet, und da beschäftigt er sich mit der Fliegerei dann nicht mehr so intensiv. Und nach drei Jahren *Bergwacht* hat er seine Hände da liegen, wo sie hingehören.

Was bei Piloten anders sei als bei allen anderen Jobs? „Der Pilot hat ein unglaublich geiles Image. Dazu gibt es einen guten Witz: Treffen sich zwei Mäuse, sagt die eine: ‚Stell dir vor, ich habe mich verliebt. Ich habe einen Freund.' Sagt die andere. ‚Echt? Was ist das für ein Typ?' Sagt die eine: ‚Es ist 'ne Fledermaus.' Sagt die andere: ‚Was Fledermäuse? Die sind doch so hässlich.' Darauf antwortet die erste Maus: ‚Ist doch egal, Hauptsache ein Pilot.' Ich finde, das sagt über das Image dieses Berufs wirklich alles aus."

Auf der Homepage seiner Künstleragentur hat Robert Lohr einen Link zu Videos seiner Filme. Zunächst war er sich nicht sicher, ob er die *Bergwacht* auch draufstellen möchte. Doch er war erstaunt, als diese kurze Sequenz fertig war, denn in der *Bergwacht* verkörpert er das ganz bestimmte coole, toughe Image der Piloten. Dass aber zu einem Schauspieler, der einen Piloten spielt, viele Mädels und Groupies aufs Set kommen, ist ein Mythos, jedenfalls hat Robert Lohr das in der Ramsau so nicht erlebt. Wobei er nie

ein Problem hatte, eine Frau kennen zu lernen. Aber diesen Groupie-Mythos kann er nicht bestätigen.
Die Rettungs-Crews beim ÖAMTC haben ein unglaublich hohes Ansehen, sowohl Flugretter als auch Ärzte und Piloten. Diese Menschen retten Leben, deshalb stimmt er mit seinen Fluglehrern nicht überein, wenn sie behaupten, ein Rettungspilot sei etwas Alltägliches. Das sehen die Piloten so, denn für sie ist es normal, dass sie Piloten sind. Aber wenn der Regisseur sich mit den Piloten abspricht, merkt Robert Lohr sofort, welche Autorität sie ausstrahlen. Ob Piloten demnach privilegierte Menschen sind? „Das kann ich so nicht sagen. Sie haben auf jeden Fall eine Sonderstellung. Diese Sonderstellung ist für mich begründet, weil die Verantwortung für Menschenleben, teures Gerät und Logistik so groß ist."
Fliegen ist für Robert Lohr die außergewöhnlichste Art und Weise für den Menschen sich fortzubewegen. „Das sagt doch schon alles, oder?", meint der Schauspieler. Seinen ersten Hubschrauberflug machte er mit 17 Jahren in einer alten Militärmaschine, da ein Vater eines Freundes Militärpilot war. Ihm hat die Kraft der Motoren sehr imponiert, so etwas fasziniert Männer einfach. Das fasziniert Robert Lohr auch als Schauspieler in der Serie *Die Bergwacht*.

Jerzy Makula, Polen

Segelkunstflugweltmeister,
Linienpilot bei der Polskie Linie Lotnicze LOT S.A. (LOT Polish Airlines)

Als Kind beobachtete Jerzy Makula leidenschaftlich gern Vögel. Das führte ihn zum Modellflugzeugbau, an dem ihm vor allem die technischen Aspekte gefielen. Irgendwann nahm er mit einem seiner Modelle an einem Wettbewerb teil und gewann den ersten Preis: einen Flug in einem Flugzeug. Als er aus dem Flugzeug ausstieg, wusste er, dass seine Zukunft das Fliegen sein würde. Er teilte diese Leidenschaft mit seinem Onkel Edward, einem hervorragenden Segelflieger und Ingenieur, der 1963 an den Weltmeisterschaften in Junin in Argentinien teilnahm und gewann. Der Wettkampf wurde im Fernsehen übertragen, und Makula verfolgte alles mit großer Neugier: „Segelfliegen gibt dir ein Gefühl von Freiheit, und eine Landung mitten in der Natur gibt dem Ganzen eine abenteuerliche Note. So flog ich 1969 zum ersten Mal mit einem Segelflugzeug. Schwerkraft, Sonne, Winde, Wolken – das alles sind Faktoren, die Auswirkungen auf jeden Flug haben. Anstatt passiv die Landschaft zu genießen, muss man beim Segelfliegen aktiv auf all jene Hinweise achten, die der Zug der Vögel und Wolkenformationen geben können. Deshalb respektieren Segelflieger die Natur, weil sie ihm dazu verhilft, so lange wie nur irgend möglich in der Luft zu bleiben."

Nach einer erfolgreichen Karriere als Segelflieger bewarb sich Makula 1979 als Pilot bei der LOT Polish Airlines und wurde als Antonow-AN-24-Pilot sowohl auf Inlands- und als auch auf internationalen Kurzstrecken eingesetzt. Derzeit fliegt er eine Boeing B767 auf Langstreckenflügen, wobei er hofft, im nächsten Jahr auf den Boeing B787 Dreamliner umzusteigen. Nebenbei bemerkt ist LOT der erste europäische Kunde, der den Boeing B787 Dreamliner in Dienst stellt.

Im November 1982 hatte er ein dramatisches Erlebnis. Damals war Polen noch im Kriegszustand, und infolgedessen gab es zahlreiche Einschränkungen in der Luftfahrtindustrie ebenso wie bei den Fluggesellschaften, weshalb viele seiner Kollegen entlassen wurden, und auch er wurde für ein Jahr arbeitslos. Nachdem er wieder eingestellt wurde, flog er seine erste Flugroute von Warschau nach Breslau, als sein Flugzeug auf dem Rückflug entführt wurde. Einer der Entführer stürmte das Cockpit mit einer Granate und einem Revolver in den Händen und forderte eine Routenänderung. „Er zwang uns, anstatt Warschau den westdeutschen Flughafen Berlin-Tempelhof anzufliegen. Während unseres Fluges versuchten das polnische, das russische sowie das deutsche Militär, uns auf kommunistischem Boden zur Landung zu zwingen. Als ich mich dem Flughafen Tempelhof näherte, forderte der Entführer eine Garantie, dass wir tatsächlich den richtigen Flughafen anflogen. Ich sagte ihm, er solle aus dem Fenster schauen und sich die Fahrzeuge genauer ansehen – würde er westliche Autos sehen, würde er wissen, dass er nicht mehr in Osteuropa ist. Die Situation schien sich zu beruhigen, doch gleich nach der Landung gab es eine Schießerei mit dem zweiten Entführer. Unser Mechaniker wurde von dem Entführer angeschossen, als er durch den Frachtraum fliehen wollte. Das war dra-

„Als mein Flugzeug entführt wurde, wollten mich die russischen Militärs zur Landung auf kommunistischem Boden zwingen“: Jerzy Makula

matisch. Glücklicherweise handelte es sich um die letzte Entführung eines Flugzeugs der LOT Polish Airlines.“

Bei einer Entführung gibt es Vorschriften, die jeder Pilot und jede Fluggesellschaft befolgen müssen. In jedem Fall müssen sie den Kontakt mit den Entführern aufrechterhalten und ihren Forderungen nachgeben. Natürlich unterscheiden sich die Vorschriften auf dem Boden von jenen in der Luft, und seit 9/11 sind sie strenger geworden. Heute gibt es keine Situationen mehr wie diese. Alle Fluggesellschaften müssen gewisse Standards beachten, und Piloten erhalten während ihrer Simulatorsitzungen eine spezielle Ausbildung mit dem Schwerpunkt Risiken und Terroranschläge, wo sie verschiedene mögliche sowie reale Szenarien trainieren. Die Kommunikation zwischen Flugbegleiter, dem Cockpit und dem Tower ist durch die sogenannten *Standard Operation Procedures* (SOP), die von Airline zu Airline unterschiedlich sind, gewährleistet. Auch sind Ordnung und Sicherheit an Bord besonders wichtig. Lingua franca ist die englische

Sprache mit speziellen Codes, und auch die Kommunikation zwischen dem Tower und dem Piloten ist standardisiert, da dies für eine klare Kommunikation unerlässlich ist. Ordnung und Sicherheit, die englische Sprache und eine einheitliche Struktur sind besonders wichtig, um eine problemlose Kommunikation zu ermöglichen.
Jerzy Makula hat vier Söhne, von denen drei Piloten sind und auf die er sehr stolz ist. Seine Frau war Flugbegleiterin und ist heute mit der Familie rund um die Uhr beschäftigt. „Ich würde sagen, dass wir bis jetzt ein harmonisches Familienleben geführt haben, obwohl die Belastungen, die meine unregelmäßige Arbeitszeit und häufige Abwesenheit mit sich brachten, zunächst groß waren. Da ich immer noch an Segelflieger-Meisterschaften teilnehme, bin ich noch mehr unterwegs als gewöhnlich. Aber vielleicht ist gerade das die Grundlage unseres Glücks."

Akky Mansikka, Kanada

Privatpilotin, Präsidentin der Ninety-Nines, Sektion in Toronto

Akky Mansikka entschloss sich Pilotin zu werden, als man ihr die Diagnose Brustkrebs stellte: „Ich dachte, da ich ja sowieso sterben würde, hatte ich nichts mehr zu verlieren, und hoffte, vor meinem Tod einmal ein Flugzeug starten und landen zu können", sagt die Gesundete lachend.
Akky war eine ganz gewöhnliche Hausfrau. Als ihre jüngste Tochter wieder ganztags zur Schule ging, begann sie – anfangs nur halbtags – als Lehrerin zu arbeiten, doch ihr Leben war nicht erfüllt, obwohl es von außen gesehen so aussah, denn sie hatte ein schönes Haus, einen netten Ehemann und wunderbare Kinder. Was wollte sie mehr?
Karrierepläne hatte sie nicht gemacht, sie wollte nur eine gute Mutter sein. Als sie begann, fliegen zu lernen, ging es ihr hauptsächlich darum, selbständig abzuheben und zu landen: „Mein erster Alleinflug war berauschend, furchteinflößend und eindrucksvoll zugleich. Nur ein Kind zu gebären war vielleicht noch überwältigender", meint sie heute. Glücklicherweise bekam sie ein Stipendium vom Unternehmen ihres Mannes,

um ihre Privatpilotenlizenz abschließen zu können. Dann kam ein Nacht- sowie ein Instrumenten-Rating und schließlich das Linienpiloten-Rating dazu. Sie war mittlerweile Mitglied der Ninety-Nines und erhielt ein Amelia-Earhart-Stipendium für ihr Fluglehrer-Rating. „Alles kam, wie es kommen sollte", freut sie sich.

Als junges Mädchen in Holland sah Akky Mansikka am anderen Ende eines Kanals hinter dem Elternhaus eine Militärbasis. Immer wieder kam es vor, dass ein Flugzeug es nicht bis zur Militärbasis schaffte und in die Felder hinter dem Haus stürzte. Von ihrem Vater hörte sie die Geschichten über Piloten während des Ersten Weltkriegs, und sie hatte immer gedacht, Piloten seien brave junge Männer, die ihr Leben für den Krieg gaben und außerdem über Leben und Tod entschieden. Es wäre ihr damals nicht im Traum eingefallen, dass es auch weibliche Piloten gab. Oft waren ihre Fluglehrer junge Männer, doch mutige Entscheidungen über Leben oder Tod waren nicht Teil ihrer Ausbildung. Und zwar deswegen, weil es so wenige Unfälle gibt und Flugzeuge nun einmal sicher sind. Und außerdem, weil man meist Notfälle übt. „Piloten sind wie jedermann: Sie sind jung, sie sind alt, es gibt Männer oder Frauen, kurz, es handelt sich um Menschen wie du und ich, die eben fliegen", meint Akky Mansikka.

Sie fliegt heute eine kleine Cessna 172s für das kanadische Umweltministerium zur Beobachtung von Umweltbelangen. „Ich liebe meine Arbeit. Ich verbringe viel Zeit mit Planung, Wetterbeobachtung und mit der Luftfahrt, und ich glaube, dass Piloten für Frachtflüge mehr Regeln beachten müssen als ich. Vielleicht ist deren Tätigkeit ja etwas langweiliger, aber bestimmt sicherer als meine."

Als Mitglied des Buttonville Flying Club fliegt Akky oft von Toronto auf die Bahamas: „Welch ein großer Unterschied zum kalten Wetter in Kanada!" Der Klub besteht vor allem aus Privatpiloten mit kleinen Flugzeugen. Um mit diesen Maschinen auf die Bahamas zu gelangen, dauern die Flüge einige Tage, und die Piloten nehmen sich etwa eine Woche Zeit, um von Insel zu Insel und wieder zurück zu fliegen.

Eines Tages flog Akky mit einer Kopilotin, die ebenfalls Mitglied bei den Ninety-Nines war, in ihrer Cessna mit: „Wir flogen von den Bahamas zurück nach Toronto und waren gerade über Pennsylvania, als die Wolken dichter und finsterer und die Berge unter uns immer höher wurden. Die Temperatur lag knapp unter dem Gefrierpunkt. Ein Mitglied aus unserer

„Nur ein Kind zur Welt zu bringen ist überwältigender": Akki Mansikka

Fliegergruppe hatte glücklicherweise ein Bodenwarnsystem, ein anderes Mitglied flog bereits über den Wolken. Der Tower bekam Informationen von anderen Piloten, dass die Wolkendecke seichter wurde. Wir entschlossen uns, ebenfalls über die Wolkendecke zu fliegen. Ich begann mit dem Steigflug. Binnen weniger Minuten waren wir mitten in den Wolken, als die Windschutzscheibe vereiste. Meine Kopilotin übernahm das Cockpit, da sie noch ein wenig durch die Windschutzscheibe sehen konnte. Ich kommunizierte unsere Situation dem Tower. Unsere Maschine kam aus der Wolkendecke nicht mehr heraus, obwohl das Flugzeug aufwärts zu steigen schien. Der Flieger war mittlerweile völlig mit Eis bedeckt – auch an den Flügeln. Ich dachte schon, dass wir uns dem Schicksal ergeben sollten, doch wir flogen weiter. Wir erhielten eine Landeerlaubnis beim nächsten Flughafen, flogen aus dem Wolkenschild und landeten. Erst als wir aus dem Flugzeug stiegen, bemerkten wir das viele Eis auf den Tragflächen und dem Flugzeugkörper." Freilich seien die beiden Damen froh gewesen, dass alles so glimpflich ausging.

Akky Mansikkas schönste Erfahrung war es, auf die Bahamas zu fliegen und über dem blaugrünen Wasser zu gleiten. „Man kann bis zum Grund sehen und Fische beobachten und eine Insel ist schöner als die andere!", schwärmt sie von ihren Erlebnissen.

Ein Pilot sollte mit der Unbeständigkeit und Unvorhersehbarkeit des Wetters umgehen können, sagt die Pilotin. Unsicherheiten beim Fliegen betreffen meist die Wettersituation. Flüge werden deshalb oft gestrichen, denn entweder gibt es zu viel Wind, wenig oder eingeschränkte Sicht. Fliegen bedeutet für Akky Mansikka, dass sie etwas ganz Wundervolles machen darf, ein Privileg, das nur wenige haben. Als sie das erste Mal am Flugfeld mit ihrem Flieger stand und auf den Start wartete, war es, als ob sie die ganze Welt zu ihren Füßen liegen hätte. Wenn Mansikka in der Luft ist, dann kann kein Problem mehr so groß sein wie der Himmel und die Erde darunter, meint sie und gibt zu, selbst ein ängstlicher Fluggast zu sein: „Ich bin zwar an Feiertagen mit meiner Familie weggeflogen, doch mir wurde immer schlecht im Flugzeug. Dann bekam ich Krebs und dachte, ich würde sterben. Doch als mein Psychologe mich fragte, warum ich derartige Angst vorm Sterben hätte, wurde ich wütend wegen einer solch dummen Frage, bis ich begriff, was mich am Tod so erschreckte: Ich habe nicht gelernt zu leben, das war's! Als ich fliegen lernte, verlor ich die Angst davor. Ich sah, wie wichtig das Flugtraining und alle Sicherheitsabläufe waren." Die Pilotin schätzt das Streben nach Perfektion und auch die Geschicklichkeit, die man zum Fliegen benötigt. „Ich liebe es zu schweben oder Orte aus einem anderen Blickwinkel zu entdecken. Wann immer ich ins Ausland muss, versuche ich, möglichst selbst hinzufliegen. Fliegen eröffnet einem Menschen die Welt", sagt Akky Mansikka.

Matthew Mattson, USA

Kapitän, Airlift Pilot bei der US Air Force, Ramstein Air Base in Deutschland

Matthew Mattson wollte als Kind Astronaut werden und las fleißig Astronautenbiografien, um zu erfahren, wie seine Idole ihren Beruf ergriffen haben. Die meisten unter ihnen waren bei der Navy oder bei der US Air Force Piloten gewesen. Da er das Wasser nicht unbedingt mochte, entschied er, sich bei der US-Air-Force-Akademie in Colorado zu bewerben, und wurde im Jahr 2002 aufgenommen. Er studierte acht Semester und schloss mit einem Bachelor of Science in Electrical Engineering ab.

Anschließend absolvierte er sein Pilotentraining. Dabei flog er die T-6A Texan II, das erste Flugzeug, das die Neulinge bei der US Air Force fliegen dürfen. In der Hälfte seiner Ausbildungszeit wechselte er das Flugzeug und flog fortan eine T-1A Jayhawk, um mehr Erfahrung beim Transportfliegen zu bekommen. Nach einem intensiven Pilotentraining zog er im Jahr 2008 nach Deutschland auf den Ramstein Air Base, dem größten US-Air-Force-Stützpunkz außerhalb der USA. Dort fliegt er heute noch eine C-21A. „Wir transportieren Passagiere, leichte Fracht und Patienten. In den drei Jahren, die ich in Deutschland arbeite, durfte ich auch ein Jahr lang die MC-12W fliegen. Es handelt sich um eine Turbopropeller-Maschine, einen modifizierten Beechcraft King Air 350ER. Ich bin eine ganze Serie von Business Jets geflogen und liebe sie alle. Drei dieser Flugzeuge sind recht klein, und jedes davon kann nur bis zu zehn Personen transportieren."

Heute ist Mattson Pilot mit Leib und Seele. Seine ursprüngliche Motivation, Pilot zu werden, entstand aus einer gewissen Neugier. Er wollte wissen, wie ein Flugzeug funktioniert. „Unser Image ist das der Kampfpiloten, der coolen Typen und Teufelskerle. Ich bin ein Transportpilot und habe bei der Ausbildung in der US Air Force entdeckt, dass es einen kulturellen Unterschied zwischen uns und den Kampfpiloten gibt. Die Kampfpiloten sind in ihrem Flieger allein, während der Transportpilot mit einem Kopiloten fliegt. Kampf- und Bomberpiloten trainieren beide Missionen, die sie im wahren Leben nie so ausführen würden. Ich habe bewusst die Ausbildung zum Transportpiloten gewählt, weil ich einfach meinen täglichen Lufteinsatz mag. Es ist ein Spaß für uns, Kunstflug und Kurven zu fliegen." Als Transportflieger ist es sein Ziel, überall auf dieser Welt so sicher wie möglich seine Fracht abzuliefern. Im Grunde genommen agiert er ähnlich den Linienpiloten. Er fliegt zwei bis drei Tage die Woche, den Rest der Woche macht er Bürodienst.

Ein guter Pilot und ein guter Kopilot sollten neben Teamgeist und Verlässlichkeit auch ein bisschen Humor besitzen, der besonders auf langen Strecken von Vorteil ist, sagt Matthew Mattson. Am Boden sollte sich der Kopilot darum kümmern, die Fracht ins Flugzeug zu bringen, das Flugzeug zu tanken, Wetter- und Fluginformationen zu bekommen, während der Kapitän die gesamte Mission betreut. Er muss Informationen über die Flugstrecke sammeln und wissen, wie man die Passagiere oder die Fracht befördern wird. Sobald das Flugzeug fliegt, arbeiten Kapitän und Kopilot im Team: „Wir machen niemals etwas, ohne es miteinander abgesprochen zu haben. Das ist eigentlich genauso wie in der Zivilluftfahrt. Wobei der Kopilot immer an das Flugzeug denken sollte und der Kapitän an die Mission."

„Überall in der Welt herumzukommen und dafür auch noch bezahlt zu werden, ist einfach wunderbar": Matthew Mattson

Natürlich hat Matthew Mattson im Cockpit so einiges erlebt. So kam es vor, dass das Warnlicht nach einem Start in einem Kampfgebiet blinkte und er nicht nur damit zu tun hatte, das Flugzeug sicher zu fliegen, sondern auch für die Passagiere an Bord verantwortlich war. An diesem Tag war er nicht der Kapitän, aber der Kollege, der diese Rolle inne hatte, war neu im Job, und so steuerte Mattson den Notfall und diktierte, was zu tun war. Er schaffte es schließlich sicher zu landen. Wie geht Mattson mit Stress um? „Sie werden jetzt lachen, aber beim Pilotentraining habe ich gelernt, in Stresssituationen einfach mit den Zehen zu wackeln – und das funktioniert."
Mattsons Aufgabengebiet umfasst sowohl den Transport von Militärs, als auch jenen von VIPs sowie Krankentransporte. Für Letztere gibt es eine Crew, die jederzeit flugbereit ist. Einer der emotionellsten Flüge war für Mattson der Transport eines dreijährigen Buben aus Mazedonien, der sich mit kochendem Wasser verbrüht und 80 Prozent seines kleinen Körpers verbrannt hatte. „In Landstuhl befindet sich ein Militärspital, das in derartigen Notfällen helfen kann. Die Crew und ich wurden am Nachmittag gerufen und sollten in der Nacht nach Deutschland fliegen. Der Vater des Jungen musste unterschreiben, dass das Kind allein fliegen durfte. Nach einer Stunde überließ uns der Vater sein Kind, und flog selbst mit einem Linienflug nach Deutschland. Zum Glück schlief das Kind fast die ganze Strecke. Es kam ins Spital und wurde erfolgreich behandelt." Für den Vater muss es eine Überwindung gewesen sein, das kranke Kind allein fliegen zu lassen, meint Mattson und freut sich, wirklich helfen zu können.
„Ich liebe es zu fliegen. Wirklich! Dieses Gefühl der totalen Kontrolle über eine komplexe und kräftige Maschine und die Welt von einer gänzlich an-

deren Perspektive zu sehen, lässt den täglichen Papierkram im Büroalltag vergessen", schildert Matthew Mattson seine Motivation. Ein Pilot sollte immer ein bisschen Angst ins Cockpit mitnehmen, denn das lässt ihn schneller reagieren. Extreme Flugangst ist da natürlich fehl am Platz. Ohne dieses kleine bisschen Adrenalin verliert ein Pilot den Respekt vor dem Fliegen und wird unkonzentriert. Zu reisen, dabei die Welt zu sehen und dafür auch noch bezahlt zu werden, hält er für eine besonders glückliche Konstellation. Mattsons wahres Ziel sei es, meint er verschmitzt, „so wie bei jedem anderen Menschen auch, am Monatsende seinen Gehaltszettel zu bekommen und auch ein bisschen Spaß an der Arbeit zu haben".

René Meier, Schweiz

Oberst a. D. der Schweizer Luftwaffe, Privatpilot

Um es gleich vorwegzunehmen: Der Traum vom Berufspiloten mit einer zivilen oder militärischen Karriere erfüllte sich für René Meier nicht, wohl aber der des Privatpiloten. Aber der seit dem zwölften Lebensjahr präsente Entschluss, fliegen zu wollen, blieb unter etwas anderen Vorzeichen bestehen. Meier arbeitete in unterschiedlichen Funktionen in den Bodenorganisationen des Luftverkehrs und der militärischen Luftfahrt. Bereits in jungen Jahren waren *Ground Operations* für ihn faszinierend, und er begann sein Arbeitsleben bei Swiss Air. Von 1966 bis 1970 erhielt er eine militärische Ausbildung und wurde schließlich selbst Ausbildner im Grad eines Oberst. Zuletzt war er in der Funktion des Ausbildungsverantwortlichen für die *Ground Operations* der Schweizer Luftwaffe tätig und parallel mit Aufgaben in den Bereichen der Einführung des F/A-18C/D Hornet, danach des Eurocopter AS532 UL Cougar und aller Spezialfahrzeuge der Luftwaffe – „glücklicherweise nacheinander, nicht alle zugleich!", lacht er. René Meier hatte das Glück, in seinem Leben viele interessante Aufgaben anvertraut zu bekommen. Etwas ganz Besonderes war es, als Koordinator der Luftwaffe für den Film *Die Schweizer Luftwaffe – das Mandat* in den Jahren 2003 und 2004 zu arbeiten. Das war eine völlig neue Herausforderung und Höhepunkt am Ende der Karriere, denn kurz nach der Premiere des Films ging Meier mit 58 in den Ruhestand. Dann übernahm er die Funktion des Leiters des zivilen Flugplatzes in Grenchen, denn er wollte den *Ground Operations* treu bleiben. Das gelang ihm nicht so recht, zu groß waren die Unterschiede zwischen ziviler und militärischer Organisation. Nach zweieinhalb Jahren schied er aus, da er ein gesundheitliches Problem hatte. Seit zwei Jahren geht es ihm nun wieder gut. Er fliegt wieder, macht gerade die Ausbildung für den Instrumentenflug, ist mit Piper Arrow, Turbo Arrow und Saratoga auch international unterwegs und freut sich über jeden korrekt umgesetzten Ausbildungsschritt, auch wenn er etwas länger dafür braucht als jüngere Menschen.

„Ich möchte nicht herumfliegen, sondern mit einem sinnvollen Auftrag mit dem Flugzeug ans Ziel kommen. Das war beruflich nicht möglich, so hole ich das, in bescheidenerem Rahmen, aber konsequent, heute nach." Bei dieser Ausbildung habe er gelernt, dass die Simulatoren möglichst genau mit dem Flugzeug, das er fliegt, übereinstimmen sollten, um den bestmöglichen Lerneffekt zu erzielen, insbesondere beim Training von Notsituationen.

In seinem Unruhestand arbeitet René Meier nun für den Aero-Club der Schweiz im Bereich internationale Geschäfte und für die Infrastruktur der Flugplätze sowie für Europe Air Sports als Programme Manager. Diese Funktion wiederum führte ihn zur European Aviation Safety Agency, der EASA, und zur SESAR JU, „was ausgeschrieben zum Begriffsungeheuer Single European Sky Air Traffic Management Research Joint Undertaking wird", erklärt Meier.

„Du musst nicht genauer fliegen wollen, als man kann": René Meier

Obwohl er oftmals versucht ist, Menschen rasch zu beurteilen, denn das musste er als Schulkommandant einer Rekrutenschule, gibt er sich Mühe, nicht zu pauschalisieren. „Meistens gelingt es, nicht immer, dennoch glaube ich, dass es weder die typische Pilotin noch den typischen Piloten gibt, denn alle sind einzigartig, hochqualifiziert und sehr kompetent." Stellt er sich die Frage, was ihm die Aviatik gebracht hat, dann kann er das wie folgt zusammenfassen: Er hat sehr viele faszinierende Menschen kennen gelernt, ihm wurde das rasche Erfassen einer Lage beigebracht, er lernte, Entscheidungen rasch und effizient zu treffen, aber auch offen zu sein für nötige Anpassungen und Korrekturen. Auch Pünktlichkeit und Präzision sind wichtig, denn: „Ich kann ja schließlich nicht in einer Stadt leben, in der die momentan wohl bekanntesten Fliegeruhren hergestellt werden, und dann zu Terminen zu spät kommen." Er wird oft als stur beurteilt, nennt es selbst aber konsequent. In die gleiche Richtung geht wohl der Ausspruch, den ihm sein IFR-Fluglehrer kürzlich an den Kopf warf: „Du musst nicht genauer fliegen wollen, als man kann!" Aber schließlich kommt man nicht nur mit dem einen Flügel oder der Hälfte der Rotorblätter über den Berg, sondern eben nur mit dem gesamten Tragwerk.

Paul S. Moller, USA

Ingenieur, Unternehmer und Erfinder des SkyCar

Der SkyCar ist Paul Mollers Erfindung, und es war schwierig, diesen Fahrzeug-Typus zu entwickeln. Seine erste Inspiration hatte er, als er fünf oder sechs Jahre alt war. Damals ging sein Erfindergeist zunächst einmal mehr in die Richtung eines Kolibri: Er hatte den Wunsch, sich genauso wie dieser kleine Vogel zu bewegen. Er lebte zu dieser Zeit in einer abgelegenen Region Kanadas, wo man sich im Winter aus seinem Dorf nicht so leicht fortbewegen konnte. Für ihn wurde es aber immer wichtiger, mobil zu sein. Als er 15 war, entwarf er schließlich einen Hubschrauber und begann ihn auch zu konstruieren: „Mich haben Hubschrauber fasziniert, weil ich Senkrechtstart und -landung für die richtige Art des Fliegens halte." Also wollte

„Der SkyCar ist einfacher gebaut als ein Hubschrauber": Paul S. Moller

der Bauernsohn Hubschrauberpilot werden. Doch die Kosten für den Pilotenschein lagen weit über dem, was er sich damals leisten konnte. „Hubschrauberpilot zu werden, war ganz einfach nicht mein Schicksal. Ich weiß auch, dass ich das vermutlich nicht überlebt hätte, weil ein Hubschrauberpilot detailorientiert und vorsichtig sein muss." Moller aber ist als Unternehmer risikobereit, dennoch machte er seinen SkyCar viel sicherer als jeden Hubschrauber. „Im SkyCar haben wir acht Triebwerke und müssen viel Information in einer simplen Art und Weise zeigen. Eines der größten Probleme von Senkrechtstart und -landung ist die Gefahr beim Testflug, denn es gibt eine Art Todeszone, die bei knapp 25 bis 200 Fuß liegt. Wenn man in dieser Höhe einen Ausfall hat, überlebt man den Flug nicht." Doch schließlich flog Paul Moller den SkyCar selbst: „Das Gefühl, das erste Mal darin zu fliegen, ist ganz außergewöhnlich, denn man wird quasi von unten angehoben. Im Hubschrauber spürt man Vibrationen, im SkyCar hingegen gibt es keine Vibrationen und auch keine Geräusche, was einen ganz ungewöhnlichen Eindruck macht."
Als Moller noch an der Universität in Kalifornien unterrichtete, wollte er mit Studenten ein Flugzeug konstruieren: „Wir taten so, als ob wir Piloten auf einem Fahrrad wären, doch wir landeten beim ersten Testflug in einer Mauer. Im SkyCar verwenden wir keine Fußpedale, daher muss man sich nicht um Dinge kümmern, auf die ein normaler Pilot achtet, und alles ist viel natürlicher." Der SkyCar ist sehr leicht zu fliegen, derzeit geht es bei diesem Projekt im Grund genommen nur noch um den Sicherheitsfaktor. Als Paul Moller vor den internationalen Medien zum ersten Mal einen Testflug absolvierte, wusste er, dass ein Systemausfall zum Tod führen

kann. Daher bemühte er sich, den Flug möglichst rasch durchzuführen. An diesem Tag war er sehr ängstlich, denn er wusste, dass es sich um einen Risikoflug handelte.
Der SkyCar wuchs Stück für Stück, denn Moller lernte aus Missgeschicken und Erfolgen. Er hatte eine Wirtschaftsuniversität besucht, ein Masterstudium und schließlich ein Doktorat absolviert. Er lernte viel über die Luftfahrt vor allem durch ein geheimes Regierungsprojekt, an dem er mitarbeitete. Langsam aber sicher war er in der Lage den XM1, den XM2, und schließlich den XM3 zu bauen und auch Geld für seine Projekte aufzustellen, denn er arbeitete in der Immobilienbranche und erhielt einen Regierungsauftrag. Er gab an die 40 Millionen Dollar für einen Motor aus. Insgesamt waren es 100 Millionen Dollar. Jeden Dollar, den er einnahm, investierte er in sein Projekt. Zu seinen größten Visionen gehörte stets die Vorstellung, dass die Menschen eines Tages vor ihrem Haus einen SkyCar stehen haben anstatt eines Autos. Der kritische Punkt bei seiner Entwicklung ist die Fähigkeit, über Straßen zu Vertiports zu fliegen, um dort schließlich senkrecht zu landen.
Paul Moller sagt selbst, er sei vom Luftfahrtvirus infiziert: „Ich weiß, dass den Menschen der SkyCar und dessen simples Design gefällt. Er ist einfacher aufgebaut als ein Hubschrauber. Die Marktchancen sehe ich nicht in Europa, sondern mehr in China, Indonesien, Malaysien, Kanada, Südafrika, Australien und Russland, wo Bodentransporte schwieriger sind." Laut einer Studie des US-Flugzeugherstellers Boeing hat man herausgefunden, dass der SkyCar billiger zu produzieren wäre als ein Automobil.

Maria Anna Muller, Deutschland

Privatpilotin und Geschäftsführerin des Flughafens Rostock-Laage

Der Flughafen Rostock-Laage liegt im Norden Deutschlands, an der Ostseeküste. In der gesamten Bundesrepublik gibt es im Airportmanagement wenige Frauen, die Flughäfen leiten, und Maria Anna Muller ist die einzige Frau, die einen Regionalflughafen führt – und ist immer noch eine Exotin.

„Die ganze Fliegerei ist eine boys-toys-world," sagt Muller. „Männer haben das Fliegen erfunden, und irgendwie ist die ganze Branche eine Männerdomäne." Als sie noch in Frankfurt bei Canadian Airlines in der Operations-Abteilung den Piloten ihre Unterlagen über Flugrouten, Wetter, etc. aushändigte, wollten die mit ihr immer über Zusätze verhandeln. Sie sah die Herren dann immer an und dachte sich: „Was macht ihr euch so wichtig?" Deshalb hat sie sich bei der Flugschule in Egelsbach südlich vom Flughafen Frankfurt angemeldet. Man sagte ihr, sie müsse mit 10.000 D-Mark rechnen. Das Geld hatte sie nicht und von dem Gehalt, das sie bekam, konnte sie sich den Kurs nicht leisten. Sie hatte auch nichts gespart. Also ging sie zu ihrer Volksbank, hinterlegte ihre angesparte Lebensversicherung als Bürgschaft und erhielt schließlich den Kredit über 10.000 D-Mark. Dann machte sie ihren Flugschein und ging montags und freitags zum Theorieunterricht und an den Wochenenden zum Flugunterricht. Mittwochabend putzte sie bei einem Bankier und Samstagabend kellnerte sie in einer Weinkneipe. In der Zeit, in der sie den Flugschein machte, war sie einfach immer chronisch pleite. „So viel zum Thema, dass immer die reichen Leute den Flugschein haben. Es gab sicher immer auch solche, die genug Geld hatten, den Flugschein zu machen. Ich gehörte jedenfalls nicht dazu. Ich musste ihn regelrecht abstottern."

„Ich musste meinen Flugschein regelrecht abstottern": Maria Anna Muller

Das Fliegen hat ihr einfach gefallen. Sie konnte damals bei den Kanadiern auch sehr billige Flugtickets kaufen und flog oft nach Vancouver. Dort, in Fort Langley, sah sie sich eine Wasserflugbasis an und wollte unbedingt Wasserflugzeugfliegen lernen. Der dortige Besitzer empfahl ihr einen Fluglehrer und sagte ihr, es sei günstiger, in einer größeren Gruppe zu lernen. Also trommelte sie ein paar Leute in Deutschland zusammen und flog mit ihnen zu den Flugstunden nach Kanada. „Auf Fort Langley verbrachte ich die glücklichsten Tage meines Lebens", erzählt sie und erinnert sich daran, wie sie zu einem See flog, anlegte, das Flugzeug sicherte und baden ging. „Ich bin eine Abenteurerin", sagt Maria Anna Muller, „und ich muss auch immer Neues ausprobieren wie beispielsweise den Kilimandscharo erklimmen. Aber das Fliegen gibt einem Menschen Energie und Selbstbewusstsein. Beim Fliegen finde ich ganz entscheidend, dass man nicht tricksen kann, da muss man die Regeln befolgen und kann Probleme nicht wegreden. Dabei helfen mir im täglichen Leben Willensstärke und Durchhaltevermögen ."

Zoff zwischen Piloten habe sie miterlebt, Flugangst nicht. Maria Anna Muller weiß, dass es bei Berufspiloten bessere und schlechtere gibt, denn auch sie sind keine Übermenschen. Das Gefährliche am Fliegen sei die Selbstüberschätzung, sie aber sei eher eine vorsichtige Pilotin. Sie würde niemals losfliegen, wenn sie auf dem Radar sehe, dass Schlechtwetter kommt, denn das wäre sehr leichtfertig und hätte nichts mit Abenteuer zu tun, betont Muller. Unter Abenteuerlust verstehe sie, „zwei, drei flotte Maschinen mit netten Pilotenkumpels zu starten und einen schönen Ausflug über die englischen Kanalinseln, über die Alpen oder einen Trip nach Nordafrika zu machen".

Maria Anna Muller fliegt vor allem, um sich wohl zu fühlen. Schließlich bezahlt sie als Privatpilotin für jede Stunde und möchte nur zum Vergnügen fliegen und nur dann, wenn alles rundum passt.

Natürlich hatte sie, wie jeder Pilot, stressige Erlebnisse an Bord. Sie hat erlebt, dass der Motor zu stottern begann. Es stellte sich heraus, dass ihre Unerfahrenheit daran Schuld war, denn sie flog niedrig, und es war sehr heiß. Sie hatte das AV-Gas Gemisch im Flieger nicht der Hitze angepasst, und der Motor verschluckte sich aufgrund des zu fetten Gemischs. Sie musste auch schon bei schlechter Sicht von nur 1,5 Kilometern fliegen: „Ich wundere mich heute noch, dass man das wirklich ohne Instrumentenausbildung fliegen darf, denn 1,5 Kilometer Sicht ist nichts. Nach der Landung war ich erleichtert, denn in solchen Momenten spürt man einen Adrenalin-Schub. Man ist konzentriert und spürt den Stress und die Anspannung erst richtig, wenn alles vorbei ist."

Ein anderes Mal war sie kurz nach der Wende mit einem Kollegen unterwegs über die ehemalige DDR zur Insel Rügen, und man durfte nur 1000 Fuß hoch fliegen, das war die Vorschrift. Sie pilotierte von Funkfeuer zu Funkfeuer auf genau 1000 Fuß Höhe, und plötzlich kam ihr eine andere Maschine auf Kollisionskurs entgegen. Ihr Kollege flog, sie sah die Maschine und drückte schnell auf ihrer Seite das Ruder nach unten, als auch schon der andere Flieger an ihnen vorbeizischte. In ihrem Flieger geriet alles durcheinander, was nicht niet- und nagelfest war: „Mein Kollege und ich haben nichts gesagt. Wir haben uns beide nur angesehen und waren kreideweiß im Gesicht", erzählt Maria Anna Muller ihr Schockerlebnis. Und sie wünscht sich mehr Pilotinnen, und „dass man den Frauen noch mehr Wege in diesen Beruf ebnet".

Shannon Osborne, USA

Privatpilotin und Mitglied der Ninety-Nines

Shannon Osbornes Vater war Kapitän bei United Airlines, weshalb ihr die Faszination für die Fliegerei bereits in die Wiege gelegt wurde. Sie dachte damals, wenn sie fliegen lernen würde, könnte sie mehr Zeit mit ihrem Vater verbringen. Mit knapp 16 nahm sie deshalb Flugstunden, doch dann wurde sie schwanger und heiratete. „Bis 2004 konnte ich es mir absolut nicht leisten, Flugstunden zu nehmen, doch als ich später nach New York City zog, war ich in der glücklichen Lage, Geld zu besitzen und es auch ausgeben zu können." Da sie in der neuen Stadt kaum Freunde hatte, beschloss sie, sich der Fliegergilde wieder anzunähern. „Flugstunden sind leider auch in den USA enorm teuer, doch beim Fliegenlernen gewann ich in kürzester Zeit viele Freunde", erzählt Osborne strahlend. Sie wollte keinen Flieger mieten, deshalb kaufte sie eine Cessna 182.
Eines Tages flog sie mit einer Freundin in deren Cessna 177 nach Block Island, wo die beiden zum Essen eingeladen waren. Auf dem Rückweg schalteten sich plötzlich die Triebwerke aus. Es stellte sich heraus, dass die Maschine keinen Treibstoff mehr hatte: „Wir flogen etwas weniger als 100

„Den Flugzeugabsturz habe ich mit Hilfe der Ninety-Nines verarbeitet“:
Shannon Osborne

Knoten, und hatten starken Rückenwind. Als wir versuchten notzulanden, stürzte das Flugzeug in ein Gebäude der South Hackensack Post auf der Huyler Street. Meine Freundin starb bei diesem Absturz, ich hatte schwere Kopfverletzungen und wurde ins Krankenhaus gebracht.“

Dieses Unglück kostete Shannon ein Jahr Trauerarbeit, einerseits über den Tod der Freundin, andererseits besaß sie ja selbst ein Flugzeug und fragte sich, wie sie das Erlebnis je überwinden würde. „Doch ich bin ein Mensch, der alles beendet, was er anfängt, daher machte ich im November 2010 – sechs Jahre nach dem tragischen Unfall – meinen Flugschein. Es war schön, einen Freundeskreis, besonders die Pilotinnen der Ninety-Nines um mich herum zu haben, der mich zu diesem Schritt ermutigte.“ Shannon Osborne wurde von einer Fluglehrerin geraten, gegen Nervosität im Cockpit ein bisschen Lavendelöl unter ihre Nase zu reiben, und wenn sie Angst hatte, sollte sie einfach ruhig atmen. Sobald sie sich dieses Lavendelöl unter die Nase reibt, muss sie an die Flugstunden denken, und Shannon ist sicher, dass es ihr dann schon allein deshalb besser geht.

Den Flugzeugabsturz hat sie mittlerweile verarbeitet, und als sie während eines Fluges über den Central Park die *Gates Flags* bewundern konnte – eine Installation von Christo und seiner Frau Jeanne mit 7500 Säulen umhüllt mit safranorangen Vinyltüchern – wusste sie, dass alles richtig war.

Eric Parker, USA

Kapitän und Flugplaner bei der Gulfstream Aerospace Corporation

Eric Parker liebte es schon als Kind, den Flugzeugen beim Starten und Landen zuzusehen, und er beschloss daher, Pilot zu werden. Im Jahr 1990 machte er einen Schnupperflug. Danach begann er, Flugstunden zu nehmen. Er besuchte damals noch das College, arbeitete nebenbei als Kellner und verwendete seine gesamten Einkünfte, um seinen Privatpilotenschein zu finanzieren.
Nachdem Eric den Privatpilotenschein erworben hatte, wusste er, dass Fliegen für ihn Berufung zum Beruf sein könnte. Also machte er die Instrumentenflugberechtigung und beschloss, am Flughafen zu arbeiten, um noch mehr in die Nähe von Flugzeugen zu kommen. Er bekam den angepeilten Job am Flughafen recht rasch, konnte nebenher seine Flugstunden nehmen und das College besuchen. Am Flughafen lernte er viele Menschen kennen, die Flugzeuge besaßen, und durfte mit der Zeit auch ihre Flugzeuge gratis fliegen.
Er erwarb eine Berufspilotenlizenz mit 250 Flugstunden und machte eine Fluglehrerausbildung. Einige Jahre lang arbeitete Eric Parker als Fluglehrer. Dabei lernte er die Besitzer von Turbopropeller-Flugzeugen kennen und flog auch damit. Eines Tages lernte er einen Autohändler aus South Carolina kennen, der auch einen Jet besaß. Er hatte Parker lange beobachtet und fragte ihn: „Unser Kopilot hat gerade gekündigt. Würdest du für uns arbeiten wollen? Wenn ja, dann treffen wir uns auf meinem Boot."
Als Collegestudent und Fluglehrer verdiente Parker bloß 8000 US-Dollar im Jahr, also ging er zum Boot des Autohändlers, wo er seine Schuhe ausziehen musste, um es betreten zu dürfen. „Ich zögerte, denn ich hatte Löcher in den Socken. Doch schließlich verlief das Aufnahmegespräch gut, und ich fragte den Mann, ob er denn glaube, dass ich die Typenberechtigung für seinen Flieger bestehen würde. Der Mann antwortete: ‚Mein Sohn, ich zahle viel Geld für deine Berechtigung, ich hoffe, du bestehst.'"
Also ging Eric auf die Pilotenschule nach Wichita, Kansas. Acht Monate später kündigte der Chefpilot, und er bekam seinen Job. Er arbeitete zehn Jahre für den Autohändler und sammelte dabei viel Erfahrung.

Seit sieben Jahren arbeitet Eric Parker nun für Gulfstream. Er flog bereits eine Astra G100 und dann auch noch viele andere Typen darunter einen Diamond Jet, aber auch BeechJet, Hawker Jet, Citation II, Falcon 10 und eine G650. Als Vorführpilot stellt er auch die Assistenz bei Flügen. „Ich denke, ein guter Pilot muss Knüppel und Seitenruder sein und auch Eigeninitiative haben. Das bedeutet vor allem, dass er um Längen voraus denken muss, genauso wie beim Autofahren, und dass er jede Situation an Bord seines Flugzeugs meistern muss. Eine Kombination aus diesen Charaktereigenschaften ist das Beste."
Das Image der Piloten hat sich in den letzten hundert Jahren stark verändert, meint Parker. Es gibt viel mehr Automation im Flieger selbst, mehr Crew Resource Management und Luftfahrtbetriebe, die sich über ihre wirtschaftlichen Ergebnisse definieren. Andererseits kann ein Pilot heute lustige Dinge machen und zu tollen Orten auf dieser Welt fliegen, sagt der engagierte Pilot: „Für mich ist Fliegen immer noch etwas Außergewöhnliches, auch wenn ich es täglich tue. Es ist bereits zur Routine geworden, auch wenn wir Piloten es nicht zu einer Routine werden lassen dürfen."
Parker hatte eine ganze Reihe von Situationen beim Fliegen, die abenteuerlich genug waren. Doch der coolste Job, den er zehn Jahre lang ausübte,

„Fliegen ist bereits zur Routine geworden, auch wenn wir Piloten es nicht zu einer Routine werden lassen dürfen": Eric Parker

sah folgendermaßen aus: Einerseits ließ man ihn fliegen, andererseits fuhr er als Crewmitglied eine Jachtchartergesellschaft in tropische Gewässer zum Fischen oder zum Surfen.
Das erschreckendste Erlebnis für einen Piloten dürfte wohl Rauch oder Feuer an Bord sein. Vor vielen Jahren hatte Eric Parker eine derartige Situation an Bord eines Flugzeugs, als er von Florida auf die Bahamas flog. Plötzlich begann es in der Kabine stark zu rauchen. Sein Kopilot und er fanden schließlich heraus, woher der Rauch kam und konnten notlanden. Stresssituationen überwindet Eric Parker übrigens mit Sport: Er ist Triathlet. Aus seiner Zeit als Fluglehrer kennt er einige Piloten, die Flugangst hatten. Damals versuchte er herauszufinden, woher diese Angst kam, und machte seinen Schülern klar, dass das Flugzeug nicht abstürzen würde. Schließlich kam er zu dem Schluss, dass sie einfach Angst davor hatten, nicht alles unter Kontrolle zu haben, was sie freilich stark belastete.
Das Einkommen eines Piloten ist meist ganz gut, doch für Erics Frau ist es manchmal nicht ganz einfach, sich oftmals allein um die gemeinsamen Kinder zu kümmern, wenn er unterwegs ist. Auf der anderen Seite hat die Familie einen tollen Lebensstil, der es ihr ermöglicht, Dinge zu tun, die sie sich als junges Paar niemals hätten leisten können. So flog er mit seiner Frau gemeinsam zur Jacht des Autohändlers, als er noch für ihn arbeitete, und kam so in den Genuss mehrmaliger Aufenthalte in der Karibik.
Fliegen bedeutet für ihn nicht zu wissen, wo er demnächst sein wird – und das ist für ihn schön und aufregend zugleich.

Georg Pehn, Österreich

Drachen- und Segelflieger

Georg Pehn zog mit 21 nach Salzburg, wo er Dutzende Drachenflieger und Paraglider beobachten konnte: „Da wusste ich, dass nun der richtige Zeitpunkt zum Starten gekommen war. Heute bereue ich es, dass ich nicht schon mit 16 damit angefangen habe, weil ich im Segelflugzeug noch viel an Streckenflugerfahrung sammeln muss.“ Eigentlich kann Georg Pehn es

gar nicht erwarten, noch mehr zu lernen: „Beim Fliegen – speziell wenn man nach einem langen Flug wieder nach Hause kommt – entwickelt man Glücksgefühle und lernt das Fliegen so richtig schätzen. Als Motorflieger ist man natürlich wetterunabhängiger, aber mit dem Motor von A nach B zu fliegen, stellt für mich keine große Herausforderung dar. Trotzdem ist jede Minute in der Luft – egal mit welchem Fluggerät – eine schöne Zeit."
Georg Pehn besuchte die Fachschule für Maschinenbau in St. Pölten und arbeitete dann in der Maschinenbaukonstruktion und -entwicklung. Danach wurde er Werkmeister und machte später eine Ausbildung zum diplomierten Projektmanager. Derzeit absolviert er den Master of Science (MSc) in Leadership & Management an der Donau-Universität Krems. Er besitzt seit einem halben Jahr den Segelflugschein Klasse II für Doppelsitzer, und ist seit dem Jahr 2000 aktiver Hängegleiter-Pilot, also Drachenflieger.
Eigentlich war der Segelflugschein sein langjähriger Traum. Heute ist er erfolgreich damit unterwegs. Wichtig ist beim Hängegleiten ebenso wie beim Segelflug die Thermik: „Kürzlich hatte ich meinen ersten Flug mit einem Passagier. Meine persönlichen *lessons learned* daraus: Bei nicht ganz optimalen Bedingungen sollte man keine Gäste mitnehmen, denn das ist weder für die Gäste amüsant noch für einen selbst – meinem Gast wurde übel, weil die Thermik gut, aber zu eng war."
Unter Paragliding- und Hängegleitpiloten gab's oft Diskussionen, was denn nun die richtige Art des Fliegens sei, erzählt Pehn. Ergebnis: Beides hat seine Berechtigung, und es gibt im Wesentlichen nur zwei Arten von Piloten – die leidenschaftlichen und jene, die einfach nicht für die Luft gemacht sind. „Letztere fliegen, weil es cool und funky ist", meint Pehn. Das sei aber der falsche Ansatz, und solche Leute würden sich oft in Lebensgefahr bringen, weil sie kein Gefühl für die Luft hätten. Beim Segelfliegen liege der Reiz in der Lautlosigkeit, in der Suche nach Thermik, um damit große Strecken zu bewältigen.
Ein Segelflugschein kostet in Österreich nicht mehr als rund 2000 Euro. Man benötigt eine Clubmitgliedschaft, bezahlt eine Segelflugpauschale und fertig: „Deshalb ist Segelfliegen nicht nur die schönste, sondern auch die kostengünstigste Art zu fliegen", weiß Pehn. Für eine Motorsegler-Flugstunde bezahlt man in seinem Club rund 90 Euro. Für junge, nicht betuchte Piloten ist Segelfliegen also eine tolle Möglichkeit und reizt Pehn

„Segelfliegen ist nicht nur die schönste, sondern auch die kostengünstigste Art zu fliegen: Gerog Pehn

derzeit mehr als Drachenfliegen, denn „es ist eine natürlichere Form des Fliegens und ein größeres Freiheitsgefühl". Sein Lieblings-Zitat zu dem Thema stammt von Leonardo da Vinci und lautet: „Hat man einmal der Sehnsucht zu fliegen nachgegeben, wird man seine Augen auf Erden nur noch gen Himmel richten können – dorthin, wo die Sehnsucht war und wo sie auf ewig bleiben wird."
Fliegen ist faszinierend, denn vom Flugzeug selbst geht etwas Besonderes aus: „Manchmal lästert man über Autoliebhaber und erwischt sich dann aber selbst dabei, wie man über den Flieger streichelt, der doch eigentlich nur aus einem Haufen Glas- und Kohlefaser besteht. Optisch gefällt mir speziell die Tragfläche am besten – eine technische Meisterleistung."
Als Segelflieger sollte man sich Tagesaufgaben setzten, von A nach B und zurück über C zu fliegen. Wenn Pehn zu einer gewissen Uhrzeit nicht den Punkt X erreichen konnte, bricht er die Tagesaufgabe lieber ab. Auch Pehn hatte schon aufregende Erlebnisse beim Fliegen: Mit dem Hängegleiter startete er an einem schönen Herbsttag mit einem Gleitflug von der Bergstation Untersberg nach Berchtesgaden und wieder retour. Als er seinen Flug gerade in vollen Zügen genoss, schaute er nach links, nach rechts, in den Himmel und bemerkte, dass er schon viel zu weit vom Landeplatz entfernt war. Er entschied sich, wieder zurückzufliegen. Unterwegs undankbares, dicht bewaldetes Gebiet. „Die Luft trägt zwar, aber der Wald kommt immer näher und näher. Da denk ich mir, was da wohl so scheppern mag."

Er blickte zur Seite und sah, dass es sein Ellbogen war, der vor Angst zitterte. „Psychisch war ich okay und machte mir Gedanken über eine Baumkronenlandung, aber mein Körper war völlig außer Kontrolle geraten. Zufällig kam dann doch ein winzig kleiner Hundeabrichtplatz im Wald hervor, auf dem ich dann landen konnte." In einem derartigen Augenblick würde der Körper vom Geist getrennt agieren, um in Ausnahmesituationen handlungsfähig zu bleiben, meint Pehn.

Andreas Pfisterer, Schweiz

Privatpilot und Operations Director ExecuJet Europe

Schon in der Grundschulzeit baute Andreas Pfisterer einen Modellflieger nach dem anderen und ließ sie in jeder freien Minute fliegen. Neben der Fliegerei begeisterte er sich auch für die Landwirtschaft und verbrachte seine Ferienwochen stets auf einem Bauernhof. Doch die Begeisterung fürs Fliegen, die Ferne, das Reisen und die Technik hatte nichts mit Prestige oder sonstigen Klischees zu tun. Nach dem Abitur kam er zum Militär und wurde Offizier der Infanterie. Danach begann er ein Ingenieur-Studium. Im ersten Studienjahr bewarb er sich bei der Swissair, ließ sein Studium sein und startete 1993 nach dem positiven Abschluss der Swissair-Schule in seinen Traumberuf als Linienpilot. Zwei Jahre später kam die Einführung der internationalen Betriebsvorschriften für den Flugverkehr (JAR-OPS), und damit wurde auch eine neue Organisation innerhalb der Swissair auf die Beine gestellt, in der er stellvertretender Ausbildungschef wurde. In dieser Funktion war er für das Training sämtlicher Crew-Mitglieder zuständig. Durch die tägliche Arbeit mit Vorschriften hatte er regelmäßig Kontakt mit dem Eidgenössischen Luftamt. In diesen Jahren wurde er auf verschiedenen Ebenen wie Instruktionsweiterbildung, Personalführungsmethodik, Management Weiterbildungen gefördert.

Mit einer jungen Familie im Hintergrund entschied er sich schweren Herzens, die Airline zu verlassen und beim Bundesamt für zivile Luftfahrt den Weg als Beamter einzuschlagen. Er wurde Inspektor für Aufsicht und Zu-

„Sich Zeit nehmen und nicht stressen lassen“: Andreas Pfisterer

lassung kommerzieller Betriebe und konnte zusätzlich die Kapitänsausbildung inklusive Fluglehrer und Flugexperte durchlaufen. Dabei hatte er einen ersten Kontakt zur Ambulanz- und zur Businessfliegerei. Im Rahmen seiner Inspektorentätigkeit konnte er bei Rega und ExecuJet regelmäßig seinen Flugdienst absolvieren. Hauptteil der Inspektorentätigkeit war jedoch am Boden. Zulassungsprojekte wie die Einführung des Airbus 320 bei einer namhaften Airline waren Highlights seiner kurzen Tätigkeit beim Luftamt. Nach zwei Jahren entschied er sich, beim Aufbau der ExecuJet in Zürich mitzuarbeiten. Mittlerweile ist er Mitglied der Geschäftsleitung. Die Pilotentätigkeit wurde immer mehr zurückgeschraubt.
Ein guter Pilot ist für Andreas Pfisterer einer, der sich nicht überschätzt, der regelmäßig mit Respekt und der nötigen Ernsthaftigkeit an einen Flug geht. Positiv am Berufsstand ist, „dass jeder Flug anders ist, dass man fremde Länder sieht und neue Leute trifft und dass man täglich die Kombination von Technik und Natur erlebt. Negativ ist die Zeitverschiebung, denn sie kann an die Gesundheit gehen.“ Das Wichtigste im Cockpit sei

nach Meinung Pfisterers gutes Teamwork, das Einhalten von klaren Abläufen, offene Kommunikation, sich Zeit nehmen und nicht stressen lassen. Bei Stress versucht er, sich kurze Denkpausen zu verschaffen, um sich erstens einen Überblick der Situation zu verschaffen und zweitens Prioritäten zu setzen. „Im Rahmen der Firmen- und Flugzeugprocedures ist der Spielraum für Entscheidungen im Cockpit groß genug, um selbst Kreativität zuzulassen. Wichtig ist dabei das Einbeziehen der ganzen Crew", sagt Pfisterer, „dabei ist die Kommunikation im Pilotenberuf genauso wichtig wie in jedem anderen Beruf. Es geht doch schlussendlich immer darum, Informationen zu sammeln, Optionen zu prüfen, eine Entscheidung zu fällen und diese dann glaubhaft und verständlich zu kommunizieren." Dass Krisensituationen nicht auszuschließen sind, ist klar, doch danach versucht Pfisterer in der Regel, mit sich selbst ins Reine zu kommen und spricht mit Kollegen und mit seiner Frau darüber.
„Ich denke, dass sich das Handwerkliche in der Luftfahrt im Vergleich zu früher wenig verändert hat. Da wäre eventuell die Automatisierung zu erwähnen, das ist aber ein Phänomen, welchem wir überall begegnen." Das Umfeld habe sich im Bereich der Einsatzzeiten verändert, die strenger werden, aber Kostendruck, größerer Konkurrenzkampf der Firmen sei nicht nur ein Phänomen der Luftfahrtbranche, weiß Andreas Pfisterer. „Da die Fliegerei für viele immer noch etwas Fantastisches ist, hat der Pilot einen guten Ruf in der Gesellschaft", bekräftigt er die allgemeine Annahme, „denn das erlebe ich auch immer wieder selbst".

Jean Pinet, Frankreich

Ingenieur, Kampfpilot, Experimentaltestpilot und Linienpilot
Erster Concorde-Pilot, der mit Überschallgeschwindigkeit flog

Nach dem Krieg begann Jean Pinet ein Studium an der technischen Universität von Paris, der École Nationale Supérieure d'Arts et Métiers: „Ich hatte den Eindruck, dass Pilot ein Beruf war, der viele interessierte, aber mir selbst erschien er unerreichbar." Daher besuchte er nicht die staatliche

Luftfahrtmilitärschule (École de l'Air), sondern Institut Supérieur de l'Aéronautique et de l'Espace (Sup Aéro), da nahm sein Interesse am Fliegen schlagartig zu. Er beschloss, Testpilot zu werden, und verpflichtete sich für vier Jahre als Offizier der Reserve. Seine Ausbildung absolvierte er in den USA und stieß zur letzten Gruppe französischer Offiziere, die dort als Kampfpiloten ausgebildet wurden. Pinet blieb bis 1956 in der Luftwaffe.

In diesem Jahr begann der Pilot als Ingenieur im Centre d'essais en vol de Brétigny-sur-Orge. Zwei Jahre später erhielt er seine Testpiloten-Lizenz und arbeitete in Maching in der BRD, wo man Testpiloten mit einer Ingenieursausbildung suchte. Pinet war Experimentaltestpilot, als Ingenieur am Starfighter beschäftigt und er machte Raketenabschusstests.

Eines Tages stand André Turcat in der Tür. Er kam dank eines Freundes aus den Sup-Aéro-Tagen, einem gewissen Henri Perrier, auf ihn zu, um Pinet für einen spannenden Job zu engagieren: Die beiden suchten nämlich einen Testpiloten für die Concorde mit Erfahrung im Fliegen bei Überschallgeschwindigkeit. Schon bald war Jean Pinet in Toulouse. Dort absolvierte er im März 1969 erste Flüge mit der Concorde. 1970 wollte die Firma Airbus ganze Besatzungen ausbilden und baute eine eigene Flugschule für den A300 auf, das erste zweistrahlige Großraumflugzeug der Welt. Pinet sagte zu, die Ausbildung der Besatzungen unter der Bedingung zu übernehmen, dasselbe für die Concorde machen zu dürfen. Airbus genehmigte ihm diesen Schritt. Auf einmal war Pinet am Gipfel seiner ehrgeizigen Bestrebungen als Testpilot für die Concorde und durfte noch dazu im Auftrag von Airbus eine der größten Flugschulen Europas aufbauen. Er startete seine neue Karriere 1971 im Zentrum für Luftfahrtausbildung (Centre d'Aéroformation), wo er nun Besatzungsschulungen für Airbus- und Concorde-Crews sowie -Piloten machte. Er war Direktor dieses neuen Ausbildungszentrums und Initiator moderner Unterrichtsmethoden. Diese Tätigkeit übte er bis zu seiner Pensionierung im Jahr 1994 aus. Heute gibt es dieses Zentrum immer noch. „Ich bin kein Starpilot, nur weil ich die Concorde geflogen bin. Ich hatte einfach Glück, bei der Herstellung dieses fantastischen Flugzeugs mitzuwirken. Die Concorde ist für mich das beste Flugzeug, das ich fliegen durfte: Es war komfortabel und äußerst präzise."

Spannende Erlebnisse gehörten zu seinem Beruf. Bei einem Langstreckenflug von Lissabon nach Caracas saß Jean Pinet mit Jacques Schwartz,

„Schon wieder ein gelber Hund auf der Landebahn": Jean Pinet (2. v. l.)

einem Air-France-Piloten, im Cockpit. Laut Prozedere sollten, während die Concorde auf der Landebahn glitt, zwei der vier Olympus-Turbojet-Triebwerke ausgeschaltet werden. Plötzlich ging das Licht in der Kabine aus, das Flugzeug bremste abrupt, wie durch die Geisterhand gesteuert. Der Alarm schrillte. Pinet und Schwartz waren ratlos. Die Techniker und Mechaniker ebenso. Die beiden verbliebenen Triebwerke waren stark erhitzt und mussten abgeschaltet werden. In der Finsternis wurde das tollste Flugzeug der Welt in einen Hangar abgeschleppt – wie peinlich! Was werden bloß die Passagiere denken? Schwartz gab den Passagieren eine Erklärung: „Wir müssen uns bei Ihnen für den Vorfall entschuldigen. Es handelt sich um nichts Ernstes, meine Damen und Herren. Wir haben lediglich einen gelben Hund auf der Rollbahn gesehen und mussten rasch eine Notbremsung durchführen, sonst hätten wir das Tier überrollt. Da die Notbremsung ziemlich abrupt stattfand, hat es einige Störungen an Bord gegeben. Wir müssen noch ein paar Checks durchführen, um den Flug fortsetzen zu können, und bitten Sie um Entschuldigung." Diese Durchsage lockerte die Atmosphäre etwas auf. 15 Minuten später kam ein Spezialtraktor, um die Concorde abzuschleppen. In der Nacht schickte die Zentrale in Toulouse ein Telex, um sich nach der Ursache für diesen Vorfall zu erkundigen. Die Passagiere, die Opfer des „gelben Hundes" wurden, und die Crew verließen 24 Stunden später Caracas. Doch bei der Landung der Concorde in Lissabon gab es dieselbe Panne erneut. Pinet aktivierte den Emergency-Modus. Die Passagiere spürten einen Schlag, hatten aber keine Chance zu reagieren, denn Pinet rief durchs Mikrofon: „Schon wieder ein gelber Hund auf der Landebahn. Aber diesmal ist es ein anderer."

Ein guter Pilot, sagt Pinet, sei einer, der gelernt hat, mit jedem Problem richtig umzugehen. Natürlich darf das Schicksal nicht zu anspruchsvoll sein. Es gibt immer eine Chance und genügend Zeit zu entscheiden, doch die Chance muss man auch ergreifen können und stets daran denken, dass das Wichtigste an Bord die Passagiere sind.

„Wie alle meine Kameraden, die Testpiloten, Linienpiloten oder Fluglehrer wurden, habe auch ich Fehler gemacht, doch ich war fähig, sie immer rechtzeitig zu korrigieren", berichtet Pinet. Und Krisenbewältigung ist auch der Inhalt seiner Dissertation, die er heuer im Sommer abschloss. Die Recherchen für seine universitäre Arbeit ergaben, dass bei allen schweren Flugzeugunfällen die Bordkommandanten erfahrene und gute Piloten waren. Sie hatten ein hartes Training erhalten, waren gesund, nahmen keine Drogen. Und dennoch haben sie falsch gehandelt. Pinet fragte sich, warum die meisten Krisensituationen an Bord gut gemeistert werden und dennoch Unfälle geschehen. Das Hauptproblem sei in den Möglichkeiten der menschlichen Gehirnleistung zu suchen, meint er: „Wenn man nur mehr einige Sekunden hat, um zu reagieren, dann muss man die Situation rasch erfassen und sich auf die wichtigen Entscheidungen konzentrieren", sagt Pinet und erklärt: „Unser Gehirn hat aber die Tendenz, Dinge in den Fokus der Aufmerksamkeit zu stellen, die oftmals mit der Krisenbewältigung nichts zu tun haben. Um dem entgegenzuwirken, sollte sich die Pilotenausbildung genau darauf konzentrieren."

Was nun die Zukunft der Fliegerei angeht, so werde es immer mehr Passagiere geben, daher würden auch immer mehr Piloten gebraucht werden, ist Pinet überzeugt. Das Image des Piloten hat sich in den letzten Jahrzehnten gewandelt. War er früher ein Held, ja fast ein mythisches Wesen, das das wilde Tier Hubschrauber oder Flugzeug bändigen konnte, so handelt es sich nach der Entwicklung von Concorde und Airbus um einen hochspezialisierten Beruf. „Heute geht die Tendenz dahin, den Piloten als störend anzusehen, denn er kostet Geld und macht Fehler. Daher will man ihn eliminieren und die Flugzeuge automatisieren. Auch zu meiner Zeit waren Piloten keine Götter, doch um sie wurde ein Mythos aufgebaut. In Amerika sah ich, dass Menschen aus allen Gesellschaftsschichten zum Kampfpiloten ausgebildet wurden – die Leute mussten nur fähig und motiviert sein. Heute scheint es mir, als ginge es vor allem um gutes Geld, das man mit einem Prestigeberuf verdienen will."

Herman Posada, USA

Systempilot für unbemannte Flugzeuge
am NASA Dryden Flight Research Center in Edwards, Kalifornien

Im Alter von zehn Jahren, beobachtete Herman Posada bei einer Airshow einen Piloten, der ihn derart faszinierte, dass er beschloss, diesen Beruf zu ergreifen. Nach der Reifeprüfung begann er ein Studium der Weltraumtechnologie an der Northrop Universität in Kalifornien, das er mit einem Bachelor-Titel abschloss. Zugleich erwarb er ein Flug- und ein Triebwerksbau-Zertifikat im Glendale College und eine Transportpiloten-Lizenz sowie den Privatpilotenschein.

Nach Beendigung des Studiums war Posada für die Instandhaltung der Flugzeuge am Van Nuys Airport in Kalifornien zuständig. Dieser Flughafen wird hauptsächlich für private und gewerbliche Flüge genutzt. Von dort ist er dann – im wahrsten Sinn des Wortes – in der Flugbranche aufgestiegen. 1992 arbeitete er bereits als Elektromechaniker und als Pilot für die American Aviation am Van Nuys Airport. 1995 begann er Flugzeuge für die Firma Jetcopters Inc. zu fliegen, eine in Los Angeles niedergelassene Verkehrs- und Luftfahrt-Organisation. 1996 wechselte er die Firma und ging zu General Atomics Aeronautical Systems nach San Diego. General Atomics ist ein US-amerikanisches Hochtechnologieunternehmen mit Spezialisierung auf Militärtechnik und Kernenergie. Die Sparte General Atomics Aeronautical Systems stellt unter anderem die Drohne Predator her. Das Unternehmen entwickelt auch das elektromagnetische Flugzeugträger-Katapult EMALS, sowie Magnetschwebebahnen, Radarsysteme und Bergbautechnik, etwa für Elektromotoren für Muldenkipper im Bergbau. Posada flog dort etliche unbemannte Flugzeuge – und zwar weltweit. Er hat eine zehnjährige Erfahrung mit ferngesteuerten Drohnen der US-Luftwaffe, wie etwa dem MQ-1 Predator A und dem MQ-9 Predator B, die seit 1995 in der taktischen Luftraumaufklärung eingesetzt werden. Weiters hat er mehr als 400 Flugstunden als Fluglehrer. Als Pilot hat er bisher mehr als 8500 Flugstunden absolviert.

Bei der NASA fliegt er hauptsächlich unbemannte Flugzeuge und konnte beobachten, dass das Image des Piloten sich sehr verändert hat: „Ich bin beispielsweise ein Pilot, der viel am Computer arbeitet, dazu als Ingenieur tätig ist und auch noch Flugzeuge fliegt, also in gewisser Weise mache ich Multitasking." Selbstverständlich hatte er als NASA-Pilot auch brisante Erlebnisse mit dem Flugzeug: Unlängst hatte eines der unbemannten Flugzeuge ein elektrisches Problem während des Fluges, und es gab weit und breit keinen Landeplatz. In einer derartigen Situation ist rasches Handeln gefragt. Also flog Posada mit der schnellsten Geschwindigkeit das Flugzeug rasch auf einen der NASA-Landeplätze und landete dort in einem rekordverdächtigen Verfahren. Nachsatz: „Es war höchste Zeit."

„Ich mache als Pilot Multitasking": Herman Posada

Das schönste Erlebnis hatte Posada, als er eine Kampagne für einen Kunden ausgearbeitet hatte und für diese Arbeit belobigt wurde. „Ein Kompliment für einen gut gemachten Job tut einfach gut", freut sich Posada. Für ihn ist ein guter Pilot ein Mensch, der sich all der Dinge rund um das Flugzeug bewusst ist. Die Feinheiten des Flugzeuges und des Fliegens sowie anderer Flugzeuge in der Luft zu kennen ist für Posada absolut wichtig. „Ich fliege oft selbst als Kopilot bei privaten Flügen mit, und da ist es wichtig, mit dem Kapitän über alles – und wenn es sich um eine noch so unbedeutende Sache handelt – zu reden, damit der Flug reibungslos verläuft." Nach Stresssituationen höre er gern viel Musik, erzählt der Pilot, das würde ihm sehr helfen, den Stress wieder abzubauen.
„Piloten sind Menschen wie du und ich, die sich gern in der Luft bewegen. Fliegen ist für mich der schönste Beruf und ich liebe ihn sehr. Ich werde von vielen Piloten in den USA sehr respektiert, da ich unbemannte Flugzeuge fliegen kann, was in meinem Land etwas ganz Besonderes ist."

Matthieu Provost-Beaurain, Frankreich

Pilot bei Masterjet

Seine Affinität zu Maschinen, zum Gleiten über den Wolken und schließlich zur Technik waren ausschlaggebend für Matthieu Provost-Beaurains Entscheidung, die Pilotenausbildung anzugehen. An diesem Beruf gefiel ihm der Aspekt, dass der Pilot einen Beitrag dazu leistet, verschiedenste Kulturen und Zivilisationen zusammenzubringen und darin zu unterstützen, sich schätzen zu lernen. Aus diesem Grund wollte er Linienpilot werden. Er entschloss sich zu einem wissenschaftlichen Studium und suchte während des Studiums einen Job, um seine Ausbildung als Pilot selbst zu finanzieren. Eher zufällig erfuhr er von Studienkollegen, dass Air France Stewards suchte. Drei Monate später unterschrieb er einen Vertrag bei Air France. Nach Abschluss seines Studiums stellte er sich dem internen Ausleseverfahren. Bis heute hat er etliche Jobs bei Bedarfsflugunternehmen angenommen und versucht, Flugstunden zu sammeln. Matthieu Provost-Beaurain spezialisierte sich auf das Thema Sicherheit: „Neben meiner Tätigkeit als Steward war für mich die Sicherheit der Flüge wichtig. Daher habe ich mich als Flugsicherheits-Instruktor beworben und wurde als jüngster Bewerber aufgenommen. Ich unterrichte Crew Resource Management (CRM), und dabei handelt es sich um die Schulung der nicht technischen Fähigkeiten des gesamten Personals eines Flugunternehmens."
Seit dem Jahr 2008 ist er als Pilot im Bedarfsflug tätig – also noch relativ kurz, doch in Frankreich findet man nicht so viele Stewards, die auch Pilot werden wollen. „Pilot ist kein schwieriger Beruf: Es geht hier vielmehr um Willensstärke, Beharrlichkeit und Motivation", sagt er. Bis jetzt hatte Matthieu Provost-Beaurain noch keine Notfälle an Bord, wohl aber etliche wunderschöne Erlebnisse. Dazu zählt, das erste Mal allein zu fliegen. Nach seiner ersten Flugstunde meinte sein Fluglehrer zu ihm: „Jetzt fliegst du einmal allein herum." Provost-Beaurain verstand zunächst nicht, was er meinte, und der Flug „kam mir wie ferngesteuert vor. Doch ich flog das Flugzeug selbst, genial! Als ich wieder am Boden war, habe ich auf die

„Man sollte als Pilot auch eine gute Portion Humor besitzen“: Matthieu Provost-Beaurain

rechte Seite geblickt, wo mein Fluglehrer sitzen sollte, und der Platz war leer. In diesem Augenblick überkam mich ein ungeheures Glücksgefühl.“
Matthieu Provost-Beaurain findet es besonders amüsant, wenn die Passagiere an Bord eines Privatjets mit Bergen von Koffern anmarschieren und alles im kleinen Flugzeug unterbringen wollen. „Plötzlich verwandelt sich dann ein Businessjet in einen V.I.P.-Frachtflieger“, lacht der Masterjet-Pilot. Das mit Humor zu nehmen ist genauso wichtig wie Professionalität und gute Stimmung an Bord. Wenn jedoch Stress aufkommt, „gibt es so viele Möglichkeiten, dem Herr zu werden, wie es Menschen auf dieser Erde gibt“, meint er. Matthieu Provost-Beaurain schätzt dabei Entspannungsübungen, bei denen man mit der Atmung arbeitet, aber mit Humor lässt sich gemeinsam gegen Stress ankämpfen. Ich sage meinen Kollegen immer wieder, dass ein Notfall kein Grund zur Eile ist.“ Pilot zu sein ist für ihn der schönste Beruf der Welt, doch es ist schwieriger, ein Familienleben aufrecht zu erhalten, obwohl er von sich sagen könne, dass seine Frau ihn gut versteht, weil sie selbst Stewardess war. Seine kleine Tochter müsse allerdings erst lernen, was Trennung bedeutet.
Fliegen ist für Matthieu Provost-Beaurain die große Freiheit und ein bisschen Abenteuer. „Die Luftfahrt ist eine Branche, die Menschen verbindet. Die Pioniere der Luftfahrt waren altruistische Abenteurer und sind meine spirituellen Väter, die mich inspirierten und die ich verehre, und immer, wenn ich über die Anden fliege, denke ich an sie.“

Matthias Prugger, Österreich

Privatpilot und Hotelier in der Ramsau

Seit seiner Kindheit interessiert ihn das Fliegen, sagt Matthias Prugger. Mit Sehnsucht und Fernweh blickte er stets den Maschinen am Himmel nach und sparte mit 17 viel Geld für seinen ersten Flug von Rom nach München zusammen, weil im Jahr 1963 das Fliegen noch ein kleines Vermögen kostete. 1971 machte er seinen ersten Pilotenschein und begann zunächst mit dem Segelfliegen. Später kam die Motorseglerberechtigung dazu, dann der Privatpilotenschein (PPL) und in den USA die Ausbildung als Berufspilot, die Instrumentenflugberechtigung, das Rating für zweimotorige Flugzeuge bis zu 5,7 Tonnen und die Umschreibung dieser Ratings für Österreich. Heute ist der Hotelier Hobbypilot.

Sicher habe sich das Image des Piloten mit den Jahren verändert: „Ich sehe den Piloten nicht mehr als besonderen Imageträger. Für mich ist das Fliegen ein Teil meines Lebens geworden. Ich betrachte es als Selbstverständlichkeit, dass ich bei idealem Wetter meine Segelflüge und Motorflüge mache. Als selbständiger Unternehmer kann ich mir die Zeit entsprechend einteilen. Ich kann jeden Flug genießen, auch wenn es sich nur um kleine Hupfer handelt."

Im Lauf seines Privatpilotendaseins hat Prugger freilich schon viel erlebt. Die wirklich gefährlichen Beinahe-Zusammenstöße, die man *near misses* nennt, dauerten nur einen Bruchteil einer Sekunde, also nicht einmal eine Schrecksekunde. Erst im Nachhinein gibt es da das Gefühl von Knieschlottern. So startete er einmal zu einem harmlosen Rundflug im Platzbereich mit drei Fluggästen. Es war ein Gewitter im Anzug, aber es war durchaus keine plötzliche Heftigkeit zu vermuten. Jedoch wurde es unerwartet so turbulent, dass das Flugzeug für kurze Zeit nicht mehr steuerbar war, und es warf die Maschine unkontrolliert umher. Kein Ruder griff mehr. Es waren dies zwar eigentlich nur Sekunden, aber er hatte das Gefühl, eine Ewigkeit in totaler Hilflosigkeit verbracht zu haben.

Prugger hatte aber auch sehr viele unbeschreiblich schöne Naturerlebnisse wie Flüge über den Grand Canyon, die Victoria Fälle, den Mount McKinley, Iguaçu, Hawaii, Ayers Rock, usw. Er erinnert sich sehr gern an einen

Segelflug von Niederöblarn ins Zillertal – an einem schönen, aber thermisch nicht vielversprechenden Tag: „Wider Erwarten Traumaufwinde an vereinzelten bilderbuchartigen Wolken über einer Inversion bei klarster Sicht und Höhen bis 4500 Meter. Sichtweiten bis nach Venedig und ein lautloses Dahingleiten über die Hohen Tauern. Zwischendurch kreiste ich mit einem Adlerpaar in ganz geringer Entfernung – eine Art stummes Verstehen zwischen den imposanten Vögeln und mir", schwärmt Prugger. Ein guter Pilot, so sagt Matthias Prugger, lässt seine Erfahrungen und Erlebnisse in Grenzbereichen nicht zur Routine degenerieren. Das heißt, dass er auch den einfachsten und primitivsten Angelegenheiten größtmögliche Aufmerksamkeit widmen muss. Es sei auch wichtig, stets Plan B und wenn möglich auch Plan C auszuarbeiten und sich immer eine Sicherheitsreserve zu halten. Prugger empfiehlt, nicht so überheblich zu werden, dass einem nicht auch ein primitiver, aber folgenschwerer Lapsus passieren kann.
Matthias Prugger fliegt nur dann, wenn es ihm Spaß macht und die Wetterlage es zulässt, er muss sich nicht an die Grenzen des Möglichen treiben lassen. Er kann sich aber vorstellen, dass beim Fliegen als Berufspilot oft Situationen zu meistern sind, die keine große Freude bereiten. Das Wichtigste im Cockpit ist, mit voller Energie und Konzentration dabei zu sein. Ein Benützen des Flugzeugs, um den Weg von A nach B wie mit einem Auto zurückzulegen, um sich einer bestimmten Aufgabe zu widmen,

„Fliegen ist eine berauschende Wohltat für Geist und Seele mit nachhaltig positiver Wirkung für die gesamte Lebenseinstellung": Matthias Prugger

ist aus seiner Sicht nicht ideal, weil man dann schon mit den Gedanken bei den bevorstehenden Erledigungen ist. Bei normalen Verhältnissen kein Problem, aber sollte es überraschend haarig werden, sei das die Hauptursache von vielen Unfällen der Privatpiloten, ist Prugger überzeugt.
Bei Stress versucht er Ruhe zu bewahren und nicht den Überblick auf die kommenden Aufgaben zu verlieren. Immer die nächsten Schritte im Voraus im Kopf haben. „Normalerweise muss nichts überstürzt passieren. Man hat beim Fliegen erstaunlich viel Zeit zur Verfügung, manchmal ist der Spielraum für Entscheidungen im Cockpit sehr breit, manchmal gibt es nur eine richtige Maßnahme. Dabei helfen mir die modernen Kommunikationsmöglichkeiten, denn ich rede mit den Menschen am Kontrollturm möglichst viel. Natürlich nicht unnützes Zeug, aber wo ich wann bin und was ich vorhabe, wobei die neuen Techniken auch für Piloten viele Änderungen gebracht haben“, gibt Prugger zu bedenken. Vieles sei sicherer und leichter geworden, aber auch komplizierter, vielfältiger und fehleranfälliger.
Seine Urlaube verbringt er gerne damit, ein Flugzeug zu mieten, wobei seine Frau vollstes Verständnis dafür hat. Ob Piloten ein besonderes Image haben? Er habe manchmal den Eindruck, bewundert und beneidet zu werden, wenn er über seine Erlebnisse im Flugzeug zu schwärmen beginnt. Das Erlebnis des Fliegens möchte er so beschreiben: Es ist ein Gefühl der absoluten Zufriedenheit, des inneren Aufbaus, eine berauschende Wohltat für Geist und Seele mit nachhaltig positiver Wirkung für die gesamte Lebenseinstellung. Eine Art von Doping ohne schmerzliches Erwachen.

Jacques Rosay, Frankreich

Cheftestpilot beim Flugzeugbauer Airbus

Jacques Rosay wurde in Valréas geboren, das ist eine südfranzösische Gemeinde, in der Region Provence-Alpes Côte d'Azur. In der Nähe seines Elternhauses befand sich der Luftwaffenstützpunkt 115 Orange-Caritat, und er sah schon als kleiner Junge oft den Mirages III zu, wie sie in den Himmel aufstiegen. Bei einem Besuch in Salon de Provence, wo man ihn und seine Familie durch das Luftfahrtzentrum führte, war er sofort von den Fluggeräten fasziniert, und im Alter von etwa 15 Jahren beschloss er Pilot zu werden. Nach der Reifeprüfung schaffte er seine Aufnahmeprüfung für Mathematik an der Universität und stellte sich gleichzeitig in der École de L'Air vor, weil ihn die Technik und die Flugzeuge ebenso beeindruckten wie das Fliegen selbst. Er wurde Militärpilot und erhielt sogar ein Diplom. Die Militärlaufbahn hat ihn nie interessiert, dafür umso mehr die neuen Technologien. In den 1970er Jahren flog er als Kampfpilot auf einer Mirage III und arbeitete für die französische Luftwaffe. Um Testpilot zu werden, gab es nur drei bis höchstens vier Ausbildungsplätze beim Militär. Also machte er zu Beginn des Ausbildungsjahres 1980/81 wieder eine Aufnahmeprüfung und wurde schließlich Testpilot von Militärflugzeugen.

Im Jahr 1982 bot ihm die Délégation Générale pour l'Armement – eine wehrtechnische Behörde – an, Linienpilot zu werden. Er absolvierte Testflüge mit Zertifikat und war als Testpilot für die Zertifizierung der Airbusse A340, A330 und A321 zuständig. Im Jahr 1995 wurde sein Traum wahr: Er wurde bei Airbus Testpilot. Heute ist er Cheftestpilot und widmet sich mit seinem Team der Zukunft der französischen Luftfahrt: „Wir sind gerade dabei zu evaluieren, welche Rolle in den nächsten 15 Jahren der Autopilot in Passagier- und Transportflugzeugen spielen wird. Prinzipiell wäre es möglich, die Maschinen automatisch beziehungsweise fernzusteuern." Ein guter Testpilot muss sowohl ein Technikfreak als auch ein begeisterter Flieger sein, meint Rosay. Testpiloten seien eigentlich sehr bescheidene Menschen und sicherlich keine James Bonds. „Sie sind sehr akkurat und überhaupt nicht olé, olé, wie wir Franzosen sagen, also nicht exaltiert, sondern vielmehr konzentriert. Nach Tausenden Flugstunden im Simulator wissen Testpiloten sehr genau, was sie tun, und bereiten auch ihre Flüge akribisch vor."

Bei Airbus in Toulouse werden Navigationssystem-Tests gemacht, und im Team sind Techniker, die auf die Bereiche Flugsteuerung und Flugnavigation spezialisiert sind. Als Testpilot habe er immer Angst, meint Jacques Rosay, denn schließlich fliege er die Maschinen zum ersten Mal und könne sich auf keine bisherigen Erfahrungen stützen: „Aber Fliegen ist nun mal berauschend, und kontrollierte Angst stimuliert den Testpiloten – er ist dadurch auch wachsamer und ganz besonders umsichtig."

„Ich halte den menschlichen Aspekt meiner Arbeit hoch": Jacques Rosay

Die Testberichte werden vom Ingenieur selbst nach einer speziellen Vorgabe verfasst, in dem die Geschwindigkeit, die Flughöhe und die Konfiguration genau fixiert werden. Rosay vergleicht die Teamarbeit stets mit einem Orchester, bei dem der Ingenieur der Dirigent, die Testpiloten die Musiker sind. Während der Ingenieur die analytische Übersicht hat und weiß, welche Einsätze nötig sind, um einen harmonischen Schlusstakt vorzugeben, tragen die Testpiloten mit ihrem instrumentalen Wissen zum guten Ausgang der Aufführung bei.

Außergewöhnliche Erlebnisse eines Testpiloten gibt es freilich zahlreiche, doch an eines erinnert sich Jacques Rosay im Besonderen: Als Kampfpilot flog er die Mirage III, ein Überschallflugzeug. An diesem Tag wurde ein Angriff von westlichen Abenteurern simuliert, und es sollten Raketen auf sie abgeschossen werden. Um diese Situation zu üben, teilte man die Rollen im Team in Angreifer und Verteidiger auf. Die Übung bestand darin, die Angreifer mit Mach-2- oder Mach-3-Geschwindigkeit, das sind 3500 Stundenkilometer, zu stellen. Es musste also scheinbar auf die Gegner geschossen und auf dem Rücken weitergeflogen werden. Rosay: „Mein bester Freund im Kampfflugzeug vor mir spielte den Angreifer. Ich also sehe ihn, schalte das Radargerät ein, während die Distanz zwischen unseren beiden Flugzeugen immer geringer wird. Normalerweise hätten wir versuchen müssen, nicht mehr höher hinauf zu fliegen. In Wirklichkeit war ich bereits viel zu hoch. Es drohte eine furchtbare Kollision. In letzter Sekunde hat es aber mein Freund geschafft, die Situation zu retten. Ich entschuldigte mich nachher bei ihm."

Es gibt zahlreiche Statistiken über Flugunfälle, die besagen, dass Abstürze meist auf Fehler des Piloten zurückzuführen sind. Aus diesem Grund gibt es Testpiloten, deren Arbeit darin besteht, das Cockpit so zu organisieren, dass keine Fehler mehr passieren können. Bis zum Ende des Jahres 1990

gab es Flugunfälle infolge von Bodenberührung eines voll flugtauglichen und steuerbaren Luftfahrzeugs. Das bedeutet, dass der Pilot glaubte, über eine Ebene zu fliegen, obwohl er sich bereits über gebirgigem Gelände befand. Daher wurde von Airbus ein System entwickelt, das vor dem Flugzeug das Relief des Geländes analysiert, in dem sich der Pilot befindet. Heute ist es möglich, den Piloten vorzeitig zu warnen und die Navigationsfehler zu korrigieren. Man legt mit Hilfe der Technik Sicherheitsnetze, um das Schlimmste zu verhindern.
Jacques Rosay findet sich auf alle Fälle in der Person des Piloten und Schriftstellers Antoine de Saint-Exupéry wieder, der da sagte: „Ich halte den menschlichen Aspekt meiner Arbeit hoch."

Jörg Sandhofer, Österreich

Eurofighterpilot beim österreichischen Bundesheer

Jörg Sandhofer absolvierte eine höhere technische Ausbildung mit Spezialisierung auf Flugtechnik und lernte dabei, Flugzeuge zu konstruieren. Da es in Österreich nur wenige Firmen gibt, die Flugzeuge bauen, ließ sich Sandhofer beim Militär zum Piloten ausbilden. Er lernte auf einer Propellermaschine das Navigieren eines Flugzeugs, flog auch den Saab Draken und war als Austauschpilot in Schweden, um mit dem stärksten einmotorigen Kampfflugzeugen der Welt, der Saab Viggen, zu fliegen.
Heute fliegt Jörg Sandhofer als einer von 16 Piloten den Eurofighter: „Eine Klasse für sich", wie er nicht ohne Stolz sagt. Man könne ihn nur schwer mit anderen Kampfflugzeugen vergleichen, meint er, denn er ist mehr ein fliegendes Netzwerk, und daran muss sich ein Pilot erst gewöhnen: „Im Eurofighter fühlst du dich wie ein Systemoperator in einer Hochschaubahn. Um diese Aufgabe zu bewältigen, muss man verschiedene Tests absolvieren, die einem ziemlich viel abverlangen und einen oft ans Limit bringen." Um überhaupt die enormen *g*-Belastungen aushalten zu können, hat Sandhofer einen speziellen Anzug an, der mittels eines 3-D-Scans seiner Körperkonturen auf ihn angepasst wird und sich *Libelle* nennt.

Zur Erklärung: *g*-Kräfte geben Auskunft über die Belastungen eines Körpers durch Beschleunigung, wobei 1 *g* der normalen Erdbeschleunigung entspricht, bei 6 *g* kann bereits Nasenbluten auftreten. In der Luftfahrt werden Hochgeschwindigkeitsflugzeuge daher nach *g*-Werten eingestuft. In ihrer Funktionsweise gleicht die *Libelle* herkömmlichen Anti-*g*-Hosen, allerdings wird hier nicht mehr Druckluft, sondern Flüssigkeit verwendet, um einen Druckausgleich zu gewährleisten. Denn beim Fliegen enger Kurven mit hoher Geschwindigkeit treten so starke Beschleunigungen auf, dass ein plötzliches Absacken des Blutes in die Beine auftreten kann, was zu einem Blackout oder sogar zum Tod führen kann. Die Flüssigkeit der *Libelle*, die den Piloten als eine millimeterdicke Schicht umgibt und dieselbe Dichte wie Blut hat, erzeugt durch die auftretenden *g*-Belastungen automatisch einen Gegendruck, was den Flug mit hoch leistungsfähigen Flugzeugen erst möglich macht.
In seinem Beruf muss jeder davon überzeugt sein, wirklich sein Bestes geben zu können. Denn man muss jeden Tag an seine Grenzen gehen und sich am Limit wohlfühlen: „Als Rennfahrer darf man ja auch nicht über die Gefahren oder über einen Unfall nachdenken, sonst wird man wohl nie ein Rennen gewinnen. Du musst davon überzeugt sein, dass du selbst der Beste bist, dass du das Rennen gewinnst und dass du besser am Limit operierst als alle anderen. Und Angst wäre da ganz fehl am Platz."
Während bei der Linie ein durchschnittlicher Pilot im Monat auf 60 bis 70 Flugstunden kommt, sind das bei den Eurofighter-Piloten in etwa die Jahresflugstunden, denn jeder Pilot fliegt ungefähr 80 Stunden im Jahr. „Ich bin tagtäglich im Einsatz: von 1. Jänner bis 31. Dezember", erzählt Sandhofer. Täglich sind drei bewaffnete Maschinen in Österreich mit zwei Piloten startbereit. Wird Alarm gegeben, sind die Eurofighter innerhalb von zehn Minuten in der Luft.
Die Einsatzmöglichkeiten von Eurofightern erstrecken sich von der Überprüfung einer Überflugsgenehmigung bis zum Aufspüren eines Linienflugzeugs, das auf keiner der Kontrollfrequenzen erreicht werden kann. Es kommt tatsächlich immer wieder vor, dass Piloten auf eine falsche Funkfrequenz schalten oder in eine Sperrzone einfliegen.
Es gibt auch immer wieder Lufträume, in die Linien- oder Privatpiloten nicht einfliegen dürfen, die sogenannten Temporary Restricted Area, TRA. Eine TRA wird beispielsweise bei sehr großen Sportereignissen wie

den Olympischen Spielen oder Weltmeisterschaften eingerichtet, oder wenn eine hohe Persönlichkeit auf Staatsbesuch ist. „Kommt es zu einem Abfang", erklärt Sandhofer, „dann steigen zwei Abfangjäger auf: Einer hängt sich links neben dem abgefangenen Flieger und nimmt Kontakt mit dem jeweiligen Piloten auf, der zweite Abfangjäger setzt sich dahinter in eine Sicherungsposition. Man fliegt immer dorthin, wo der Kapitän sitzt, bei Hubschraubern sitzt der Kapitän rechts, beim Flächenflugzeug links." Kaum zu glauben, aber es gab schon Situationen, wo ein herrenloses Flugzeug durch die Luft flog.

„Du musst davon überzeugt sein, dass du selbst der Beste bist": Jörg Sandhofer

Jörg Sandhofer ist ein Systematiker: „Ich überlege mir ständig, wie ich diesem oder jenem Problem gegenüber treten und wie ich es verbessern oder schneller lösen werde." Jeder Funkspruch, jedes Manöver, jeder Schalter sind genau überlegt und folgen bestimmten Regeln. Diese Systematik ist Drill, bringt aber damit Sicherheit und Geschwindigkeit.

Gegen Nervosität machen Eurofighterpiloten mentales Training. Wie die Schifahrer und jeder Spitzensportler stellen sie sich die Situation im Flieger im Voraus vor. Und es ist wirklich so, dass sie mit geschlossenen Augen den Flug im Geiste durchgehen. Wenn Sandhofer den Eurofighter fliegt, dann weiß er genau, welchen Schalter er zuerst und welchen als nächstes bedienen wird: „Ich gehe jeden Flug mindestens zehn Mal vorher durch. Je besser man sich hineinfühlen kann, desto leichter und besser funktioniert es. Freilich, wenn ich zum ersten Mal etwas mache, dann spüre ich eine gewisse Nervosität. Kein Meister ist vom Himmel gefallen."

„Einer hängt sich links neben den abgefangenen Flieger und nimmt Kontakt mit dem jeweiligen Piloten auf, der zweite Abfangjäger setzt sich dahinter in eine Sicherungsposition“: Eurofighter im Einsatz

Ein guter Pilot muss auch, wenn er allein im Flieger sitzt, Regeln einhalten, und in der Luft gibt es viele Entscheidungen, die absolute Teamplanung erfordern, meint Sandhofer. Eurofighterpiloten haben einen *personal trainer* und trainieren auf einem Triplex so wie Michael Schumacher in der Formel 1. Das Zusammenwirken extrem hoher physischer wie psychischer Belastung ergibt einen Mix, der die Piloten oft ans Limit ihrer Belastbarkeit bringt. Bei einem Luftkampf muss innerhalb weniger Sekunden in einer absoluten Stresssituation die Taktik abgestimmt werden. Jeder im Verband muss wissen, was der andere vorhat. Es gibt keine Zeit zum Nachfragen. Daher ist Kommunikation essenziell.

So wie die Linienpiloten verfolgen auch Eurofighterpiloten die Berichte über Flugzeugabstürze, die Flight Safety Messages (FSM) heißen. Jeden Morgen gibt es ein Briefing, bei dem die Einteilung für den kommenden Tag bekannt gegeben wird, also welche Crew welche Mission zu fliegen hat, wer zum Simulator geht, wann Sport betrieben wird. Weiters werden unter versammelter Mannschaft wichtige flugsicherheitsrelevante Meldungen durchgesprochen. Nach dem Flug werden alle Daten ausgewertet und der Flug nachbesprochen. „Um den Eurofighter zu perfektionieren, muss er ständig mit Daten gefüttert werden, denn dieser fliegende Computer ist nur so gut wie seine Software", sagt Sandhofer. Deshalb kann der Pilot mit seinem Flieger über einen *Direct Voice Input* tatsächlich sprechen und ihn mit seinem Treibstoffverbrauch, seiner Route und seinen Landkarten, die sich auf einem Stick befinden, steuern.

„Wenn du mit laufenden Triebwerken am Start stehst, langsam die Leistung erhöhst und schließlich die Bremsen loslässt, dann den Nachbrenner zündest und die enorme Beschleunigung spürst, bei der der Kopf gegen den Schleudersitz gepresst wird, und wenn du schließlich innerhalb einer Minute von 0 auf 1000 Kilometer in der Stunde beschleunigst und zugleich auf eine Höhe von 10.000 Metern katapultiert wirst, dann kannst du die Maschine auf den Rücken drehen und den Knüppel zum Bauch ziehen. Und wenn der Eurofighter dann einen engen Haken schlägt, weißt du, dass dein Kopf mit Helm über 50 Kilogramm wiegt. Kleine Adern in deinen Armen beginnen zu platzen, die Blutergüsse siehst du erst nach dem Flug. Kaum wieder im Horizontalflug suchst du mit deinem Bordradar den Luftraum ab – eine tolle Herausforderung. Wir sind alle kein James Bond, aber wir werden auch auf die harten Einsätze hin trainiert. Klar, sind wir auch Freaks. Eine gewisse Liebe zu seinem Beruf muss man schon mitbringen. Und ein Freak ist ja jemand, der mehr als 100 Prozent Einsatz bringt."

Robert Schornsteiner, Österreich

Hubschrauberpilot, Rettungspilot, Fluglehrer
Prüfer bei der Christophorus Flugrettung des ÖAMTC,
Fluglehrer und Double von Robert Lohr für die ZDF-Serie „Die Bergwacht"

Robert Schornsteiners Physiklehrer war Modellflieger mit Leib und Seele und konnte die Klasse für sein Hobby begeistern, folglich betrieb der Schüler Schornsteiner den Modellflug sehr intensiv und war auch zehn Jahre lang in der Nationalmannschaft der F3C Modellhubschrauber. Nach der Schule ging er zum Militär, meldete sich nach der Grundausbildung zur fliegerischen Selektion und war während seiner bereits begonnenen

Ausbildung zum Hubschraubertechniker eines Tages fliegertauglich. So wurde sein Hobby schließlich zum Beruf – das war im Jahr 1983. Die Pilotenausbildung in Zeltweg begann mit Flächenflugzeugen gemeinsam mit den angehenden Düsenpiloten. Der erste Alleinflug und die theoretische Flugzeugführerprüfung waren die Ziele der angehenden Hubschrauberpiloten. Anschließend war Schornsteiner für über ein Jahr in Langenlebarn in der Hubschraubergrundschule. Im steirischen Ennstal beim Hubschraubergeschwader 2 wurde er in vier Jahren zum Einsatzpiloten ausgebildet. 1992 begann er seine Fluglehrerausbildung wieder an der Fliegerschule in Zeltweg und durfte anschließend in Langenlebarn an der Grundschule für angehende Hubschrauberpiloten seine ersten zwei Flugschüler erfolgreich zu Piloten ausbilden. Zurück im steirischen Ennstal flog er fast zehn Jahre lang als Einsatz-Rettungspilot – und natürlich auch als Fluglehrer.
Im Jahr 2001 wurde er vom damaligen Flugbetriebsleiter Reinhard Kraxner zum ÖAMTC geholt. Er ist heute hauptberuflich Rettungspilot, Fluglehrer und Prüfer beim Christophorus Flugrettungsverein und flog bis zum Jahr 2009 beim Militär als Milizpilot beim HS Geschwader in Aigen. Schornsteiners Heimatstützpunkt ist Niederöblarn im steirischen Ennstal, und da er im Gebirge fliegen gelernt hat, wird er hauptsächlich auf Gebirgsstützpunkten eingesetzt. Dass man von einem Piloten annimmt, er sei ein Abenteurer, ein Karrierist, ein cooler Typ oder ein Draufgänger, hält Schornsteiner für ein Klischee: „Rettungspilot zu sein ist ein beinharter Job, und wir sind vor allem im Sommer bis zu 16 Stunden im Einsatz, sieben Tage die Woche, hin und wieder bei großer Hitze, unregelmäßigem Essen und viel Stress, denn man weiß nie, was einen erwarten wird." Drei Spezialisten arbeiten im Hubschrauber-Team zusammen: Der Pilot, der Flugretter und der Notarzt. Der Flugretter muss eine Spezialausbildung absolvieren, denn er ist nicht nur Notfallsanitäter, sondern er muss auch auf einem Gebirgsstützpunkt ein ausgebildeter Bergrettungsmann sein. Er ist auch für die Sicherheit des Notarztes verantwortlich und führt oft die Bergung des Verletzten beispielsweise aus einer Felswand allein durch, während der Doktor am Boden auf einem Zwischenlandeplatz bleibt. Der Flugretter hängt am Seil und holt den Verletzten heraus, ganz egal wie schwer die Verletzung ist. Erst dann beginnt die Versorgung am Zwischenlandeplatz durch den Hubschraubernotarzt.

„Es ist ein beinharter Job mit bis zu 16 Stunden Dienst“: Robert Schornsteiner

„2001 hatten wir eine derartige Situation auf dem Dachstein. Es war komplettes Neuland, aus einer quasi überhängenden Felswand eine Direktbergung durchzuführen. Der Flugretter hing am 60 Meter langen Tau, und ich musste den Hubschrauber sehr knapp an der Felswand positionieren. Im Gipfelbereich am Dachstein waren zig Bergsteiger, die zusahen, und würde bei einem derartigen Rettungseinsatz ein Stein in das Rotorsystem des Hubschraubers fallen, dann würde diese Mission in einer Katastrophe enden.“
Man erhält als Rettungsteam hin und wieder Feedback, erzählt Schornsteiner: „Die schönste Anerkennung ist für uns, wenn der Patient nach einem Jahr zur Tür hereinkommt und sich persönlich bei uns allen bedankt.
Die Voraussetzung für einen guten Piloten sei das Beherrschen des Handwerks, also die manuelle Steuerung der Maschine, die er genauso kennen muss wie die technischen Details des Luftfahrzeugs, sagt Schornsteiner. Aber es gehöre noch mehr dazu, etwa die richtige Einschätzung aller zur Verfügung stehenden Wetterdaten. Erst wenn der Rettungspilot alle Informationen analysiert hat, den Verunfallten bergen konnte und die Maschine mit Crew wieder sicher auf der Basis gelandet ist, hat er seinen Job gut gemacht. „Jeder Pilot muss seine Grenzen kennen“, sagt Schornsteiner, „denn der Druck im Cockpit eines Rettungshubschraubers ist naturgemäß groß, aber der Pilot ist der Kommandant, der entscheidet.“ Vorausschauend zu fliegen ist eine der wichtigsten Sicherheitsmaßnahmen. Es muss immer eine Möglichkeit geben, rechtzeitig umzukehren. Stress ist in diesem Job latent vorhanden. Zum Ausgleich macht Robert Schornsteiner Sport

wie Mountainbiken, Laufen, Rennradfahren, Schitourengehen. Aber auch mit sich selber eins sein und eine gesunde Ernährung zählen zu den Ausgleichsfaktoren.
Kommunikation, Kooperation, situative Aufmerksamkeit, Führungsverhalten und Entscheidungsfindung sind ganz wichtige Bestandteile des Berufs, weshalb den Piloten spezielle Kurse angeboten werden, zu welchen das vorgeschriebene Crew Resource Management (CRM) zählt. Ziel ist die Erhöhung der Professionalität unter Ausnutzung aller an Bord befindlichen mentalen Ressourcen.
Ein Rettungspilot muss sich an menschliche Tragödien erst einmal gewöhnen. Besonders aber an den Umgang mit Verletzten, mit Toten und mit Menschen, die leiden. Einsätze, bei denen Kinder betroffen sind, belasten die gesamte Besatzung, und da der Notarzthubschrauber an der Spitze der Rettungskette steht, entsteht auch eine gewisse Erwartungshaltung: „Anders gesagt, wenn nichts mehr geht, wird der Hubschrauber geholt. Das ist natürlich sehr belastend“, gibt Schornsteiner zu bedenken.
Sein Wissen gibt Schornsteiner gern an die nächste Generation weiter: „Ich habe schon viele Piloten ausgebildet. Es ist ein schönes Gefühl, wenn man sieht, dass ein ehemaliger Flugschüler sich so verhält, wie er es von seinem Lehrer gelernt hat, denn es ist extrem wichtig, dem Schüler die eigene Denkweise zu vermitteln und ihm ein Vorbild zu sein.“

Walter Schrempf, Österreich

Gleitschirm- und Drachenflieger,
Geschäftsführer und Flugschulleiter des Sky Club Austria

Walter Schrempf ist seit seiner Kindheit leidenschaftlicher Bergsteiger und erreichte 1985 sein Ziel: Er bestieg die Eiger Nordwand. Beim Abstieg über den gefürchteten Eiger Westgrat, vor dem er selbst großen Respekt hatte, hörte er plötzlich jemanden jodeln. Dann sah er einen Mann mit einer Art Fallschirm ganz nah an der Eigerwand Richtung Grindelwald fliegen. Im ersten Augenblick dachte er sich, während er seinen Seilgefährten über

die eisigen Platten sicherte: „Jetzt ist ihnen überhaupt nichts mehr heilig. Aber schon im nächsten Moment war mir klar: Das ist es. Fliegen."
Also gab er seinen begehrten Job in der BMW-Entwicklungsabteilung auf – zum völligen Unverständnis der Kollegen und Vorgesetzten –, kaufte einen Gleitschirm und ging nur noch fliegen, jeden Tag auf einen anderen Berg. Nach weniger als einem Jahr war er wohl einer der erfahrensten Gleitschirmpiloten zur damaligen Zeit, „wenn auch zwischendurch eingegipst und pleite". Zurück nach München in die Fahrzeugentwicklung kam aber nicht mehr in Frage. Er wollte in den Bergen bleiben und beschloss, das Gleitschirmfliegen zu seinem Beruf zu machen und Fluglehrer zu werden. In Österreich gab es aber noch keine entsprechende Ausbildung, und der erste derartige Lehrgang wurde in Deutschland angeboten. Schrempf hatte zwar keinen Pilotenschein, durfte aber beim Auswahltest mitfliegen, und weil er den Landepunkt als Einziger genau mittig getroffen hatte, war man mit dem Österreicher nachsichtig. Er erhielt nach zusätzlichem Theorietest den deutschen Pilotenschein, durfte am Fluglehrerlehrgang teilnehmen und wurde dann auch der erste geprüfte deutsche Gleitschirmfluglehrer. Danach packte ihn die Fliegerei vollends und er lernte in kurzer Zeit in Folge Drachenfliegen, Segelfliegen, Motorfliegen, Ultraleichtfliegen, motorisiertes Paragleiten, gründete die erste deutsch-österreichische Flugschule und kurze Zeit später am Hallstättersee das erste professionelle Sicherheitstrainingscenter für Gleitschirmpiloten, das bis zum heutigen Tag sein Lebensinhalt ist. „Gleitschirmpiloten gelten als risikofreudige Menschen. Sie sind es aber nicht. Im Gegenteil. Die meisten sind sehr sicherheitsbewusste Piloten, die beim Fliegen so wenig wie möglich riskieren wollen."
Doch auch er kann von brisanten Erlebnissen erzählen: Eines Tages war er – mit einer Sondergenehmigung – in Teneriffa vom Teide gestartet und flog über das Orotavatal, von dem Alexander von Humboldt sagte, es sei das schönste Tal der Welt, in Richtung Hafen Santa Cruz. Dort wollte er am Strand landen. Er war bereits über den Hochhäusern der Stadt, da sah er am Meer plötzlich einen weißen Strich auf die Insel zukommen. Sturm! Sein erster Gedanke war: „Das war's – ich bin verloren." Im nächsten Augenblick spürte er die ersten Böen, die ihn rückwärts nach oben hoben. Er überlegte fieberhaft, was tun. Notlanden oder Rettungsschirm über den Hochhäusern werfen – beides war unmöglich. Doch da hatte er einen

„Gleitschirmpiloten sind sehr sicherheitsbewusst und nicht risikofreudig": Walter Schrempf

Geistesblitz und sah seine einzige Chance darin, sich mit dem Sturm zu verbünden, ihn zu nützen, um aufzudrehen, über das Orotavatal zurückzufliegen, über den Teide und dann im Lee der Insel irgendwo abzusteigen. Auf Höhe von Izana, einem Sattel am Fuß des Teide, war er nahe über Grund und bemerkte, dass er nicht mehr rückwärts flog, sondern nur noch gegen den Wind still stand. Er nutzte die Chance und konnte unversehrt vor den Füßen spanischer Piloten, direkt auf einem Gleitschirmstartplatz landen. Die Spanier waren begeistert. Vom Meer zum Startplatz zurück war noch niemand geflogen und das war für sie Grund genug, ihn die halbe Nacht in einer wilden Bodega mit Freibier zu versorgen.

Sein schönstes Erlebnis war vermutlich der Flug mit ein paar Freunden vom Dachsteingletscher mit Landung auf der Badeinsel am Hallstätter See. „Unbeschreiblich schön war auch der Flug mit dem Motorschirm über das Velebit an der Küste Kroatiens. Am schönsten war und ist aber wohl Dünen-Soaring, also das Aufsteigen mit Hilfe des Hangaufwindes, an der unberührten, unendlich langen Skeletoncoast der Wüste Namib", sagt Schrempf.

Ein guter Pilot kann sich und sein Fluggerät richtig einschätzen und vorausschauend fliegen. Er muss sich daran gewöhnen, von Wind und Wetter abhängig zu sein, meint Schrempf, doch „Fliegen bedeutet für mich Lebensfreude. Das Positive an meinem Beruf ist, dass ich in der Natur und zu den schönsten Plätzen der Welt fliege. Ich habe hauptsächlich mit positiv denkenden Menschen zu tun, die von mir etwas lernen wollen. Das Negative allerdings ist, dass darunter auch sehr viele sind, die pünktlich essen wollen", lacht Schrempf.

Als Ausgleich für Stress im Business geht er fliegen. Bei Stress in kritischen Flugsituationen versucht er, sich auf seine Erfahrung und sein Können zu besinnen. Das gibt ihm Selbstvertrauen und Ruhe. Er hatte auch schon einmal Angst vorm Fliegen. Und was er dagegen tat? Die Lösung war klar: viel fliegen.
In Zukunft werden immer mehr Menschen sowohl in ihrer Freizeit wie auch im Berufsalltag fliegen. Hoffentlich aber geräusch- und schadstoffarm. Wichtig ist für Walter Schrempf auch die Sicherheit: „Ich hatte in meinem Leben bisher Gelegenheit, sowohl als Ausbildner im Flugbetrieb als auch als technischer Leiter eines Prüfbetriebs Verfahren zu entwickeln, die das Gleitschirmfliegen sicherer gemacht haben, und ich habe, obwohl durch und durch Abenteurer, jenen Hang zur Perfektion, den jeder Pilot haben sollte, der ein guter Pilot sein will."

Siegfried „Blacky" Schwarz, Österreich

Chefpilot Hubschrauber, The Flying Bulls

Siegfried Schwarz war etwa acht Jahre alt, als er mit seinen Eltern zum Flughafen Wien-Schwechat fuhr. Dort sah er zum ersten Mal Stewardessen, Piloten und Flugzeuge. Beim Militär nützte er dann die Möglichkeit, eine Pilotenausbildung zu machen. Das war zu dem Zeitpunkt im Rahmen der Berufsweiterbildung möglich. Schwarz wurde der erste zivile Hubschrauberschüler Österreichs, der 1978 nach dem Erwerb des Flächenscheins den Hubschrauberschein erwarb. Dass er Hubschrauberpilot wurde, ergab sich eigentlich zufällig, denn diese Idee kam ihm durch einen Kollegen, der eine solche Ausbildung gerade machte. Damals gab es wenige Hubschrauber, nur zwei zivile Piloten und keine Arbeitsmöglichkeit in Österreich. Darum beschloss er umzusatteln und fuhr in Graz eine Zeit lang Taxi. Zwei Jahre später ging er mit einem Freund nach Amerika und machte die gesamte Flächen- und Hubschrauber-Ausbildung noch einmal. Damals wurde der US-Pilotenschein auch in Österreich anerkannt. „Wir waren zu dem Zeitpunkt drei junge Hubschrauberpiloten mit wenig Flugerfahrung und hatten keine Möglichkeit, unseren Beruf auszuüben. Es gab jedoch Schweizer Piloten, die gerade Luftbildaufnahmen machten. Also gründeten wir kurzerhand die Arbeitsgemeinschaft der Berufshubschrauberpiloten Österreichs und schrieben Briefe an die Arbeitsämter, die Landeshauptleute und an den Bundespräsidenten, in denen wir forderten, dass Österreicher den Job bekommen sollen. Daraufhin haben uns die Firmen angestellt. Das war der Beginn unserer Tätigkeit als Fotoflugpiloten."

Der Berufsweg von Siegfried Schwarz ist sehr verzweigt: Zunächst wurde er von einer Transportfirma angestellt und eröffnete nebenbei eine Flugschule. Als der Besitzer der Transportfirma in Konkurs ging, wurde Schwarz arbeitslos. Mit einem Kredit kaufte er einen Hubschrauber, um Schüler auszubilden. Zur selben Zeit begann er als Pilot bei Heli Air, einer Vorläuferorganisation der ÖAMTC-Hubschrauberrettung, die Maschinen in einigen Bundesländern stationiert hatte. Mit einem Partner gründete er die Firma Heli Trade, eine Generalvertretung für Robinson-Hubschrauber, die es heute noch immer gibt. Dann arbeitete er für den ÖAMTC, der die Heli Air gekauft hatte, die ihrerseits zur Christophorus Flugrettung mutierte. Zu Beginn flogen noch acht Piloten, heute sind es etwa 52. Als der Pilotenbedarf und die Flotte stiegen, wurde er Ausbildungsleiter und Chefpilot. Insgesamt arbeitete er 21 Jahre für den ÖAMTC.

Vor elf Jahren lernte er Dietrich Mateschitz kennen und begann mit Schulungen der Heli-Piloten bei den Flying Bulls. „Eines Tages haben wir den ersten Hubschrauber gekauft, dann den zweiten, dann den dritten. Dann wurde es immer mehr mit der Fliegerei. Plötzlich flog ich einerseits beim ÖAMTC und andererseits bei den Flying Bulls. Heute gehöre ich voll und ganz zu Red Bull: Einen solchen Job gibt es nur einmal auf der Welt." Während er früher alle Flugzeug- und Hubschrauber-Modelle in kleiner Plastikausführung besaß, fliegt er sie heute in echt. „Wir haben eine Bell AH-1 Cobra, den Traum jedes Piloten. Es handelt sich um einen sehr schnellen Kampfhubschrauber, der mit einer Spezialbewilligung aus den USA ausgeführt wurde. Für die meisten Ersatzteile benötigen wir auch noch heute eine Bewilligung vom Pentagon."

Siegfried Schwarz fühlt sich nicht als Mitglied der Piloten-Helden-Fraktion. Die Flüge seien schließlich alle detailliert geplant. Jeder Pilot hat

„Wir haben eine Bell AH-1 Cobra, den Traum jedes Piloten“: Siegfried Schwarz

ein Flugprogramm, das sich nach der Wettersituation richtet und in etwa so aussieht: „Zunächst schweben wir auf die richtige Höhe, zirka 800 Fuß, dann wird der Hubschrauber nach vorne gekippt. Die BO 105 ist meines Wissens nach der einzige Hubschrauber, der aus dem Schwebeflug ein Looping nach vorne machen kann, und das trainieren wir in Slowenien auf einem kleinen Flughafen. Das große Problem unserer Trainings ist der Lärm. Daher können wir nur auf die kleinen Flughäfen ausweichen.“
Technische Sicherheit ist das oberste Gebot. Ein Teil des Flugzeugs, das normalerweise 1000 Flugstunden aushalten müsste, wird bei den Flying Bulls schon nach zehn Stunden ausgewechselt. Das ist eine Auflage vom Werk. Als Privatperson ohne dementsprechendes Vermögen ist es unmöglich, so etwas selbst zu finanzieren. Die Flying Bulls sind einige der ganz Wenigen auf der Welt, die eine Aerobatic-Vorführung anbieten. „Ich bin der Einzige in Österreich, der eine Kunstfluglizenz der Austrocontrol für Hubschrauber hat. Ich muss auch jedes Jahr im Dezember nach Las Vegas fliegen und dort eine Prüfung absolvieren, um diese Lizenz zu behalten, und werde zweimal vor hochrangigen Prüfern von der Flugaufsichtsbehörde FAA beurteilt.“

Ein guter Hubschrauberpilot muss multitaskingfähig sein, denn er muss gleichzeitig auf seine Rotordrehzahl, seine Leistung, seine Triebwerküberwachungsinstrumente und den Abstand zu Bäumen oder Felsen schauen, erklärt Schwarz, der schon einige unangenehme Erlebnisse in der Luft hatte und auch schon einmal mit dem Hubschrauber abstürzte. Es passierte bei einer Umschulung: „Wir sind schon am Boden gestanden und ich hatte mich gerade abgeschnallt, plötzlich sinkt der Hubschrauber leicht nach hinten ein, weil die Kufe noch ein wenig nachgegeben hat. Auf einmal gibt der Pilot Vollgas und wir sind wie mit einem Katapult auf acht Meter Höhe hinaufgeschnellt und in einen Baum gekracht. Das Kabel von meinem Headset hatte sich mit meinem Gurtschloss verwickelt, und als ich wieder aufblickte, stand der Baum direkt vor mir. In Sekundenbruchteilen war alles vorbei und wir schlugen auf den Boden auf."
Die Flying Bulls sind eigentlich ein Museum mit flugfähigen Fliegern, und Siegfried Schwarz meint: „Die Flying-Bulls-Piloten sind Fanatiker, was Luftfahrzeuge angeht, und alle bereit, 250 Prozent für die Firma zu arbeiten. Die Mannschaft besteht aus wenigen Piloten, die aber viele verschiedene Flugzeug- und Hubschrauber-Typen fliegen können und trainieren, um jeden Flieger zu beherrschen. Das Airshow-Business wird so professionell und sicher wie möglich durchgeführt. Etwas Mut, Improvisationsgabe und Hausverstand muss man als Pilot mitbringen, und es ist wichtig, die eigenen und die Grenzen des Luftfahrzeugs ganz genau zu kennen."

Christian Spiss, Österreich

Facharzt für Anästhesiologie und Intensivmedizin,
bis 2000 Arzt bei der österreichischen Ärzteflugambulanz

Als Arzt war Christian Spiss von 1977 bis 2000 bei der österreichischen Ärzteflugambulanz tätig. Es ging primär darum, im Ausland verunglückte Österreicher heimzuholen. Als er mit dieser Tätigkeit begann, steckte Osteuropa noch tief im Kommunismus, und es herrschten besonders in südlichen Ländern, aber auch in Italien „eigentlich furchtbare medizinische

Verhältnisse". So gab es mancherorts Fehlbehandlungen und nahezu keine Infrastruktur. Daher war das oberste Ziel der Ärzteflugambulanz, die österreichischen Patienten so schnell wie möglich zu repatriieren.
Bei der Ärzteflugzentrale in Wien sei der Flugdienstberater, auch *dispatch* genannt, sehr wichtig: „Der Kollege sitzt in der Zentrale im achten Bezirk und wurde aus dem Ausland kontaktiert. Die Qualität des Flugdienstberaters war dann entscheidend für die Organisation der Repatriierung, denn er hatte die Aufgabe, den idealen nächstliegenden Landeplatz zu finden, die zur Verfügung stehenden Fluggeräte auszumachen und die Art des Transports, also ob mit Rettungsflieger oder Hubschrauber, zu bestimmen. Auf einigen griechischen Inseln oder in Nordafrika war die Organisation ziemlich schwierig, um nicht zu sagen abenteuerlich."
Spiss war freiwillig im Einsatz und er hatte etwa zehn Bereitschaftsdienste pro Monat. Sobald die Ärzteflugambulanz angefordert und alle Vorbereitungen getroffen worden waren, flog er mit dem Piloten meist nachmittags aus Wien weg, um am Abend im jeweiligen Land anzukommen, denn meist wurde der Patient in der Nacht ausgeflogen, hauptsächlich mit einem Learjet, der mit den modernsten medizinischen Geräten zur Behandlung der Patienten ausgestattet ist. Wenn es um den Gesundheitszustand des Patienten geht, ist der Pilot, der meist aus einem Bedarfsflugunternehmen rekrutiert wird, dem Flugarzt weisungsgebunden. „Der Arzt hat die Letztverantwortung für das Wohl des Patienten. Wenn ein Patient einen Herzinfarkt hatte, muss man entscheiden, ob man am nächsten Airport landet oder nicht", beschreibt Spiss die prekäre Lage an Bord. „Das ist besonders dann kritisch, wenn man sich vor einem Transatlantikflug dem letzten Airport zur möglichen Landung nähert."
Spiss kann sich an viele Stressmomente während seiner Einsätze erinnern. Von falschen Blutkonserven, die Patienten verabreicht wurden, bis zu Schmiergeldern, die man bezahlen musste, damit man die Patienten aus den Krankenhäusern ausfliegen durfte. Auch Felsbrocken, die auf Landebahnen lagen, und Piloten, die kollabierten, gehören dazu. Die Einsätze waren abenteuerlich, jedoch immer gut organisiert. Auch auf die Piloten konnte er sich verlassen, man war ein eingeschworenes Team.
Bei einem Transport aus La Paz mit einem Learjet geriet Spiss mit seinem Piloten in eines der berüchtigten Andengewitter. Normalerweise durfte man über dem Atlantik nicht mit einer zweimotorigen Maschine fliegen,

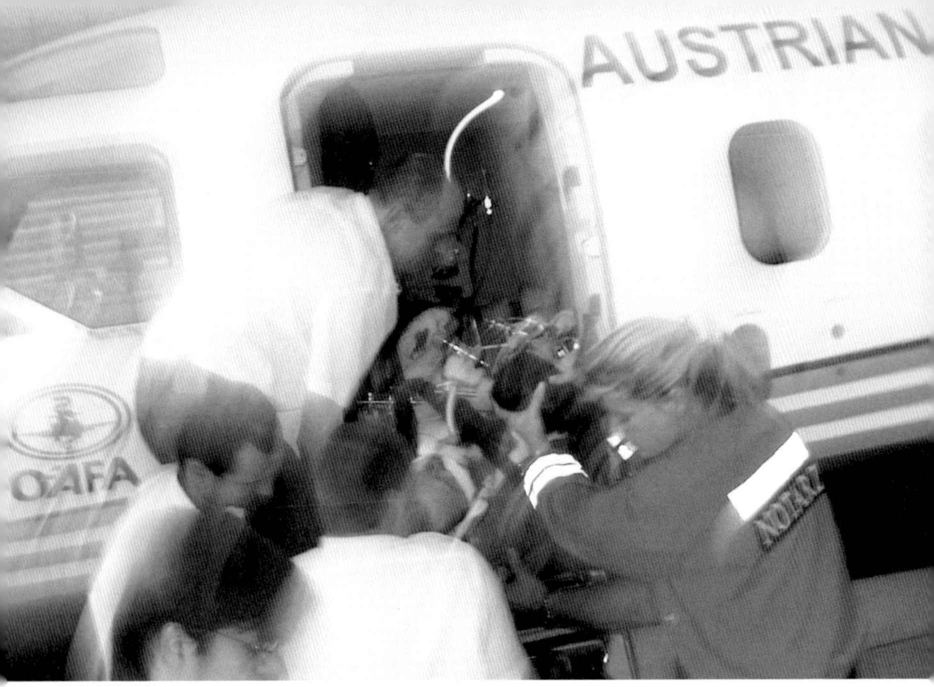

„Der Arzt hat die Letztverantwortung für das Wohl des Patienten": Boarding eines Intensivpatienten durch die österreichisch Ärzteambulanz

außer man hatte eine Sondergenehmigung. Man flog also Wien – Faro – Cap Verde – Recife/Brasilien – La Paz. Der Flughafen La Paz liegt auf 4000 Meter Seehöhe, und man durfte ihn nur mit halbem Tank anfliegen, da der Flieger sonst zu schwer wurde. Der Pilot, mit dem er damals flog, war sehr erfahren und wurde später Chefpilot bei der Lauda Air. Kurz vor dem Sinkflug zur Landung in La Paz bekam die Maschine einen solchen Aufwind, dass sie trotz komplett reduzierter Antriebsleistung zum Steigflug gezwungen war. Der Luftstrom war so gewaltig, dass der Regen trotz hoher Minusgrade erst an den Flügeln des Learjets zu Eis kristallisierte. Spiss fragte den Piloten: „Wann kracht die Kabine?" Er antwortete: „Bei 50.000 Fuß wird es kritisch." Bei 49.000 Fuß stieg die Maschine zum Glück nicht weiter auf, und der Pilot begann mit dem Sinkflug.

Viele Piloten bilden heute Ärzte aus. Warum das so ist, fragten wir Christian Spiss. „Bei Piloten ist alles standardisiert, denn sie arbeiten mit Checklisten. Dieses System wird modifiziert im Rahmen der Qualitätssicherung in die klinische Medizin übertragen. Dadurch werden Handlungsabläufe standardisiert und mit Hilfe der *Evidenced based Medicine* die medizinischen Therapien internationalisiert und vergleichbar gemacht."

Monika Stahl, Österreich

Freizeitpilotin und Präsidentin des Vereins der österreichischen Pilotinnen, Initiatorin der Sektion Austria der Ninety-Nines

Als Monika Stahl eines Tages mit ihrer Schwester mitflog, die vor ihr die Pilotenlizenz erworben hatte, bekam sie selbst Lust zum Fliegen. Sie beschloss, Pilotin zu werden, wobei ihr Ansatz eindeutig die Suche nach dem Abenteuer war. Seit ihrem 16. Lebensjahr besitzt sie nun eine Privatpilotenlizenz und fliegt ausschließlich in ihrer Freizeit. Sie hat ihren Flugschein aus Spaß gemacht und Urlaube für zusätzliche Ratings wie etwa das Buschfliegen oder das Wasserfliegen verwendet. Sie fliegt, weil sie das Gefühl der endlosen Freiheit erleben möchte. „Es ist tatsächlich immer sehr schön, in den Lüften zu sein", sagt sie. Ein spezielles Highlight waren die Wasserflüge in Kanada, denn Monika Stahl erlebte dabei die nahezu unendliche Weite über tausenden Seen und wunderschönen Wäldern von Ontario. Sie konnte sich aussuchen, welchen See sie zur Landung wählen wollte, und erlebte die Spannung, in unbewohntes Gebiet einzutauchen und wieder aufzusteigen. Bei einem Scheitern wäre mit keinerlei Hilfe zu rechnen gewesen, doch gerade dadurch wurde die Freiheit grenzenlos.
„Die Pilotenlizenz kann man in jedem Alter machen, und wenn es einen packt, dann ist es so wie ein Virus", erzählt sie. Das Tolle am Fliegen sei das Freiheitsgefühl, das einen nicht mehr loslasse, und man fliege aus Freude und aus Begeisterung. Eine gute Ausbildung sei Voraussetzung, denn man müsse im Cockpit zu 100 Prozent selbstverantwortlich agieren, egal, ob man nun Linienpilot, Bedarfsflugpilot oder „nur" Privatpilot sei. Falsche Entscheidungen können – im schlimmsten Fall – letal ausgehen. Aufgrund dieser Verantwortung können laut Monika Stahl nur Führungspersönlichkeiten Piloten werden. Das Image der Pilotinnen hat heute im Vergleich zu den Anfängen nicht mehr jenes von Exklusivität und Abenteuer, da es einfach geworden ist, Pilot zu werden. Es gebe zwar mehr Pilotinnen und weibliche Kapitäne als noch vor zehn Jahren, doch Frauen als Piloten sind noch immer in der Minderheit, obwohl sie einen guten Ruf genießen und von ihren Kollegen mit Respekt behandelt werden.

„Fliegen, um die grenzenlose Freiheit zu erleben": Monika Stahl

Monika Stahl hatte noch nie brisante oder gar gefährliche Erlebnisse. Möglicherweise würde ein Außenstehender einige ihrer Erlebnisse als Abenteuer einstufen, doch da sie grundsätzlich überlegt handelt, war sie bisher immer in der Lage, in so manch schwierig erscheinenden Situationen die Kontrolle zu behalten. Bei Freizeitpiloten kann durch gutes Training und richtige Selbsteinschätzung das Unfallrisiko verringert werden, dabei machen Freizeitpiloten nur wenige Simulatortests – das Training erfolgt bei ihnen „live" und gute Teamfähigkeit, Vertrauen, gute Kommunikation und solide Kenntnisse als Navigator sind Grundvoraussetzungen für einen guten Piloten – egal ob Frau oder Mann.
Was die Stellung von Pilotinnen innerhalb der Branche betrifft, so kann Monika Stahl nur sagen, dass ihr keine Rivalitäten und Eifersüchteleien bekannt sind. Im Club profitiere man von der Erfahrung jeder Pilotin, wobei Linienpilotinnen selten in privaten Pilotenclubs sind: „Denn die spielen in einer anderen Liga", sagt Stahl.

Wilhelm Stastny, Österreich

Polizeihubschrauberpilot,
Leiter der Flugeinsatzstelle im Bundesministerium für Inneres

Wie so viele Buben träumte auch Wilhelm Stastny davon, einmal Pilot zu werden. Er entschloss sich erst wirklich dazu, als er schon bei der Exekutive arbeitete. Für ihn kam die Ausbildung zum Kriminalbeamten oder zum Polizeihubschrauberpiloten in die engere Wahl. Er meldete sich in beiden Bereichen für das Auswahlverfahren an und stieg schließlich in den Flugbetrieb ein.
Für einen Exekutivhubschrauberpiloten gibt es Momente, in denen man sich wünscht, nicht fliegen zu müssen, und so empfand es auch Stastny. Er war etwa 15 Jahre im Flugrettungsdienst als Polizeipilot eingebunden, und da sah er so viel Leid, dass er nicht sagen kann, dass dieser Job mit viel Faszination verbunden sei. „Natürlich war auch meine Motivation die Freude am Fliegen an sich und das Interesse an der Weiterbildung, an der theoretischen sowie an der technischen Ausbildung." Seine Ausbildung dauerte über fünf Jahre. Stastny absolvierte die Grundausbildung als Polizeihubschrauberpilot beim Militär in Langenlebarn, und war in der Folge viel in Österreich und im Ausland unterwegs. Dann entschloss er sich, Fluglehrer zu werden. Von 1985 bis 2005 war er Ausbildungsleiter in der Pilotenaus- und -weiterbildung beim Innenministerium.
Bei der Polizei wird bei fast jedem Wetter geflogen. Es gibt aber Einschränkungen und vom Hersteller der Maschinen vorgegebene Limitierungen. Etwa bei Vereisungen, bei Windgeschwindigkeiten von 90 bis 100 Stundenkilometern, im alpinen Bereich und bei Bodennebel. Es gibt Hubschrauber, die allwettertauglich sind, aber normalerweise ist Bodensicht gefordert. „Ich halte meinen Beruf für abwechslungsreich und sehr interessant. Abwechslungsreich, weil man von verkehrsordnungspolizeilichen Tätigkeiten, über die Alarmfahndung bis hin zur Unterstützung beim Löschen von Waldbränden einen positiven Beitrag für diese Gesellschaft leisten kann. Interessant, weil man durch Weiterbildung ständig mit dem neusten Stand der Technik befasst ist. Innerhalb der Exekutive wird unsere

Tätigkeit sehr geschätzt und eine positive Beteiligung am Einsatzbetrieb mit dem Hubschrauber bringt der Besatzung ein besonderes Erfolgserlebnis. Doch selten Sonnen- ohne Schattenseiten", sagt Stastny.
In den letzten Jahren hat sich daher der Einsatzbetrieb immer mehr in die Nachtstunden verlagert, und bei der österreichischen Polizei gibt es einen Rundumdienst – 24 Stunden täglich, die so eingeteilt sind, dass Schichten von 12 und 24 Stunden und sechs bis sieben Nachtdienste pro Monat pro Pilot eingeplant werden. Die Dienste schließen natürlich auch Sonn- und Feiertage mit ein. „Das sind nicht gerade sehr familienfreundliche Arbeitszeiten", seufzt Stastny.
Wilhelm Stastny ist bisher 8500 Stunden unfallfrei geflogen und einer der ältesten und erfahrensten Hubschrauberpiloten in Österreich. Er weiß, dass sich 95 Prozent der Flugunfälle aufgrund von menschlichem Versagen ereignen. Im Vergleich zu Linienpiloten haben Hubschrauberpiloten einen beständigeren Arbeitsplatz. Vielleicht weil das Fliegen zum Alltag gehört, schaue man auf Piloten zwar mit Wohlwollen, aber sie seien nicht mehr die Stars, wie zur Zeit des Films *Boeing Boeing* mit Tony Curtis. Das Image der Piloten hat sich ganz bestimmt im Lauf der letzten Jahre stark verändert. Vor 60 Jahren waren Piloten noch Haudegen, die die Kriegswirren und so manchen Abschuss überlebt hatten. Was ganz logisch war, denn sie mussten mit einfacheren Fluggeräten fliegen als heutige Piloten, die auf technisch weitaus ausgereifteren Maschinen unterwegs sind. Der Einsatzbereich hat sich erweitert, und die Sicherheit im Flugbetrieb steht im Vordergrund. Der Beruf Pilot ist heute eher der eines technischen Logistikers, denn obwohl das fliegerische Können im Einsatzbetrieb wohl sehr wichtig ist, kommt der Bedienung der Systeme immer größere Bedeutung zu. Das Heldenhafte sei verschwunden und die riskante Tätigkeit beschränke sich auf die Einsatzfliegerei im Grenzbereich: „Pilot zu sein ist heute ein Beruf wie viele andere auch", ist sich Stastny sicher.
Mit Abenteuer hat der Beruf des Polizeipiloten nichts zu tun, denn das Risiko sucht der Pilot keinesfalls. Die guten Piloten, das sind die alten, erfahrenen Piloten. Übrigens lautet der österreichische Fliegergruß folgendermaßen: „Glück ab, gut Land".
Stress ist ein großes Thema im Hubschrauberpiloten-Beruf. Wilhelm Stastny ist in der glücklichen Lage, in bestimmten Situationen gut abschalten zu können. „Ich habe auch Anti-Stress-Tricks, und es kommt vor, dass

„Mit Abenteuer hat der Beruf des Polizeipiloten nichts zu tun“: Wilhelm Stastny

ich dann lieber in meinem Büro sitze und Papierkram erledige oder einfach einen Kaffee mit meinen Kollegen trinke, um abzuschalten.“ Zum gänzlichen Abschalten fährt er in sein Haus nach Niederösterreich, wo er sich hobbymäßig gemeinsam mit seiner Frau als Obst- und Gemüsebauer betätigt.

„Jeder Pilot hat kritische Situationen erlebt“, sagt Stastny. „So kam es, als ich einmal in einem anderen Bundesland aushalf, zu einer Seilbergung, bei der der Retter selbst am Hubschrauber in den Seilen hängt. Ich blieb in einer relativ großen Höhe mit dem Bergeseil an einem Baum hängen und das beim Abflug. In einem Sekundenbruchteil konnte ich die Vorwärtsgeschwindigkeit reduzieren und den Flugretter nach oben ziehen.“ Eine andere prekäre Situation erlebte er, als er ein Frühgeborenes in den Nachtstunden von einem Bezirkskrankenhaus in ein Schwerpunktkrankenhaus fliegen musste, da es Wasser in den Lungen hatte, denn im Bezirkskrankenhaus war eine effiziente Hilfe nicht möglich. Stastny hatte den Flug bei extrem starkem Nebel durchzuführen und sich dazu entschieden, ein solches Risiko einzugehen, da es am nächsten Morgen für den kleinen Patienten zu spät gewesen wäre. Jahre später schrieb ihm dieses Kind einen Brief und bedankte sich für seine Rettung. „Ab und zu ist es durchaus richtig, an seine Grenzen zu gehen“, sagt Stastny heute.

Dieter Szolar, Österreich

Militärpilot und Pilot im Kunstflugschwarm Karo As

Dieter Szolar schlug nach der Schulausbildung in Kärnten eine militärische Laufbahn ein. Er besuchte von 1970 bis 1973 die Theresianische Militärakademie in Wiener Neustadt, wo er schließlich als Leutnant der Fliegertruppe ausmusterte.
Da er zu den Jahrgangsbesten zählte, ermöglichte ihm die Militärakademie zur Belohnung eine Studienreise in die USA zur Militärakademie in West Point. Ab 1973 führte er als Kommandant die 1. Staffel des Überwachungsgeschwaders, danach war er stellvertretender Kommandant des Fliegerregiments 2 und für dessen Ausbildung in Zeltweg zuständig. Er besitzt den Militär-Instrumentenflugübungsgeräte-Lehrerschein, den Berufspilotenschein, den Privatpilotenschein und das allgemeine Funkerzeugnis. Dieter Szolar war bis 1985 Mitglied im österreichischen Kunstflugschwarm Karo As. Von 1996 bis 2001 flog er für das Breitling-Team 2000 und von 2001 bis 2007 für das Sebring-Team 2000.

„Echt fliegen kann man nur als Militärpilot“: Dieter Szolar

Für Szolar sind Militärpiloten die richtigen Piloten. Obwohl er behauptet, dass sie gegenüber den Linienpiloten unterbezahlt sind, würde er niemals seinen Job eintauschen. Denn „echt fliegen kann man nur als Militärpilot. Kunstflug, Formationsflug, Tiefflug, Überschallflug, Luftkampf, Schießen mit Bordkanone, Raketen und Lenkwaffen, das sind unbezahlbare Erfahrungen. Berufspilot auf einem Düsenflugzeug mit immer anderen Destinationen ist auch eine schöne Sache, sieht man doch wesentlich mehr von der Welt. Den Dienst im Linienflug finde ich dagegen weniger interessant, weil das ist, als wäre man mit einem Linienbus unterwegs. Hobbypilot zu sein ist lustig, aber immer lustig ist auch nicht lustig." Doch das Leben als Pilot sei wie jedes andere auch – nur mit einem etwas genauer geregelten Ablauf. Und man muss auf so manches verzichten, darf zum Beispiel keinen Alkohol trinken und muss strikte Ruhezeiten einhalten.

Brisant waren für Dieter Szolar folgende Erlebnisse: Im Jahr 1979 hatte er einen Funkausfall im Formationskunstflug in Bodennähe in Mildenhall in England mit einer Saab 105 OE. Er war nach 17 Minuten Flugzeit im Schweiß gebadet. Das zweite Erlebnis war ein Triebwerksausfall des linken Triebwerks nach einem Start in Palma de Mallorca mit einer Cessna Citation CJ-3 im Jahr 2008. Im Saab Draken hatte er keinen Kopiloten im Flugzeug, daher war das Leben als *lonely pilot* im Cockpit in bestimmten Situationen etwas stressiger, ansonst aber viel, viel schöner, denn „es ist ein unbeschreibliches Gefühl, wenn man allein im Jet mit mehr als 35.000 PS unterm Hintern senkrecht mit über 1000 Stundenkilometern in den azurblauen Himmel schießt."

Das Wichtigste im Cockpit sei aber Disziplin. Mit Stress gehe Szolar kontrolliert um. Kommunikation sei sehr wichtig, besonders die Flugvor- und -nachbesprechung, sagt der erfahrene Pilot Szolar.

Szolars Vorbild war kein geringerer als Manfred Freiherr von Richthofen und der sagte:

Das Leben geliebt
Die Sünde geküsst
Das Herz den Frauen gegeben
Und dennoch nicht gemuckt
Wenn der Tod uns gegrüßt
Das ist ein Fliegerleben

Flugzeugcrashs können durch ständige Kontrolle und Überwachung der fünf M verhindert werden: Mensch, Maschine, Mission, Medium und Management, ist Dieter Szolar überzeugt, der übrigens schon einmal Angst vorm Fliegen hatte. „Ich habe sie kontrolliert abgebaut, denn meine Psyche pflege ich in Krisensituationen selbst oder versuche es zumindest." Mitunter schalte er auch seine Frau ein, gibt er zu.
Mit sogenannten Risiken hat Szolar gelernt zu leben, denn „die gibt es ja überall, auch beim Autofahren, aber Fliegen bedeutet für mich das Schönste im Leben. Nein, um ehrlich zu sein vielleicht doch eher das Zweitschönste."

Franz Viehböck, Österreich

Manager bei der Berndorf AG und A(u)stronaut (Mission Austromir 1991)

Franz Viehböck war an der Technischen Universität in Wien Assistent und hatte aus den Medien erfahren, dass ein Kandidat für das Projekt Austromir gesucht wurde. Für die Bewerbung gab es bestimmte Voraussetzungen, so sollte man zwischen 30 und 40 Jahre alt und Bundesheerpilot sein oder ein abgeschlossenes Studium sowie Russischkenntnisse haben. Viehböck wollte es einfach einmal probieren: „Ich war gesund, sportlich, rauchte nicht und trank nur wenig Alkohol, also bewarb ich mich am Ende der Anmeldefrist an einem Freitag im Mai." Am darauf folgenden Montag erhielt er einen Anruf, ob er bereit wäre, dem Radiosender Ö3 ein Interview zu geben. Danach hörte er längere Zeit nichts mehr. Er erwartete ein Absage-Schreiben, stattdessen kam im Herbst die Einladung zur weiteren Auswahl, und zu diversen medizinischen und psychologischen Untersuchungen. Von den anfänglich über 200 blieben schlussendlich sieben Kandidaten übrig. Viehböck musste einen Fallschirmsprung, Überlebenstraining und einen Flug als Passagier im Bundesheerjet mit einer Saab 105 mitmachen, sowie Loopings, *g*-Tests und vieles mehr. Die Testflüge waren ein Erlebnis. Die Kandidaten wurden nach Moskau geschickt, im Moskauer Heeresspital wurden fünf von ihnen ausgewählt und die waren schließlich

„Es geht eigentlich relativ schnell ins Weltall": Franz Viehböck

weltraumtauglich. In Russland mussten spezielle Tests absolviert werden, wie die Zentrifuge und die Unterdruckkammer. Rückwirkend betrachtet, entdeckte Viehböck damals, wie viel seine mentalen Kräfte zu seiner körperlichen Resistenz beitragen konnten. So bekam er automatisch einen hohen Blutdruck, wenn er einen Arzt mit einem Blutdruckmessgerät sah. Als er aber in der Zentrifuge lag, „einem Riesending, das über 100 Tonnen wiegt", schildert er, war er plötzlich total ruhig, sein Blutdruck normal und bei Raketenstart hatte er einen Puls von 72.
Franz Viehböck hatte sehr wohl Angst vor dem Flug: Drei, vier Tage vor dem Start musste er daran denken, was passieren würde, „wenn das Ding da oben explodiert". Er wusste, dass er während seiner Abwesenheit Vater werden würde und sein Kind als Halbwaise zur Welt kommen könnte. Er versuchte damals, viele soziale Kontakte zu halten, um von diesen Gedanken wegzukommen. „Beim eigentlichen Start der Rakete hat man keine Angst mehr. Man ist zwar angespannt, doch man ist mit diversen Tätigkeiten beschäftigt. Es geht eigentlich relativ schnell ins Weltall." Das Abheben von der Erde verläuft sanft, während der ersten Sekunden habe man ein Gefühl wie in einer Linienmaschine. Die Beschleunigung der Rakete steigt kontinuierlich an und erreicht ihren Höhepunkt mit etwa 5 *g*. Nach wenigen Minuten wird die erste Stufe abgetrennt. Danach erfolgt

der Schub durch die zweite Stufe. Nach dem Ausbrennen der zweiten Stufe, wird auch sie abgetrennt und die dritte Stufe bringt das Raumschiff schließlich in die Erdumlaufbahn. Das Ende des Startvorgangs sei durch das Abtrennen des Raumschiffes von der Trägerrakete gekennzeichnet, etwa neun Minuten nach dem Start. Plötzlich sei man schwerelos und schwebe. Man umkreist die Erde mit einer Geschwindigkeit von 28.000 Kilometern pro Stunde oder sieben Kilometern pro Sekunde.

Die Idee von Sir Richard Branson, mit Virgin Galactic jedem Menschen einen Flug in das Weltall zu ermöglichen, hält Viehböck für interessant. Man könne diese Flüge aber nicht mit der Austromir-Mission vergleichen. Schwerelosigkeit genießen, im Weltall mit einer tollen Aussicht auf die Erde und in den Weltall, das hat schon was. Wenn es eine Möglichkeit gäbe, wieder in das Weltall zu fliegen, würde er sich gerne bewerben. Das Abenteuer des Raumflugs vom Einsteigen mit dem Raumanzug, den Checklisten, dem Start, der Beschleunigung, den Manövern, dem An- und Abdocken von der Station und der Landung – das sei einfach faszinierend. Bei Viehböcks Mission gab es zusätzliche Anreize mit der Durchführung von wissenschaftlichen Experimenten.

Gemeinsam mit Viehböck flog Sergej Krikaljow, der das Fluggerät völlig beherrschte und genau wusste, was zu tun war, wenn ein Problem auftauchte. Astronauten trainieren im Team, wie sie die Aufgaben gemeinsam lösen. Dennoch gibt es eine Hierarchie im Cockpit eines Raumschiffs, an deren Spitze der Kommandant steht. Ähnlich wie beim Linienpiloten sind Checklisten für Notfallsituationen vorgegeben. Der Kommandant trifft stets die letzte Entscheidung und kommuniziert mit der Bodenstation und ist auch verantwortlich für die Andockmanöver an die Raumstation. Dort hat jeder Astronaut seine eigenen Aufgaben, wobei Viehböck die wissenschaftlichen Experimente durchzuführen hatte. Seine russischen Kollegen mussten sich mit Instandhaltungsarbeiten an der Raumstation befassen, denn jede Rakete bringt Ersatzteile mit. Jeder hat also eine nach Sekunden eingeteilte Aufgabe zu erfüllen, die auch Manöver, die Berichterstattung und die Kommunikation mit der Bodenstation miteinbezieht. Die Rakete wird beim Start und bei der Landung von einem automatischen, vorprogrammierten Flugpfad gesteuert, und auch im Weltall funktioniert alles automatisch, wobei die Crew zu jedem Zeitpunkt die Möglichkeit hat manuell einzugreifen. Nur das Andocken erfolgt auf den letzten fünf bis 15

Metern ausschließlich manuell. Bei den letzten Metern gerät dann das Pilotenblut bei den Astronauten in Wallung, denn da will man nichts dem Zufall überlassen, dabei blickt ein Astronaut zur Luke hinaus und gibt genau die Entfernung an, während der andere den Computer bedient. Bildlich gesprochen hat der Kommandant bei der Landung quasi das Lenkrad in der Hand, und die Astronauten assistieren ihm.
Für den Astronauten sei es besonders wichtig, psychisch ausgeglichen zu sein, da der Job sehr stressig sei, so Viehböck. Jede zusätzliche Belastung außerhalb des Berufs sei daher zu vermeiden. Dazu lerne man Methoden, mit Stress umzugehen wie beispielsweise Autogenes Training. Flugpsychologen behaupten, Astronauten seien meist Normpersönlichkeiten, also in der Norm stehende Menschen. Franz Viehböck möchte die Beurteilung den Leserinnen und Lesern überlassen, ob es so normal sei, sich an die Spitze einer Rakete mit 300 Tonnen hochexplosivem Treibstoff an Bord zu begeben und sich ins Weltall katapultieren zu lassen. „Abgesehen davon glaube ich schon, dass ich relativ normal bin."

Christine Walsh, USA

Cheftestpilotin – CAS und Spezialprojekte
Boeing Test & Evaluation Engineering, Operations & Technology

Christine Walsh erinnert sich noch gut daran, wie ihre Eltern aufgeregt die Mondlandung im Fernsehen verfolgten, weshalb sie schon im Alter von zwei Jahren Astronautin werden wollte. Nach der Reifeprüfung studierte sie Luftfahrttechnik an der Universität von Colorado und schloss mit einem Bachelor of Science im Jahr 1989 ab. Gleich danach erhielt sie einen Job bei Boeing als Nutzlastingenieurin für das AWACS-Programm (Airborne Early Warning and Control System). 1990 wechselte sie in den Bereich Flight Crew Operations and Requirement Engineering und war in jenem Team tätig, das ein neues Flugdeck für die neueste Generation der Boeing 737 konzipierte. Dabei arbeitete sie ständig mit einem Boeing-Testpiloten zusammen und war der Meinung, dass sein Job viel spannender sei als ihrer. Schließlich wollte sie auch Testpilotin werden: „Also ging ich mit besagtem Cheftestpiloten der Boeing 737 Mittagessen und sagte zu ihm: ‚Eines Tages will ich deinen Job!' Er antwortete mir gelassen: ‚Du kannst das nicht.' Er war ein netter Kerl, und ich verstand augenblicklich, dass es lange dauern sollte, bis ich Testpilotin werden würde." Sie musste private Flugstunden nehmen und mindestens 1500 Stunden fliegen, um die Flugbefähigung zu erhalten. Es war ein langer, harter Weg und eine sehr arbeitsintensive Zeit, die sieben Jahre dauern sollte, denn sie musste neben ihrer Arbeit als Ingenieurin fliegen lernen.

Christine Walsh verließ Boeing 1994, um als Fluglehrerin für Galvin Flight Service zu arbeiten und wurde rasch zur stellvertretenden Fluglehrerin des in Seattle ansässigen Unternehmens befördert. Heute hat sie ein von der Flugbehörde FAA akkreditiertes Airline-Transport-Zertifikat mit Typenberechtigungen für Boeing 737, 747-400, 757, 767, 777 und eine schriftliche Vollmacht für die 787. Sie hat ebenso ein Zertifikat als Fluglehrerin für einmotorige Flugzeuge, mehrmotorige Flugzeuge und Instru-

„Wir glauben alle, dass wir sehr gut sind, weil wir einfach gut sein müssen": Christine Walsh

mente. Außerdem hat sie eine Bescheinigung für das Fliegen von Wasserflugzeugen. Sieben Jahre lang sendete sie ihre Bewerbungen an den Chefpiloten von Boeing. Sie ergänzte stets ihren Lebenslauf um ihre erworbenen Ausbildungsschritte und sendete ein neues Bewerbungsschreiben an den Chefpiloten. Eines Tages rief sie Boeing an und sagte ihr, dass eine neue Position als Kopilotin und Systemoperator frei sei, und sie erhielt den Job 1997. Bei Boeing gibt es übrigens keine Aufnahmetests, denn die Piloten werden am Arbeitsplatz ausgebildet, und das On-the-job-Training funktioniert sehr gut.

Alle Testflüge tragen ein gewisses Risiko in sich. Um es zu verringern, werden strenge Abläufe eingehalten, aber es wird auch über Alternativen diskutiert und ständig im Simulator geübt. Eine der denkwürdigsten und zugleich brisantesten Momente, die sie jemals erlebte, war jener, als ihre Maschine von einem Blitz getroffen wurde. Vor einem derartigen Ereignis hört der Pilot in seinem Kopfhörer ein merkwürdiges Rauschen und dann den Knall des Einschlags. Christines erste Reaktion war, das Flugzeug weiterzufliegen und eine rasche Bewertung aller Systeme durchzuführen. Dann wurde das Testteam befragt, um sicher zu gehen, dass alle an Bord okay waren, doch glücklicherweise waren Mensch und Maschine unbeschadet davongekommen. Christine Walsh flog weiter zum Flughafen und hatte eine normale Landung. Doch als danach der Flieger inspiziert wurde, waren Eintritts- und Austrittspunkt des Blitzes deutlich sichtbar.

Christine Walsh hat nie Angst beim Fliegen, sie würde nie in ein Flugzeug steigen, wenn sie Angstzustände hätte. Sie arbeitet mit einem Test-Team, das aus exzellenten Boeing-Ingenieuren und einer sehr gut geschulten Instandhaltungscrew besteht. Den Tag vor einem Testflug verbringt sie mit Vorbereitungen und liest sich die Erfahrungen anderer Crews durch: „Ich würde sagen, dass ich stets Respekt vor jedem Testflug habe, eher als Angst, und während eines Testfluges sind wir alle Kapitäne. Daher gibt es praktisch keine Kopiloten bei einem Testflug, der vom Bord-Team gleichberechtigt durchgeführt wird. Als Testpiloten haben wir viel Entscheidungsfreiheit während der Flüge, und deshalb stellen die Testpiloten die Flugpläne und die Test-Orte für jeden Testtag selbst zusammen. Wir müssen uns dennoch an einen variablen Flugplan gewöhnen. Wir fliegen, sobald der Flugplan fertig ist. Daher ist es etwas schwierig, zu privaten Einladungen oder Events zuzusagen."

Um Stress abzubauen, geht Christine Walsh viel Laufen. Meist ist sie zwischen zwei Tagen bis zu zwei Monaten für Flugtests unterwegs. Doch heute kann man, auch wenn man weit von zu Hause weg ist, mit den modernen Mitteln der Technik, also mit Skype und E-Mail, mit Familie und Freunden in Kontakt bleiben, und auch im Beruf ist Kommunikation der Schlüssel zum Erfolg. Als Testpilot muss man zwischen den einzelnen Kollegen wie dem Mechaniker, dem Ingenieur, den Abteilungsleitern und den anderen Piloten vermitteln.

Wir wollen von Christine Walsh wissen, wie sich das Berufsbild verändert hat. „Nun, heute ist ein Pilot immer noch ein Pilot", antwortet sie. „Er muss vor allem und ausschließlich ein Aviator sein. Dennoch muss ein moderner Pilot heute mit viel mehr Informationen vor, während und nach dem Flug umgehen können. Die Flugzeuge und deren Systeme sind ebenfalls viel ausgeklügelter geworden als früher, und der Luftraum ist heute leider überfüllt, was zur Folge hat, dass man noch aufmerksamer navigieren muss als noch vor zehn oder 20 Jahren".

Frauen und Männer seien gleich gute Piloten und es sei wichtig, einen guten Mix zu haben, sagt Walsh. Bei Boeing sei dies schon gut gelungen, und Pilotinnen und Piloten bringen ihre Wesenszüge ins Cockpit ein. „Übrigens sind Piloten genauso arrogant wie die Wiener Kaffeehauskellner", sagt Christine Walsh verschmitzt und ist überzeugt, „dass niemand mit einem Piloten fliegen möchte, der seine Flüge so von ungefähr absolviert. Wir glauben alle, dass wir sehr gut sind, weil wir einfach gut sein müssen, und hassen deshalb Fehler. Wir versuchen diese Arroganz mit Crew Resource Management zu bändigen. Wenn ich eine Krisensituation im Cockpit erlebe, dann führe ich nach dem Flug mit meinen Kollegen sogenannte Hangar-Gespräche. Das bedeutet, dass alle Piloten darüber sprechen, was sie gelernt und wie sie es im Cockpit umgesetzt haben. Das ist der beste Weg, um Erfahrungen auszutauschen."

Flugtestpiloten tragen eine enorme Verantwortung, da sie sicherstellen müssen, dass die Flugzeuge flugbereit sind. Doch selbst mit der größten Verantwortung im Rücken hat sie noch immer Spaß daran, in der Luft zu sein. Jede Minute, die geflogen wird, ist aufregend. Christine Walsh liebt die Sonnenauf- und -untergänge und auch das Abenteuer, weshalb sie glaubt, dass Fliegen niemals so sein wird wie Autofahren, denn dazu braucht es Menschen, die sich dem Fliegen völlig hingeben, wozu nicht

jeder bereit ist. Doch die Arbeit von Boeing an der Entwicklung des Solarflugzeugs hält sie für wichtig, wie alle Fortschritte in der Luftfahrt wichtig und interessant sind.
Die Luftfahrtbranche fokussiert rund um das Thema Sicherheit, und da Walsh in verschiedenen Teams mit den anderen großen Flugzeugherstellern zusammenarbeitet, glaubt sie, dass gemeinsam die Sicherheit in der Luftfahrt weiterhin verbessert werden wird.

Ines Widmer, Schweiz

Militärhelikopterpilotin bei der Schweizer Luftwaffe

Als Kind war die Fliegerei für Ines Widmer eine Mischung aus Fernweh, Abenteuer und Karriere, denn in ihren Büchern wurden Piloten stets stark, schön und reich dargestellt. Und sie erinnert sich noch, als ob es gestern gewesen wäre, als ihr älterer Bruder von der Fliegerei schwärmte und erwog, in die Militärfliegerei einzusteigen, indem er sich für die fliegerische Vorschulung anmeldete. Da war ihr klar, dass auch sie Pilotin werden wollte – damals war sie gerade erst 14 Jahre alt.
1987 machte sie ihren ersten Alleinflug mit einem Gleitschirm, im Jahr 1989 erwarb sie die französische und ein Jahr später die Schweizer Privatpilotenlizenz und eine beschränkte Berufspilotenlizenz. Es folgten 1991 Einsätze als Schlepp- und Rundflugpilotin sowie eine Segelfluglizenz. 1993 wurde sie beim Auswahlverfahren für Militärpiloten auf einer Pilatus PC-7 eingeschult, einem propellerbetriebenen Schulflugzeug.
Zwischen 1994 und 1995 absolvierte sie ihre Ausbildung auf dem Helikopter, einer Alouette 3, und erreichte den Grad des Offiziers. Gleichzeitig begann sie ihre Ausbildung zum Berufsmilitärpiloten auf einer Pilatus PC-7, einer PC-6 und einer Alouette 3, sowie eine Ausbildung zum Fluglehrer auf Flächenflugzeugen und Helikoptern.
1999 machte sie eine Ausbildung als Kopilot auf einer Aérospatiale AS 332 Super Puma, 2001 wurde sie *pilot in command.*

Ines Widmer flog viele Einsätze als Pilotin im In- und Ausland, nahm an einigen humanitären Hilfseinsätzen und an militärischen Maßnahmen zur Vermeidung von Konflikten im Kosovo und in Bosnien ebenso teil wie an friedlichen Such- und Rettungseinsätzen. Weiters befasste sie sich mit dem Operation Manual der Puma-Flotte und seit 2009 ist sie stellvertretende Kommandantin der LT St 3 – das ist der Bereich ihrer nichtfliegerischen Arbeit.

In der Schweiz dauert die Militärausbildung lange und ist sehr umfassend. Bei der Luftwaffe ist die *Unité de doctrine,* die Übereinstimmung der anzuwendenden Verfahren, äußerst wichtig. Man arbeitet in einer überschaubaren Korps-Geschwader-Staffel, und das Zusammengehörigkeitsgefühl hat oberste Priorität. Man kennt sich und weiß, dass man sich auf seine Kameraden verlassen kann, ganz anders als im zivilen Bereich, wo die Ausbildung meist in der Gruppe stattfindet, danach aber jeder für sich steht. Meistens gibt es dort große Pilotenkorps, und die Crew setzt sich immer wieder neu zusammen.

Natürlich hat man auch als Militärpilot die eine oder andere brisante Erfahrung an Bord eines Flugzeugs oder Helikopters, so erlebte Ines Widmer bei einem Trainings-Instrumentenflug in einer Cougar AS 532 in einer dichten Wolkendecke einen Blitzschlag: „Den Blitz sah und hörte man sehr gut. Es gab aber nur kleinere Warnungen, die sich auf die Enteisung im Hauptrotor bezogen. Wir meldeten dies der Flugsicherung und landeten sofort auf der Basis. Der Blitz hatte in einem Rotorblatt eingeschlagen, war durch das Hauptgetriebe und die Antriebswelle des Heckrotors gegangen und beim Heckrotor bei einer Antenne wieder ausgetreten. Der Schaden war riesig, und seine Auswirkungen bei längerer Flugzeit wären verheerend gewesen."

Ein guter militärischer Lufttransportpilot kann seine aktuelle Leistungsfähigkeit, also seinen Trainingsstand, seine Fitness und Erfahrung mit den gegebenen Umständen wie dem Wetter, dem Gelände, der Passagieranzahl und seinem Gewicht richtig einschätzen und so eine Mission optimal durchführen, sagt Ines Widmer.

Widmer fliegt teils mit Kopilot oder mit Schülern, aber auch allein am häufigsten die PC-6 Porter und die Eurocopter EC635. „Wenn ich allein unterwegs bin, genieße ich die Stille besonders und kann so meinen Gedanken freien Lauf lassen."

„Fliegen bedeutet für mich Freiheit, Herausforderung, Abenteuer, Dienstsache": Ines Widmer

Kommunikation sei das Um und Auf. Viele Dinge werden zwar nach den *Standard Operations* abgehandelt, dennoch gibt es immer wieder Abweichungen davon, die man innerhalb der Crew besprechen muss. Auch der Ton macht die Musik, also die Art, wie man kommuniziert, gilt auch im Cockpit als wichtiger Faktor. Als Pilot muss man sich daran gewöhnen, Kritik hinzunehmen, und versuchen, das Richtige daraus zu machen. Pilot sein hängt nicht vom Geschlecht, sondern eher von der Erziehung und von den äußeren Umständen ab. Frauen neigen mehr zur Harmonie, sind tendenziell risikoscheuer, ehrgeiziger und setzen sich oftmals damit selbst unter Stress. Ines Widmer hat als Fluglehrerin aber auch das Gegenteil erlebt. Und so freut sie sich darüber, dass es heute beinahe normal ist, dass auch Frauen fliegen wollen und es auch können! Vor 20 Jahren war das noch ganz anders.

Oft sind die Menschen gegenüber dem Militär negativ eingestellt und stehen deshalb kritisch dem Berufsbild gegenüber. Vermutlich wissen viele Leute zu wenig über das Einsatzspektrum und die Sicherheitspolitik im Allgemeinen. Sobald sich aber eine Katastrophe wie etwa eine Überschwemmung oder ein Großbrand ereignet und das Militär hilft, steigt dessen Reputation enorm. „Krisensituationen für einen Militärpiloten in der Schweiz gibt es in Form von subsidiären Einsätzen, wenn wir nach großen Unwettern oder Feuer um Unterstützung angefragt werden. Diese Einsätze gehören aber zum Job, dafür wird man ausgebildet."

Der Job des Militärpiloten bedeutet, mit Unsicherheiten zu leben und umzugehen, da das Risiko um ein Mehrfaches höher ist als beim Linienpiloten. Aufnahmetests sind in dieser Branche ein absolutes Muss, da es viel zu viele Bewerber gibt. Es kann nicht alles getestet werden, aber es gibt ein paar Grundeigenschaften, die ein Pilot mitbringen sollte: „Ich denke, Flugzeug-Crashs wären durch die Implementierung eines Kollisionssystems und von Kollisionswarngeräten in Kleinflugzeugen zu verhindern. Sollte Fliegen für alle zur Gewohnheit werden wie das Autofahren, dann wären der Lärm, der Gestank und der Verkehr wirklich unerträglich", meint Ines Widmer. Fliegen bedeutet für sie ein bisschen von allem: Freiheit, Herausforderung, Abenteuer, Dienstsache. Die Freiheit hat aber einen neuen Stellenwert erhalten mit der Gründung einer Familie. Wenn Ines Widmer fliegt, dann kann sie für ein paar Stunden den Job als Mutter ablegen.

Cornelia Wolf, Deutschland

Kapitän bei der Air Berlin

Es war im Jahr 1994. Cornelia Wolf war 24 Jahre alt, Fallschirmspringerin und ihr damaliger Freund setzte mit seiner Twin Otter, einem zweimotorigen Flugzeug für 20 Springer, europaweit Fallschirmspringer ab. Jede freie Minute verbrachte sie auf irgendeinem Sprungplatz dieser Welt, und so kam sie auf die Idee, den Privatpilotenschein (PPL) in Deutschland zu machen, in Florida Stunden für die Commercial Pilot Licence (CPL) zu fliegen, in Hamburg die CPL und dann in Kanada die Musterberechtigung für die Twin Otter zu machen. Eigentlich wollte sie nur gemeinsam mit ihrem Freund Fallschirmspringer absetzen und natürlich weiter selbst Fallschirmspringen. Zum Interesse am Fliegen und Fallschirmspringen aus Liebe zu einem Mann kam möglicherweise auch eine genetische Disposition, denn ihr Großvater war auch Pilot und Fallschirmspringer.

„Ich glaube, das Berufsbild des Piloten ist in meinen 17 Jahren aktive Fliegerei so selbstverständlich geworden, dass ich kaum über mein Image nachdenke. Ich erwähne aber auch nicht jedem gegenüber, den ich kennen lerne, meinen Beruf, denn die Reaktionen sind dann immer gleich. Man wird zugeschüttet mit Fragen über die Fliegerei und ist für jedes Fehlverhalten jeglicher Fluggesellschaften weltweit mitverantwortlich. Man erzählt mir dann von Turbulenzen und Luftlöchern, die ich in all den Jahren als Pilotin und auch zuvor als Flugbegleiterin nie erlebt hatte", sagt Cornelia Wolf. Das Leben des Piloten bedeutet oft frühes Aufstehen oder spätes Schlafengehen, also extremer Schichtdienst. Es ist vielseitig, interessant, manchmal auch langweilig, wenn man stundenlang nur geradeaus fliegt. Es gibt schöne Layover, wo man mit der Crew im In- oder Ausland ein bisschen was sehen und erleben kann. Es gibt aber auch sehr lange Umläufe, wo man froh ist, im Hotelbett zu liegen.

Cornelia Wolf sei auf einen Triebwerksausfall in der Boeing 737 tausendmal besser trainiert, als auf einen Reifenplatzer auf der Autobahn in ihrem Privatwagen auf dem Weg zum Flughafen, sagt sie. Aber auch sie musste schon einmal mit einer kaputten Cockpitscheibe zwischenlanden oder bei dem Tiefdruckgebiet Kyrill einen Flug ein paar Stunden verschieben, weil man auf dem Flughafen Windböen mit 60 Knoten gemeldet hatte.

Andererseits gibt es viele schöne Erlebnisse. Eines der schönsten war für sie ihr erster Fallschirmsprung 1992 in Florida, nachdem im Vorfeld in Cape Canaveral ein Spaceshuttle gestartet war und man dieses am Himmel sehen konnte. Auch ihr erster Alleinflug ohne Fluglehrer in einer kleinen einmotorigen Tobago für den PPL zählt zu den eindrucksvollsten Erlebnissen der Pilotin. Nach den ersten Platzrunden mit der 737 sei sie ausgestiegen und dachte: „Wow, ist die groß." Aber auch die Polarlichter bei einem Überführungsflug aus Seattle haben sie beeindruckt.

Ein guter Pilot ist für Cornelia Wolf ein disziplinierter, neugieriger Pilot, der Lust am Fliegen hat. Wenn er dann noch das nötige Talent hat, dann ist alles wunderbar gelaufen. An ihren Kopiloten schätzt sie deren Neugier und Wissensdurst. Das Wichtigste im Cockpit ist Professionalität, aber auch Disziplin, Kommunikation gepaart mit Systemkenntnissen – und Kenntnissen rund um die Fliegerei, vor allem aber auch der Spaß, das Interesse an der Fliegerei. Durch sogenannte Standard Operational Procedures (SOP) ist vieles festgelegt, dennoch gibt es noch genug Spielraum für Entscheidungen für einen sicheren und komfortablen Flug und zum Wohle der Passagiere und der Crew.

„Kommunikation ist eines der wichtigsten Elemente in unserem Beruf, also innerhalb der Crew, zwischen Cockpit und Kabine, Kapitän und Kopilot, aber auch zwischen der Crew und den Passagieren, ganz abgesehen von der Kommunikation rund ums Handling", erklärt Frau Kapitän die Abläufe beim Fliegen.

„Der Charterpassagier klatscht noch immer nach der Landung, und wir wissen, wir haben ihn glücklich gemacht“: Cornelia Wolf

Die Eignungs- und Aufnahmetest in ihrer Branche sind prinzipiell gut, um auch hier schon Risiken und Fehler ausschließen zu können. Dies sollte es in allen Berufen geben, in denen sich Menschen anderen anvertrauen müssen, „ich denke da manchmal auch an Lehrer“.

Das Positive an ihrem Beruf sei die Resonanz und Akzeptanz und das Vertrauen, das man Piloten schenkt. Wolf empfindet es auch positiv, wenn sich die Passagiere auf ihren Urlaubsflug freuen: „Der Charterpassagier klatscht noch immer nach der Landung, und wir wissen, wir haben ihn glücklich gemacht. Das ist doch schön – Tagesziel erreicht. Negatives fällt mir eigentlich nicht ein.“

Wolf spürt im Cockpit selten Stress. Der größte Stressfaktor kommt von außen wie kurzfristige Dienstplanänderungen, die das private Umfeld

beeinflussen oder unprofessionelles Zuarbeiten von Agenten etc. Fühlt sich Wolf gestresst, dann betreibt sie Sport und macht verstärkt Wellness, um zu entspannen. Manchmal hilft schon ein Telefonat mit dem Liebsten oder ihrer Tochter. Von einem Airliner erwartet sie sich Professionalität, Disziplin, eine gute Ausbildung, gute Umgangsformen, gepflegtes Äußeres, Neugier, Kenntnisse rund um die Fliegerei sowie eine gute Allgemeinbildung.
Heute Pilot zu sein sei längst nicht mehr so elitär wie vor vielen Jahren, wo der Pilot so selten war, wie der Astronaut heute, sagt Wolf. Mittlerweile sei Fliegen alltäglich und zur Normalität geworden.
Ob Frau oder Mann der bessere Pilot sei, fragen wir. Natürlich die Frauen, antwortet Wolf spontan. „Nein, das ist natürlich Quatsch. Es gibt ein paar witzige Sprüche dazu wie: ‚Wenn der liebe Gott gewollt hätte, dass Frauen fliegen, hätte er den Himmel rosa gemacht.' Darauf kann ich nur sagen, dass an den schönsten Momenten am Tag der liebe Gott genau das gemacht hat, und wie schön und romantisch ist doch ein roter Sonnenauf- beziehungsweise -untergang, wenn sich der Himmel rosa färbt. Einer meiner Kollegen sagte einmal nach einer Landung anerkennend zu mir, als ich noch Kopilotin war: ‚Nun, auch wenn die Männer die Fliegerei erfunden haben, ihr Frauen habt sie perfektioniert.'"

Don Wykoff, USA

Kapitän bei Delta Airlines,
Präsident der IFALPA, der größten Pilotenvereinigung der Welt

Don Wykoff wuchs mit der Luftfahrt auf, denn sein Vater war Pilot und flog kleinere Maschinen. Ab seinem sechsten Lebensjahr wollte er unbedingt Pilot werden. Er lernte schließlich das Fliegen, als er in der High School war und machte den Privatpilotenschein. Während er das College besuchte, nahm er am Air Force Reserve Officer Training Corps (ROTC) teil. Die Ausbildung dauerte vier Jahre. Er diente neun Jahre in der US Air Force als F-16-Kampfpilot, bevor er im Jahr 1988 bei Delta Airlines als

„Die Luftfahrt ist wie ein Virus, manche Menschen kriegen ihn, manche nicht:
Don Wykoff

Linienpilot begann. In den ersten 14 Jahren seiner Tätigkeit bei der größten Airline der Welt, arbeitete er weiterhin regelmäßig für die US Air Force Reserve.

Die Luftfahrt ist für ihn wie ein Virus, „manche Menschen kriegen ihn, manche nicht". In seinen Augen hat der Berufsstand sich in den letzten Jahrzehnten nicht wirklich verändert. Aber in vielerlei Hinsicht hat die Industrie sich verändert, das hat besonders im letzten Jahrzehnt viele Piloten getroffen. Ein guter Pilot muss heute professionell, gewissenhaft und ein Perfektionist sein. Er muss immer danach trachten, ein Stück besser zu sein als die anderen. Wykoff erwartet sich von seinen Kopiloten Teamfähigkeit, technisches Know-how, und dass sie sich als Kapitän in Ausbildung verstehen und erst ihre Erfahrungen sammeln müssen.

Eine gefährliche Situation im Flugzeug erlebte er, als er für die US Air Force arbeitete, denn er hatte einen Triebwerksausfall und war weit weg von seinem Heimatlandeplatz. Jedoch war er noch in der Lage, zu einem nahe gelegenen Landeplatz zu gleiten und das Flugzeug sicher aufzusetzen.

Wykoff führt ein angenehmes Familienleben. Er heiratete vor 32 Jahren seine Jugendliebe, und es war ihm immer wichtig, dass sich die Familie ohne ihn im Alltag zurechtfindet: „Ich selbst brauche viel Ruhe und Ausgeglichenheit in meiner Freizeit, aber jeder Pilot sollte wissen, dass sein Beruf einen Lebensstil ohne Ferien bedeutet."

Nach einer Krisensituation an Bord sitzen bei Don Wykoff alle Crew-Mitglieder bei einem Gläschen Bier und einem guten Happen zusammen und sprechen über die Angelegenheit, die an Bord passiert ist. Man wertet sozusagen gemeinsam den Flug aus. Und man macht *hangar flying,* was soviel bedeutet wie mit unbeteiligten Kollegen über das entstandene Problem zu sprechen.

Für Don Wykoff bedeutet Fliegen etwas ganz Besonderes, denn es ist ganz anders als jeder andere Job. Wenn er zum Beispiel in den frühen Morgenstunden in einer Höhe von 15.000 Fuß die Wolken unter sich sieht und den Sonnenaufgang genießen kann, ist das ein unbeschreiblich schönes Gefühl. Aber vor allem bedeutet Pilot zu sein für ihn die große Chance, die ganze Welt zu sehen.

Epilog

Beim Lesen der hier in diesem Buch vorliegenden Interviews befand ich mich oft in verschiedenen Situationen und an unterschiedlichen Orten: entweder im Flugzeug, im Büro oder bereits im Bett. Es war oft spät in der Nacht und manchmal hatte ich sogar gerade ein Glas Wein in der Hand. Immer wieder gab es den einen oder anderen Punkt in jedem Interview, an dem ich erkennen konnte, wie ehrlich der Wunsch jedes einzelnen Gesprächspartners war, diesen wunderbaren Berufsweg einzuschlagen.
In den Bewerbungsgesprächen, die ich in meiner Tätigkeit als Airlinerin regelmäßig mit Berufspilotinnen und -piloten führe, habe ich immer besonders darauf geachtet, den Menschen und sein wahres Motiv zu erkennen. Ich habe auch oftmals dem einen oder anderen einen guten Rat auf den Weg mitgegeben und musste oft den Mut aufbringen, ihm zu sagen, dass es besser wäre, vielleicht doch noch ein paar Jahre zuzuwarten. Es ist immer dasselbe Gefühl, das ein Bewerber vermittelt und das sich mir in mehreren Abwandlungen darstellt. Der Wunsch zu fliegen hält bei vielen fast ein Leben lang an. Vieles wird ertragen und erduldet, wenn ein Mensch wirklich Pilot werden möchte.
Ich habe mit der Zeit erkannt, dass es darauf ankommt, wie man sich menschlich entwickelt, und dass man bei diesem hochfliegenden Beruf niemals die Bodenhaftung verlieren darf. Ebenso ist es wichtig, sich klar darüber zu werden, dass Pilot zu sein immer ein Risiko in sich birgt und die Anerkennung, die sich ein Pilot so sehnlich wünscht, von den Menschen um ihn herum nur verdeckt ausgesprochen wird. Das Massenverkehrsmittel Flugzeug lässt heute nur mehr wenig Platz für persönliche Schicksale. Der Beruf des Piloten wiederum ist nahezu unmöglich an ein durchschnittliches Alltagsleben anzupassen.
Die großen Schwierigkeiten beginnen mit den Jahren, also zu einem Zeitpunkt, an dem man sich bereits für den Beruf entschieden hat und in einer Einbahnstraße unterwegs ist. Nebentätigkeiten und deren Management funktionieren nur teilweise, da das Training und die Disposition zum Piloten einen Routineablauf mit täglich gleichen Einheiten nur schwer zulassen. Schon Papierarbeiten und die Akzeptanz von Strukturen am Boden

sind für viele Berufspiloten ein gewisses Hindernis. Das Gerücht, dass meist jene Menschen Piloten werden, die ihre Probleme von oben herab aus betrachten möchten, hat sicherlich etwas Wahres an sich.
Mein Traumpilot ist mir bereits begegnet. Doch er hatte nicht den Mut wirklich zu fliegen. Ich habe oftmals beobachtet, wie nachhaltig es auf einen Menschen wirkt, wenn er sich seinen Herzenswunsch nicht erfüllen kann. Das ist, als ob man ein Ersatzleben führen müsste.
Eine Lektion in Demut und die richtige Portion Mut und Aufrichtigkeit können aus einem Abenteurer den perfekten Piloten machen. Anleitung zur Erkenntnis: Perfekte Piloten sind für mich Menschen, in deren Gegenwart man sich so fühlt, als würde ein kühler Wind durch einen heißen Raum wehen. Es handelt sich um Menschen, von denen man hofft, sie mögen uns lange als Piloten erhalten bleiben.
Ich hoffe und wünsche all den jungen Menschen, die sehnsüchtig zum Himmel blicken, dass sie sich ihren Lebenstraum erfüllen können. Wenn auf der harten holprigen Bahn der richtige Weg eingeschlagen wird, sollten sie immer dann, wenn sie kurz abschweifen, das Ziel erkennen können, schnell wieder zurückfinden, tief Luft holen, damit sie die nächsten Hürden wieder überwinden können. Es gibt von Zeit zu Zeit immer wieder Abschnitte in einer Karriere, wo man sich verändern muss. Beim Piloten ist das zum Beispiel der Wechsel vom kleinen auf das große Flugzeug, vom Kopiloten zum Kapitän, oder wenn die ersten brenzligen Situationen – beruflich wie privat – auf ihn zukommen. In derartigen Situationen sollte ein ehrlicher, guter Pilot innehalten und sich fragen: Was will ich eigentlich in meinem Leben erreichen? Und wie hoch ist der Preis dafür?
Die glücklichsten und auch erfolgreichsten Piloten sind jene, die sich ein Leben lang treu geblieben sind und die nicht nach falschen Werten wie Macht, Anerkennung und Ego gestrebt haben. Mein Lieblingszitat lautet übrigens: „The simplest way out is through."
Ich habe in meinem Leben als Airlinerin viele Piloten kennen gelernt und dabei erfahren, welchem Typ Mensch sie zuzuordnen sind, weil ich sie immer in speziellen Situationen erlebt habe. Ich bin mit jenen geflogen,

die zigmal um das Flugzeug gehen, um die kleinsten Fehler zu entdecken. Andere wiederum donnerten durch die Randausläufer von Schlechtwetterfronten, dass einem der Atem stockte. Jahre später las ich über deren Schicksal in Zeitungen und dachte mir: Was war geschehen?
Ich habe oft Chesley „Sully" Sullenberger während der Landung des Airbus 320 im Hudson River vor Augen, der nur wenige Sekunden Zeit hatte, um zu entscheiden, wie er zu handeln haben wird. Die meisten befragten Passagiere des Fluges sagten nachher unisono, dass das Wichtigste, an das sie sich erinnerten, die drei letzten Worte des Kapitäns waren, bevor der große Vogel still und elegant am Wasser des Hudson Rivers entlangglitt: „Brace for impact – vorbereiten für den Notfall". Jeder einzelne Passagier, der diese Stimme und den Tonfall des Kapitäns gehört hat, hatte keine Zweifel daran, dass die Landung gut ausgehen würde. In dem Moment war sonnenklar, wer entscheidet, wie es gemacht wird. Da gab es keine Emotionen, keine Unsicherheiten. Jedesmal wenn ich die Ansage im Flugzeug höre: „Two minutes before take off", dann denke ich daran, dass der kühle Wind im heißen Zimmer wunderbar ist.
Für mich sind Piloten wahre Helden – und zwar alle Piloten.

Dagmar Grossmann

Danksagung

Die Autorinnen danken folgenden Unternehmen, Institutionen und Privatpersonen für ihre tatkräftige Unterstützung zum Entstehen dieses Buches und für das Gewähren der Blicke hinter die Kulissen besonders herzlich:

Académie de l´Air et de l´Espace: Patricia Ségala
Aélia Assurances
Air France: Cédric Leurquin
Air New Zealand
Airbus: Stefan Schaffrath, Aude Lebas und Marcella Muratore
Assoziatione Donne Aria
Austrian Airlines: Mag. Martin Hehemann, Ing. Mag. Michael Braun
Berndorf AG: Mag. Norbert Zimmermann
Boeing: Chantal Dorange und Adam Tischler
Bundesministerium für Inneres: Mag. Peter Weichselbaum,
Mag. Robert Gollia
Bundesministerium für Verteidigung: Mag. Ute Axmann
C & C Contact & Creation: Gunther Träger
Christophorus Flugrettungsverein: besonderer Dank an die Mannschaft des C 14 in Niederöblarn in der Steiermark
Club Concorde, Klubpräsident: Paul James
Das Team des Projektes „Solar Impulse“: Dr. Bertrand Piccard,
Lilian Thieblot, Alexandra Gindros
Dassault Aviation: Nadège Hartweck
Delta Airlines
Diamond Aircraft Industries GmbH: Christian Dries
Europe Air Sports: René Meier
European Women Pilots Association
ExecuJet: Christy Fendell
Fischer Appelt AG: Sina Weidner
Fliegerhorst Hinterstoisser in Zeltweg
Flughafen Rostock-Laage: Maria-Anna Muller

Fly Niki/Air Berlin: Niki Lauda, Sanja Jovanovic, Silke Manitz
Gulfstream Aerospace Corporation: Heidi A. Fedak
Iberia Lines Aéreas de España: Consuelo Arias
International Federation of Airline Pilots Association – IFALPA: Gideon Ewers
Jet Alliance Holding AG: Lukas Lichtner-Hoyer, Yvonne Grasnek
Karo-As Kunstflugstaffel des österreichischen Bundesheeres
LOT, Polish Airways
Masterjet: S. Natalie Bilgorai
Moller International: Paul Moller
NASA Dryden Flight Research Center: Gray Creech
ÖAMTC: Ralph Schüller
Oriens Advisors: Edwin Brenninkmeyer
Österreichischer Luftfahrtverband – Austrian Aviation Association: Alexandra Slama, Prof. KR Mario Rehulka
Ramstein Air Base, Rheinland-Pfalz
Red Bull Air Race Team
Schweizer Luftwaffe
SIRPA Air: Lieutenant Laetitia Perier
Sky Club Austria: Walter Schrempf
The Flying Bulls-Team
The Guild of Air Pilots and Air Navigators (GAPAN), London: Wally Epton
The Ninety-Nines in den USA
The Ninety-Nines in Kanada
The Ninety-Nines in Neuseeland
The Ninety-Nines in Österreich: Monika Stahl
The Ninety-Nines, Inc., International Organisation of Women Pilots – worldwide
United States Air Force
Vereinigung Deutscher Pilotinnen
w&p Wilde & Partner Public Relations GmbH: Johannes Boos
Wirtschaftskammer Österreich, Fachverband der Autobus-, Luftfahrt- und Schifffahrtsunternehmungen, Berufsgruppe Luftfahrt:
Mag. Christian Domany, Mag. Gritta Grabner, Mag.a Milica Nikolic
ZDF-Fernsehserie „Die Bergwacht“: Schauspieler Robert Lohr

ISBN 978-3-85485-293-3

styriabooks.at

Cover- und Buchgestaltung:
Bruno Wegscheider

Bildnachweis:
Académie de l'air et de l'espace: S. 168; Air France: S. 10, 16; Archiv der Familie Dr. Bertrand Picard: S. 51; Austrian Air Ambulance: S. 194; bergermarkus.com/Red Bull Photofiles: S. 70; Jeff Bloxham: S. 106; Boeing: S. 206; Bundesministerium für Landesverteidigung (Markus Zinner): Coverbild, S. 181, 182; Cornelius Braun / Red Bull Hangar-7: S. 69; Corbis (Eric Thayer, Reuters): S. 34; EADS: S. 64 (o.); Mark Greenberg: S. 56, 58; Stéphane Gros: S. 50; Iberia: S. 93; Katharina Kantner: S. 101, 122, 125, 138, 185, 196, 199, 203; Helge Kirchberger / The Flying Bulls: S. 191; Hubert Lecinski: S. 119; Lufthansa: S. 20; Gary W. Meek: S. 63; Moller International: S 56, 153; NASA: S. 171; picturedesk.com: S. 30 (Dumitru Doru/EPA), 131 (FLO); privat: S. 26, 66, 73, 82, 84, 86, 88, 90, 96, 98, 104, 108, 115, 116, 128, 135, 143, 146, 149, 151, 158, 160, 163, 165, 173, 178, 188, 200, 211, 216; Jean Revillard/Rezo.ch: S. 48; Sigi Schwärzler: S. 75; Georges Seguin: S 64 (u.); Astrid Steiner-Fischer: S. 175; Virginie Valdois: S. 79; VistaJet: S. 111; Arne Weychardt / changemagazin: 214; Wikicommons: S. 40; Bernd Wüstneck/DPA: S. 155

Lektorat und Herstellung:
Marion Mauthe

Druck und Bindung:
Druckerei Theiss GmbH,
St. Stefan im Lavanttal